Hans Luginbühl
Anne Barth-Gasser
Fritz Baumann
Dominique Piller

1712
Zeitgenössische Quellen zum
Zweiten Villmerger- oder Toggenburgerkrieg

Hoch-Oberkeitliche Ratificationen

Deß im Augusto 1712.

Zwischen

Denen Löblichen Orthen

Zürich und Bern/

An einem :

Denne

Lucern/ Ury/ Schwytz/ Underwalden und Zug/

Am anderen Theil:

In Arau geschlossenen

Friedens-TRACTATS,

Welcher folglichen zu mehrer Bekräfftigung von gesambter Lobl. Eydgnoßschafft besiglet worden.

Hans Luginbühl
Anne Barth-Gasser
Fritz Baumann
Dominique Piller

1712

Zeitgenössische Quellen zum Zweiten Villmerger- oder Toggenburgerkrieg

Mit einem Vorwort von Bundesrat Ueli Maurer,
einem Geleitwort von Grossrat Jürg Stüssi-Lauterburg und
einem Nachwort von Nationalrat Josef Lang

Verlag Merker im Effingerhof, Lenzburg

© 2011 Verlag Merker im Effingerhof
CH-5600 Lenzburg
1. Auflage 2011
Satz und Druck: Effingerhof AG, CH-5201 Brugg
Printed in Switzerland
ISBN 978-3-85648-139-1

Inhaltsverzeichnis

Vorwort
Von Bundesrat Ueli Maurer   7

Geleitwort
Von Grossrat Jürg Stüssi-Lauterburg   9

Übersicht   16

Einleitung   48

Quellendokumente   70

Bibliografie   207

Nachwort
Von Nationalrat Josef Lang   209

Anhang
«Der Meitlisonntag von Meisterschwanden
und Fahrwangen»   215

Anmerkungen   221

Beilage
Karte «DER UNDER THEIL DES FREYENAMTS»

Vorwort

Seit 1848 unser demokratischer und föderalistischer Bundesstaat gegründet worden ist, hat die Schweiz keinen innereidgenössischen Krieg mehr gesehen. Auch wenn politische Spannungen zu vereinzelten Gewalttätigkeiten, ja in früheren Jahrzehnten in einigen seltenen Fällen sogar zu Blutvergiessen geführt haben, hat doch die im demokratischen Recht verfasste schweizerische Gesellschaft immer friedliche Wege gefunden, politische Fragen gütlich zu entscheiden. Tragen wir dieser politischen Kultur, die so sehr zum Teil des Landes geworden ist wie das Rütli oder das Jungfraujoch, auch in den kommenden Jahrzehnten Sorge!

Wir können das noch besser tun, wenn wir uns daran erinnern, dass vom 15. bis zum 19. Jahrhundert eine ganze Reihe von innereidgenössischen Kriegen zu verzeichnen sind. Meistens handelte es sich um Kriege zwischen Gruppen von Kantonen, vom 16. bis zum 18. häufig mit klaren konfessionellen Untertönen, wenn auch die Machtpolitik am Ende wohl stets den Ausschlag gab. Der Bauernkrieg von 1653 war die grösste, aber keineswegs die einzige Erhebung von freiheitsliebenden Untertanen gegen als tyrannisch empfundene Obrigkeiten. Ein ähnlicher Aufstand, diesmal der Toggenburger gegen den Fürstabt von Sankt Gallen, steht am Anfang des Krieges von 1712.

Bei ausnahmslos allen diesen Konflikten bestand die Gefahr ausländischer Einmischung und somit einer Lockerung, ja einer Zerstörung der Eidgenossenschaft. Es ist kaum eine Übertreibung zu sagen, dass die Eidgenossenschaft wohl ohne den früh entwickelten, trotz Anfechtungen nie ganz erloschenen Geist der Mässigung und des Ausgleichs kaum überlebt hätte. Dieser Geist wird in der Lichtgestalt eines Niklaus von Flüe am schönsten repräsentiert.

Warum aber kam es zu diesen Kriegen? Es fehlte an legitimen Konfliktlösungsmechanismen auf der Ebene der Eidgenossenschaft wie auch in den einzelnen Kantonen. Die mittelalterlichen Autoritäten Kaiser und Papst verloren je länger je mehr, nach der formellen Anerkennung der vollen Freiheit der Schweiz im Westfälischen Frieden 1648 dann praktisch ganz an Bedeutung. Eine neue Autorität, das Volk, setzte sich erst 200 Jahre danach in der Bundesverfassung durch.

Der Zweite Villmergerkrieg von 1712 ist eine Etappe auf dem langen Weg zur modernen Schweiz. Wir begegnen wahrhaft dunkeln Stunden unserer Geschichte. Es wäre aber falsch, in erinnerungsoptimistischer Leichtfertigkeit solche Zeiten aus unserem Bewusstsein auszublenden. Unserem Land wurden seine Werte nicht in die Wiege gelegt. Zu diesen Werten, symbolisiert in grossartigen Figuren wie

Vorwort

der Stauffacherin, Tell und Winkelried, fanden unsere Vorfahren langsam, in harten Anstrengungen, durch Irrungen und Wirrungen hindurch ihren eidgenössischen Weg.

Vergessen wir unsere lange, an spannungsgeladenen und belasteten Zeiten reiche Geschichte nicht, wenn wir den Weg anderer Völker zur Freiheit mit mehr Ungeduld begleiten, als recht ist. Vergessen wir aber vor allen Dingen selber nicht, welchen Schatz viele Generationen uns in unserer eidgenössischen Friedensordnung hinterlassen haben und machen wir dieses Vermächtnis nach dem unsterblichen Dichterwort zu unserem Eigentum, das da sagt:

«*Was du ererbt von deinen Vätern hast, Erwirb es, um es zu besitzen.*»

Ueli Maurer,
Bundesrat,
Vorsteher des Eidg. Departementes für Verteidigung, Bevölkerungsschutz und Sport

Bern, 29. August 2011

Geleitwort

Frei, völkerrechtlich vollständig frei: In solch erfreulichem Stand der «Plena Libertas», der vollen Freiheit, bestätigte der Westfälische Friede 1648 die Eidgenossenschaft.

Die Eidgenossenschaft, das waren zunächst die Dreizehn Orte Zürich, Bern, Luzern, Uri, Schwyz, Unterwalden ob und nid dem Wald, Zug, Glarus, Freiburg, Solothurn, Basel, Schaffhausen sowie beide Appenzell.

Zugewandte, mit der Eidgenossenschaft in verschiedener Weise verbündete, ja an ihr teilhabende weitere Staatswesen wie Biel, das Wallis oder die Drei Bünde, sowie Verbündete einzelner Orte wie das mit Bern und Zürich liierte Genf oder das mit den katholischen Kantonen verbündete Fürstbistum Basel wurden vom Ausland in der Regel ebenso mit dazu gerechnet wie von einer guten Anzahl Eidgenossen selber, wenigstens von Fall zu Fall und wenn die nach wie vor stark konfessionell geprägte Politik es als wünschbar erscheinen liess.

An die Dreizehn Orte erinnern 2011 noch die dreizehn Sterne am Rand unserer Fünfliber, von den Dreizehn Orten[1] sprach Patrick Henry in Virginia, als er am 7. Juni 1788 in der «Virginia Convention» erklärte: «*...those brave republicans have acquired their reputation no less by their undaunted intrepidity than by the wisdom of their frugal and economical policy. Let us follow their example, and be equally happy.*»[2]

Die Dreizehn Orte hatten alle, aber mit wechselnden Beteiligungen, gemeinsame Untertanen, die meisten ausserdem eigene Untertanen. Dazu kam der Schutz von ihrem Wesen nach feudalen geistlichen Staatswesen. Die grösste dieser geistlichen Monarchien war die Fürstabtei Sankt Gallen, deren Existenz nur schwer mit jenen eidgenössischen Werten vereinbar war, wie sie die Symbolfigur Wilhelm Tell bis ins Zeughaus von Bern und ans Zürcher Rathaus so deutlich illustrierte und noch immer illustriert.

Der 57. Abt[3] von Sankt Gallen Kaspar von Breitenlandenberg hatte 1451 vertraglich den Schutz der vier Schirmorte Zürich, Luzern, Schwyz und Glarus erreicht, was ihn als Fürst und mit ihm seine Herrschaft dem Zugriff der aufstrebenden Stadt Sankt Gallen und des dynamischen – zunächst noch ungeteilten – Appenzell entzog.

Es fällt schwer, sich ein Überleben der politischen Existenz der Abtei, zu welcher 1468 die Grafschaft Toggenburg gekommen war, im vollen Wortsinn ohne den Schutz der Schirmorte über quasi revolutionäre Ereignisse wie den Rorschacher Klosterbruch von 1489 hinweg vorzustellen.

Geleitwort

Die Reformation des 16. Jahrhunderts komplizierte die Lage nicht nur im Gebiet der Abtei und ihrer Nachbarschaft selber, sondern auch, indem sie eine Einigkeit der Schirmorte erschwerte: Zürich stand im reformierten, Luzern und Schwyz gehörten zum katholischen Lager und Glarus hatte den konfessionellen Gegensatz bereits innerhalb des eigenen Staates und tendierte deshalb zur Neutralität.

Gegenseitige Blockaden und ein gewisses militärisches Gleichgewicht führten zu einer Erstarrung der eidgenössischen Ordnung, die von 1531 bis 1712 nie überwunden wurde. Die Katholiken siegten 1531 und 1656, waren aber zu klug, etwa durch den Versuch einer gewaltsamen Rekatholisierung der ganzen Eidgenossenschaft den erbitterten Widerstand der im 16. und 17. Jahrhundert klar unter ihren realen Ressourcen kämpfenden, die Intervention katholischer Grossmächte (zunächst Spanien, dann Österreich und am Ende Frankreich) fürchtenden evangelischen Kantone Zürich und Bern herauszufordern. Das Toggenburg blieb konfessionell geteilt.

Strategisch hatten die katholischen Kantone und insbesondere die Fünf Orte Luzern, Uri, Schwyz, Unterwalden und Zug von 1531 bis 1712 den entscheidenden Einfluss über den katholischen Korridor, einen aus den Freien Ämtern und der Grafschaft Baden bestehenden Gebietsgürtel zwischen Sins und Zurzach. Der Korridor verschaffte den Fünf Orten strategischen Anschluss an Vorderösterreich im Raum Waldshut und Laufenburg und trennte gleichzeitig Zürich und Bern. Entsprechend klar war die zürcherische und bernische Strategie stets darauf gerichtet, den katholischen Korridor zu durchbrechen und einen reformierten Querriegel zu erkämpfen, was 1656 noch nicht glückte, am Ende 1712 dann aber geschah. Die entscheidenden beiden Schlachten von Villmergen von 1656 und 1712 wurden in diesem katholischen Korridor und um diesen katholischen Korridor geschlagen.

Aussenpolitisch war die Eidgenossenschaft einerseits durch den Frieden seit 1516 und das Bündnis seit 1521 mit Frankreich im Reinen, andererseits schon seit 1511 durch die so genannte Erbeinung mit dem Haus Österreich. Eine Reihe von innereidgenössischen Kriegen liess sich vermeiden, etwa in den späten 1580er Jahren oder auch 1620.

Ein Krieg, der Bauernkrieg, brach quer zu den Konfessionsgrenzen aus und wurde von den reformierten und katholischen Obrigkeiten gegen die reformierten und katholischen Untertanen entschieden. Die über den Mangel an Freiheit (freier Vieh- und Salzhandel etwa wurden gefordert) und harte Herrschaft ebenso wie wirtschaftliche Not erbosten Untertanen hatten 1653 unter Berufung auf Wilhelm Tell gesungen:

«Verachtet Herrenpossen!
Verschüchet fremde Gäst!»[4]

Die Erfahrung des Unglücks, welches grosse Kriege und namentlich der Dreissigjährige, über andere Völker brachten, führten zu einem engeren Zusammenrücken der Eidgenossen, wovon die ersten gemeinsamen Wehrverfassungen, die Defensionale von Wil und Baden 1647 und 1668 zeugen. Aussenpolitisch festigte sich die Neutralität, welche spätestens von 1638 an auch mit diesem Namen[5] versehen und zum Beispiel 1692 völlig selbstverständlich als feste Grundsäule der Sicherheit der Eidgenossenschaft[6] bezeichnet werden konnte.

Die Toggenburger konnten sich nicht wie seinerzeit im 15. Jahrhundert die Appenzeller von der Herrschaft des Abts emanzipieren, weil dessen eidgenössische Schirmorte dies verhinderten. Die Toggenburger fanden aber Handlungsspielraum da, wo die Interessen der Schirmorte gegensätzlich waren. Schwyz war zum Beispiel an einer Karrenstrasse über den Rickenpass interessiert, Zürich nicht.[7]

Waren das vergleichsweise geringfügige Themen, so kann das von einer Art geplanter Neuauflage der Einmischung des Hauses Österreich in die innereidgenössischen Angelegenheiten nicht behauptet werden. Der Schirmvertrag[8], welchen 1702 der 69. Abt von Sankt Gallen Leodegar Bürgisser[9] mit Kaiser Leopold I. schloss (Leopold liefert dem Abt auf dessen Begehren bis zu 4000 Mann Hilfstruppen, Artikel 9), war eine Provokation der beiden Schirmorte Schwyz und Glarus, welche ihre alten Landrechte mit dem Toggenburg erneuerten, aber auch der führenden reformierten Stände Zürich und Bern und der Eidgenossenschaft generell.

Die Toggenburger sahen sich in ihrer emanzipatorischen Tendenz bestärkt und errichteten 1707 durch eine Landsgemeinde praktisch eine konstitutionelle Monarchie, in welcher dem Abt noch ein Ehrenvorrang zukam, in welcher aber Schultheiss, Ammann und Gemeiner Landrat die politische Gewalt in Händen hielten.

Die Beamten des Abtes verliessen das Tal. Der 69. Abt spielte die konfessionelle Karte aus, konnte den Schirmort Schwyz auf seine Seite ziehen und auch im Toggenburg namentlich unter den Katholiken einige Anhänger zurückgewinnen, die sogenannten Linden. Auf diesem Weg war allerdings Krieg nicht zu vermeiden und so brach Krieg denn 1712 auch tatsächlich aus.

Die hier präsentierte Dokumentensammlung setzt ein mit dem Manifest des Toggenburger Landrats aus dem April 1712. Der von Zürich und Bern aktiv geführte Krieg brachte, nach der Anlandung der bei Brugg einschiffenden Berner Truppen bei Freudenau[10] vis-à-vis von Stilli (heute Gemeinde Villigen) und ihrer Vereinigung mit den Zürchern den ersten Sieg dieser beiden Stände. Zürcher, Berner und ihre Toggenburger und Thurgauer Freunde im Kampf gegen Abt Leodegar Bürgisser erreichten die Kapitulation der Stadt Wil[11], des politischen Zentrums der Abtei. Der 69. Abt floh aus dem Gebiet der Eidgenossenschaft.

Bern hatte durch seine amphibische Operation den katholischen Korridor am Unterlauf der Aare durchbrochen. Eine gemeinsame Zürcher und Berner Operation gegen Mellingen (ab Dietikon via Heitersberg bzw. ab Lenzburg via Meiengrün[12]) führte am 22. Mai 1712 dazu, dass diese Stadt ohne grösseren militärischen Aufwand – die Luzerner zogen sich nach Wohlen zurück – in die Hände der Reformierten fiel.

Dass die dauernde Zerstörung dessen, was seit mehr als anderthalb Jahrhunderten dank der katholischen Strategie bewahrt worden war, nicht so leicht über die Bühne gehen konnte, verstand sich. Das amtliche Luzern wollte eine Schlacht (Dokument 6). Der Versuch, die Berner auf dem Verhandlungsweg dazu zu bringen, wenigstens die Neutralität Bremgartens und der Freien Ämter zu anerkennen, scheiterte. Diese Anerkennung hätte ja die Erhaltung wenigstens eines Rumpfkorridors bedeutet und diesen zu zerstören musste für Zürich wie Bern erstes Kriegsziel sein. So kam es zur Schlacht, der so genannten Staudenschlacht[13], welche, nach luzernischen Anfangserfolgen bei Fischbach-Göslikon, in einem bernischen Sieg über die Luzerner und ihre

11

Mitkämpfer am 26. Mai 1712 resultierte. Es mögen rund 500 Tote geblieben sein, im Verhältnis von vielleicht einem Berner auf vier Luzerner. Darauf folgten die Kapitulation von Bremgarten, das Ausscheiden der Freien Ämter aus dem Krieg – ihre Mannschaft ging aus dem katholischen Heer nach Hause –, ein evangelischer Kriegsbrückenschlag bei Dietikon über die Limmat, die Kapitulation von Baden in die Hände der belagernden Zürcher und Berner am 1. Juni und die Schleifung der dortigen Feste Stein (Dokument 10).

Der durch militärische Drohgebärden der Reformierten in Muri und Sins einerseits, in der Landschaft Hasli gegen Engelberg[14] andererseits begleitete erste Friede von Aarau entsprach dem militärischen Verlauf des Krieges. Er durchbrach den katholischen Korridor zugunsten der Reformierten, räumte Baden, Mellingen und Bremgarten sowie die Unteren Freien Ämter Zürich und Bern ein. Befestigungen waren in den Gemeinen Herrschaften ohne Zustimmung aller regierenden Orte hinfort nicht mehr zulässig.

Dieser erste Aarauer Friede fand keine Unterstützung beim Volk in den Fünf Orten, die Souveräne bzw. im Stand Luzern die Untertanen wollten vielmehr im Juli 1712 mehrheitlich den Krieg fortsetzen und zwangen die Regierungen dazu (Dokument 14). So nahm der Krieg auf der ganzen Linie seinen Fortgang, in der Gegend der Hüttenschanze[15] (Dokument 16) und vorher schon durch den Angriff auf Sins. Die Fünförtischen, welche bei Gisikon[16] die Reuss überschritten, um in den Rücken der Berner bei Sins zu kommen, warfen die zahlenmässig unterlegene bernische Besatzung am 21. Juli 1712 aus dem Dorf.[17]

Die geschwächten Berner räumten Muri und stellten sich zunächst bei Wohlen, gingen aber wenig später über Villmergen hinaus zurück. Hier, auf der von einem Höhenzug beherrschten und durch die sehr viel Wasser führende Bünz begrenzten, Langelen[18] genannten Ebene, fiel am 25. Juli 1712 die Entscheidung. Der linke bernische Flügel drängte den rechten Flügel der Fünförtischen an der Bünz zunächst zurück, der durch Villmergen hindurch angreifende linke Flügel der Katholiken warf aber den rechten Flügel der Evangelischen nach hinten; die evangelische Niederlage schien sich abzuzeichnen. Ein Flankenangriff mit frischen Kräften rechts – von Westen her – ermöglichte es dem 74 Jahre alten Berner Kriegsratspräsidenten (und nachmaligen Schultheissen) Samuel Frisching die eigene Front zu entlasten, ja seinerseits mit dem Gros des Heeres zum Angriff auf die durch stundenlangen Kampf ermüdeten Katholiken überzugehen, welcher in einem kompletten Sieg mündete.

Die Verluste standen nach den amtlichen Berichten ungefähr im Verhältnis von 10 zu 1, 2000 Tote auf Seiten der Fünförtischen (zu denen die in der Bünz Ertrunkenen zu rechnen sind) gegen etwas über 200 Tote auf bernischer Seite (Dokumente 22 bis 24). Die Schlacht wurde zunächst präziser auch «Schlacht bey Dintiken auf der Langelen»[19] genannt, aber der bereits von 1656 her bekannte Name wurde auf die Schlacht von 1712 übertragen und dabei blieb es in der Folge.

Das Ergebnis der Schlacht von Villmergen und die Fortsetzung der Operationen unter anderem gegen Zug, nach Rapperswil, ins Gaster und an den Walensee (Dokument 26) sowie gegen Engelberg waren keine Voraussetzungen für eine Fortsetzung des Krieges, sodass zu Aarau am 11. August 1712 der Friede geschlossen wurde (Dokument 27).

Neu kamen Rapperswil und Hurden[20] unter Zürcher und Berner Herrschaft, die Kriegsgefangenen waren zu entlassen, Handel und Wandel waren wieder für jedermann frei und offen. Bern erhielt Anteil an den gemeineidgenössischen Vogteien, an denen es bis dahin nicht beteiligt gewesen war. Die mit dem Lineal gezogene Linie zwischen dem Kirchturm von Oberlunkhofen und dem Galgen von Fahrwangen[21], welche hinfort die Oberen von den Unteren Freien Ämtern trennte, markiert den Tiefpunkt schweizerischer Kirchturmpolitik.

In verschiedenen der unterlegenen Kantone kam es zu inneren Unruhen, vielleicht am heftigsten in Luzern, wo der Wirt Hans Jakob Petermann aus Root am 21. September 1712 geköpft wurde.[22] Petermann hatte den politisch Unzufriedenen Zusammenkünfte in seinem Gasthaus erlaubt, er wurde hingerichtet, um Emanzipationsregungen der Landschaft gegen die städtische Aristokratie eine klare Grenze zu setzen.[23]

Der von den Siegern hart diktierte Friede schloss eine baldige innere Versöhnung nahezu aus und zwang jedermann zur sorgfältigen und wachsamen Vorbereitung des nächsten Waffengangs, der glücklicherweise nie kam.

An militärischen, ja selbst diplomatischen Vorbereitungen fehlte es keineswegs. Der französische Ambassador Charles-François de Vintimille du Luc fischte im Trüben und schloss 1715 mit den Fünförtischen und dem Wallis einen Beistandspakt mit dem Ziel, das Ergebnis des Zwölferkrieges zu korrigieren. Der seiner geheimen Aufbewahrung in einer Blechdose[24] wegen so geheissene «Trucklibund»[25] blieb ohne grössere praktische Folgen, weil Frankreich nach eigenen langen Kriegen allzu erschöpft war und die Krone nach dem Tod Ludwigs XIV auf den fünfjährigen Ludwig XV überging, was aussenpolitischen Aktivismus zunächst dämpfen musste.

Der 69. Abt von Sankt Gallen hatte durch seine Strenge gegenüber den nach Freiheit strebenden Toggenburgern den Krieg mit verursacht. Nun mochte er sich von seinem Exil jenseits des Bodensees aus auch nicht einmal mit einem Frieden abfinden, der entsprechend dem Ausgang des Krieges nicht nach seinem Geschmack sein konnte. So starb Leodegar Bürgisser ohne seine Abtei wiedergesehen zu haben 1717 in Neu-Ravensburg.[26]

Sein Nachfolger Joseph von Rudolphi[27], der 70. Abt von St. Gallen[28], fügte sich ins Unvermeidliche, schloss – trotz päpstlichen Unwillens – 1718 Frieden mit den Siegern und erhielt die Herrschaft und einen Teil der Beute zurück.

Ein anderer Teil der Beute – und darunter insbesondere der St. Galler Erd- und Himmelsglobus – bewegte die Gemüter in der Eidgenossenschaft, wenigstens in Zürich und in Sankt Gallen, ja noch bis in die jüngste Vergangenheit.[29][30]

Das Toggenburg kam auch nach dem Friedensschluss nie mehr definitiv zur Ruhe: Zu schroff standen der – von Zürich und Bern nur im Rahmen ihrer eigenen Interessen gestützte – Freiheitswille des Volkes und der Herrschaftswille des Abtes einander entgegen. Es kam sogar zu weiteren, gelegentlich blutigen Auftritten, wenn auch nicht mehr in Form eines Krieges. Am 8. Dezember 1735 wurden in St. Peterzell – heute «eine Oase der Ruhe im grünen Neckertal»[31] – der Toggenburger Landesseckelmeister von 1712 und nachherige äbtische St. Galler Beamte Niklaus Rüdlinger[32], ein Reformierter, und sein katholischer Gesinnungsgenosse Johann Baptist Keller[33] ermordet.

Geleitwort

Die Entlassung der Toggenburger in die Unabhängigkeit durch den letzten äbtischen Landvogt Karl Müller von Friedberg[34] am 1. Januar 1798 beendete schliesslich die Herrschaft des Abtes von St. Gallen im Tal, bildete aber nur noch eine Episode im Gesamtzusammenhang des Übergangs des Jahres 1798, einer Kombination von helvetischer Revolution und französischer Invasion.

In der Eidgenossenschaft leitete die militärische Entscheidung von 1712 die Vorherrschaft der reformierten Orte Zürich und Bern ein, eine Stellung, welche die beiden Kantone unter mehrfach völlig geänderten Verhältnissen ja bis heute haben behaupten können.

Der Preis war eine anhaltende Missstimmung. Gegensteuer gegeben haben zunächst von gutem Willen beseelte Einzelne, von 1762 an dann die Helvetische Gesellschaft von Schinznach und später von Olten aus. Nicht einmal die Revolutionszeit, die französische Invasion der Schweiz und die umgestaltende Hand Napoleons vermochten die alten Gegensätze vollständig zu erodieren.

Noch im Sonderbundskrieg von 1847 kämpften, neben neuen Kantonen, alle Staatswesen, die 1712 gekämpft hatten, wieder mit. Wer 1712 auf der einen oder anderen Seite angetreten war, fand sich 1847 neben denselben Mitstreitern wieder. Nicht einmal der Sieg wechselte das Lager, wenn auch General Guillaume-Henri Dufours gebremste Gewalt, die zwischen Zentralisierung und Kantonssouveränität masshaltende Verfassung von 1848 und die einsetzende Industrialisierung, verbunden mit dem verstärkten inneren Zusammenwachsen der Schweiz die Erinnerung an den alten Hass langsam verblassen liess.

Seit 1891 sitzen nun Vertreter – und in der jüngeren Vergangenheit auch Vertreterinnen – beider grosser politischer Familien, welche doch einige ihrer Wurzeln noch im konfessionellen Zeitalter haben, immer gleichzeitig im Bundesrat.

Was bleibt, ist die Erinnerung an einen Konflikt, der die Eidgenossenschaft näher an die Auflösung führte, als manche Auseinandersetzung vorher und danach. Dass diese Erinnerung lebendiger ist, als man auf den ersten Blick annehmen würde, zeigt sich nicht nur an Schauplätzen des Geschehens wie beispielsweise im Toggenburg[35], in Villmergen[36] oder Ammerswil[37] oder Engelberg[38], sondern bis zur – vom Bundesrat freilich abgelehnten – Motion Nationalrat Josef Langs «300 Jahre Schlacht bei Villmergen – 250 Jahre Helvetische Gesellschaft» vom 15. Dezember 2010.

Erinnern will ja auch die vorliegende Quellensammlung. Möge sie einen bescheidenen Beitrag dazu leisten, dass in unserem Vaterland derart blutige Tage auch unter ganz veränderten Umständen nie mehr Wirklichkeit werden und dass wir Verständnis und Geduld für unsere Brüder und Schwestern in Ländern aufbringen, in denen die religiöse, also die schlimmste, Intoleranz, erst noch überwunden werden muss!

Dazu ruft ja auch der Villmerger Denkmalstein auf.

Jürg Stüssi-Lauterburg,
Dr. phil., Grossrat

Windisch, 18. März 2011

Geleitwort

AUF DEN FLUREN DIESER GEMEINDE
ANNO ❖ 1656 ❖ IM HIMMELRYCH
ANNO ❖ 1712 ❖ IN DEN LANGELN
SCHLUGEN SICH EIDGENÖSSISCHE
BRÜDER UM IHRES GLAUBENS WILLEN
LASST UNS HEUTE IHRER IN LIEBE
GEDENKEN / UND LASST UNS NIE
MÜDE WERDEN ZU VERSÖHNEN /
WO IMMER ENTZWEIUNG DROHT
DAS WALTE GOTT
VILLMERGEN IM JAHRE ❖ 1959 ❖

Übersicht

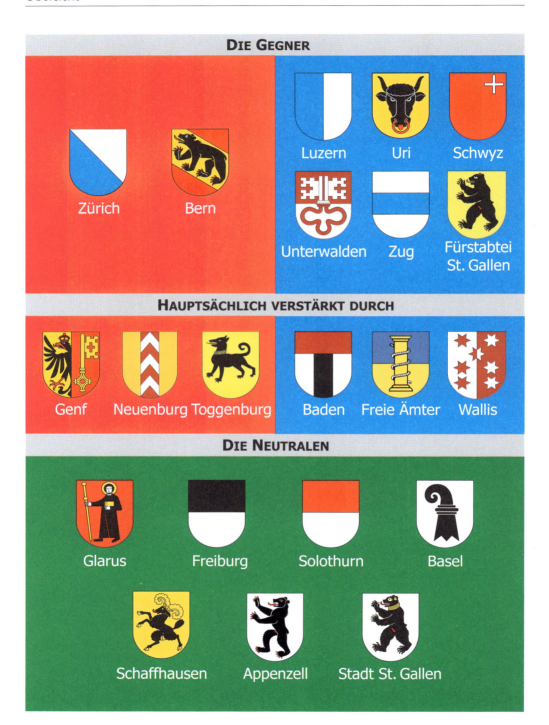

▲ Die Eidgenossenschaft wurde im Westfälischen Frieden 1648 als im Besitz voller Freiheit völkervertragsrechtlich anerkannt, sie stand aber weiterhin unter sehr starkem französischem Einfluss. Der Einfluss von Frankreich ging allerdings gegen die Jahrhundertwende und darüber hinaus deutlich zurück. Ludwig XIV. und der Zürcher Bürgermeister Johann Heinrich Waser verkörpern noch die alte symbiotische franko-helvetische Ordnung (1663 Abschlusses einer neuen Soldallianz zwischen Frankreich und allen XIII eidgenössischen Kantonen sowie den Zugewandten). Gemälde von Adam Frans van der Meulen (1632–1690).

Allegorische Darstellung der Villmergerkriege 1656 und 1712. Auf der linken Seite die Truppen ▶▶ der katholischen Orte, auf der rechten die der reformierten, Bern und Zürich. Neben phantastischer, altschweizerischer Bewaffnung und Tracht moderne, bereits uniformierte Truppen nebst Geschützen aus dem Anfang des 18. Jahrhunderts. Die Wappentiere: der Uristier, der Zürcherleu und der Bernerbär als Mitkämpfer. Ölgemälde, unbekannter Künstler, Anfang 18. Jahrhundert. Abbildung aus «650 Jahre Schweizerische Eidgenossenschaft», Rimli Eugen Th. (Hrsg.); Verkehrsverlag A.G., Zürich, 1941, Kunstblatt Nr. 11 gegenüber S. 200.

▲ Es dürfte nicht besonders antieidgenössisch gemeint gewesen sein, dass Kaiser Leopold I. (* 9. Juni 1640 † 5. Mai 1705 in Wien; hier im Harnisch mit Feldherrenstab) mit dem Sankt Galler Abt Leodegar Bürgisser einen Vertrag abschloss, welcher dem Kirchenfürsten bis zu 4000 Mann Hilfstruppen in Aussicht stellte, aber es wirkte als Provokation. Öl auf Leinwand. 139×110 cm. Benjamin von Block. Kunsthistorisches Museum, Wien.

Leodegar Bürgisser (*1. April 1640 in Luzern, † 28. Nov. 1717 in Neu-Ravensburg), 69. Abt ▶ von St. Gallen, versuchte seine absolutistischen Herrschaftsideen, welche mit den Toggenburger Autonomiebestrebungen in Widerspruch standen, durchzusetzen. Dieser Versuch war einer der Gründe des Zweiten Villmergerkrieges. Österreichische Nationalbibliothek, Wien (PORT_00058924_01).

Ill.mus ac R.mus S.R.J. Princeps
Leodegarius Abbas S. Galli,
Eques Annunciatæ Virg.

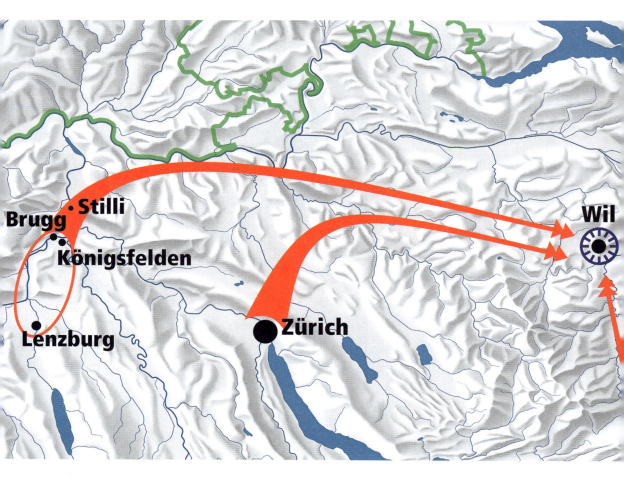

▲ **Strategischer Verlauf des Zweiten Villmergerkrieges von 1712 – Phase 1 (Mai 1712):** Bern durchbricht bei Stilli am Unterlauf der Aare den von den Fünf Orten Luzern, Uri, Schwyz, Unterwalden und Zug beherrschten, so genannten katholischen Korridor. Die Berner Truppen und, mit ihnen vereinigt, die Zürcher und Toggenburger ziehen vor die Stadt Wil, das politische Zentrum des mit den Toggenburgern verfeindeten Abts von Sankt Gallen, erreichen die Kapitulation der Stadt und sichern die Autonomie des Toggenburgs. (Darstellung mit heutiger Landesgrenze.)

Johann Adam Riedigers Karte von 1722 im Masstab 1:16000 zeigt die Anlandung der Berner ▶ **Truppen unterhalb der Mündung der Limmat in die Aare auf deren rechtem Ufer gegen die Badener Feldbefestigung. Diese anspruchsvolle amphibische Operation zu Beginn des Krieges sicherte den evangelischen Städten die moralische Aszendenz, welche sie bis zum Fall von Sins behielten.** Schauenburg-Sammlung der Bibliothek am Guisanplatz. Ausschnitt in Originalgrösse aus der Karte 12 «Chrographische Landtafel in welcher enthalten das Obere und Undere Freye Amt».

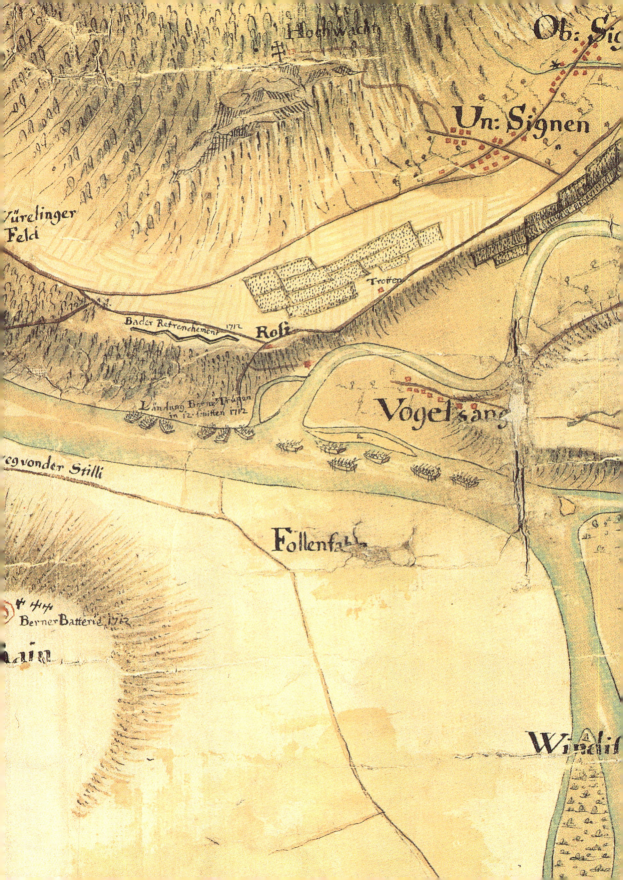

▲ **Wil SG war das politische Zentrum der Abtei, die Eroberung dieser Stadt sollte gestatten, die Toggenburger Verhältnisse im Sinne von Zürich und Bern zu ordnen. Unser Bild zeigt die Beschiessung durch Zürcher und Berner Artillerie am Abend des 21. Mai 1712.** Öl auf Leinwand (65×91 cm), unbekannter Künstler. Schweizerisches Landesmuseum, Zürich.

▲ **Strategischer Verlauf des Zweiten Villmergerkrieges von 1712 – Phase 2 (Mai und Juni 1712):** Kombinierte Operationen Berns und Zürichs zerstören den katholischen Korridor und führen zum Ausscheiden der zunächst an der Seite der Fünförtischen kämpfenden Freiämter aus dem Krieg. Zuerst fällt Mellingen, danach wird das fünförtische Heer in der «Staudenschlacht» bei Fischbach-Göslikon geschlagen, Bremgarten genommen, dann bei Dietikon die Limmat auf einer Kriegsbrücke überschritten. Kulminationspunkt dieser Phase ist die beidseits der Limmat geführte Belagerung der Stadt Baden, deren Kapitulation und die anschliessende Zerstörung der Festung Stein, welche seither eine Ruine ist.

Die Riedigerkarte lässt keinen Zweifel am genauen Ort der so genannten «Staudenschlacht» ▶ **von Fischbach-Göslikon einerseits und illustriert andererseits die starke Lage der Stadt Bremgarten in ihrer Reussschleife.** Schauenburg-Sammlung der Bibliothek am Guisanplatz. Ausschnitt in Originalgrösse aus der Karte 12 «Chrographische Landtafel in welcher enthalten das Obere und Undere Freye Amt».

▲ **Der erste feste Platz im katholischen Korridor, der in die Hände von Zürich und Bern fiel, war Mellingen. Bremgarten und Baden folgten.** Radierung von Johannes Meier. Abbildung aus «Schweizer Geschichte für das Volk erzählt», Sutz Johannes, Verlag F. Zahn, La Chaux-de-Fonds, 1899, S. 463.

Johann Adam Riedigers Karte von 1722 im Masstab 1:16000 zeigt den befestigten Limmatübergang bei Dietikon. Hier überqueren die Zürcher 1712 den Fluss und stiessen auf dem rechten Ufer abwärts vor die Stadt Baden. Schauenburg-Sammlung der Bibliothek am Guisanplatz.

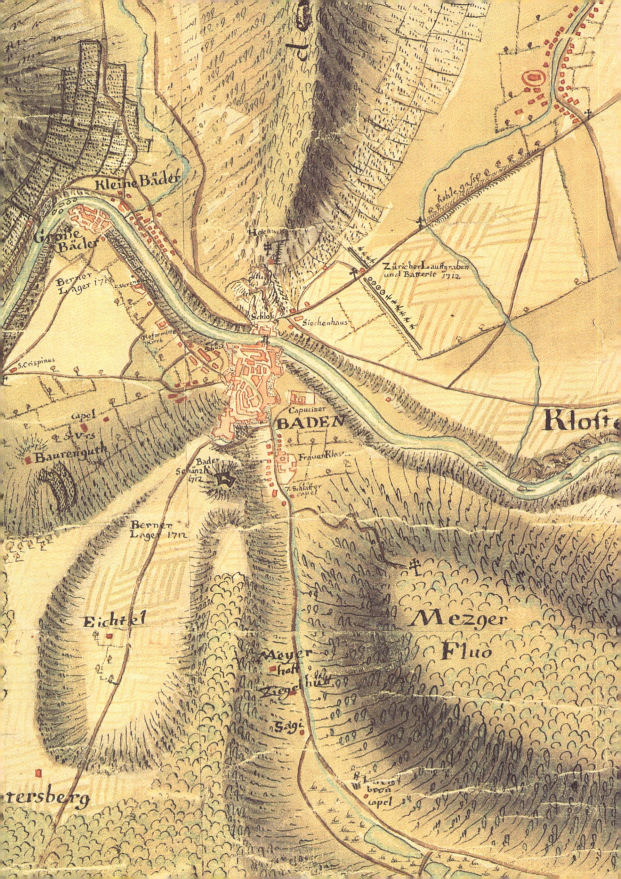

▲ **Die Zerstörung der Festung Stein zu Baden (hier vor ihrem Untergang) war wohl, strategisch betrachtet, das wichtigste einzelne Kriegsziel von Zürich und Bern.** Abbildung aus «Schweizer Geschichte für das Volk erzählt», Sutz Johannes, Verlag F. Zahn, La Chaux-de-Fonds, 1899, S. 461.

Strategischer Verlauf des Zweiten Villmergerkrieges von 1712 – Phase 3 (Juli und August 1712): ▶
Nach dem Scheitern des ersten Friedens am Widerstand des Volkes in den Fünf Orten gehen diese offensiv und zunächst siegreich gegen die bernische Garnison des exponierten Sins vor. Nach dem Übergang ins Bünztal stossen sie auf der Langelen bei Dintikon mit den Berner Truppen zusammen, verlieren die (zweite) Schlacht von Villmergen und damit den Krieg. Die Operationen, welche weitab von Villmergen zum Teil bereits vorher, zum Teil auch nach der Schlacht im weiten Raum vom Jochpass und von Engelberg (das widersteht) über die zürcherischen Schanzen bei Hütten (die gehalten werden) bis nach Rapperswil (das kapituliert) und darüber hinaus andauern, ändern das Resultat nicht mehr. Die Autonomie des Toggenburgs und die Vorherrschaft von Zürich und Bern in der Eidgenossenschaft sind militärisch durchgesetzt.

◀◀ **Die Riedigerkarte lässt sowohl die Zürcher Linien rechts der Limmat als auch die beiden Berner Lager bei den Bädern und oberhalb des Stein bzw. der dieser Festung vorgelagerten Badener Schanze erkennen.** Schauenburg-Sammlung der Bibliothek am Guisanplatz. Ausschnitt in Originalgrösse aus der Karte 12 «Chrographische Landtafel in welcher enthalten das Obere und Undere Freye Amt».

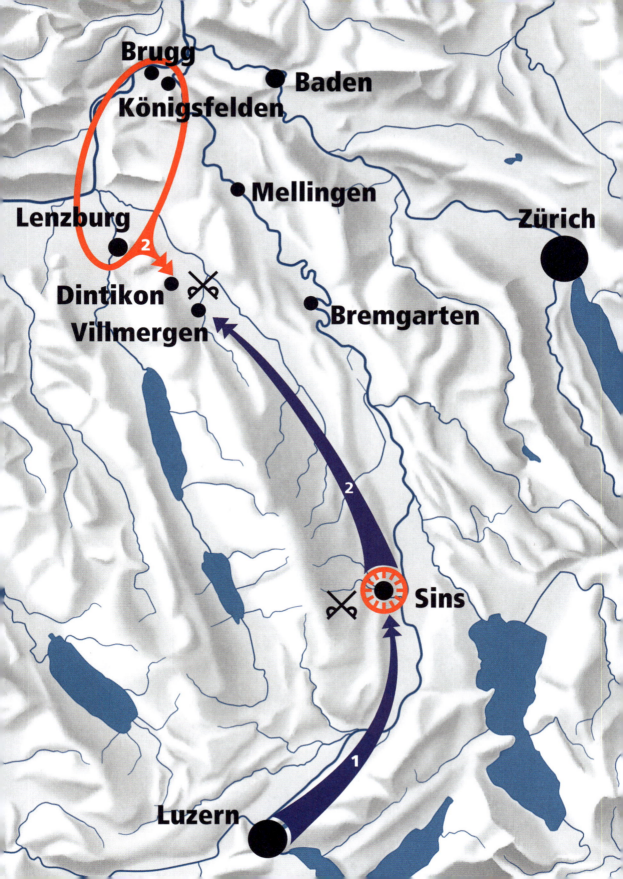

▲ Nach der Ablehnung des ersten Aarauer Friedens durch die Landsgemeinden der Urkantone und durch die Untertanen Luzerns stiessen Truppen der Fünf Orte gegen das seiner Brücke wegen wichtige Sins vor und hatten am 20. Juli 1712 Erfolg. Der Nidwaldner Hauptmann und spätere Landammann Johann Jakob Achermann (1665–1737) liess seinen Sieg in der von ihm gestifteten Loretokapelle von Ennerberg (Buochs) verewigen. Ölgemälde von Johann Franz Strickler von Menzingen (1666–1722). Fotografie von Hans Luginbühl (23. Juli 2011) mit freundlicher Unterstützung durch Herrn Sakristan Josef Kaiser-von Matt.

Samuel Frisching (II.) (* 27. Juni 1638 in Bern; † 23. Oktober 1721 in Rümligen) siegte bei Villmergen 1712 und war von 1715 bis 1721 alternierend Schultheiss der Stadt und Republik Bern.
Abbildung aus «Geschichte der Schweiz im XIX. Jahrhundert», Curti Theodor; Verlag F. Zahn, Neuenburg, ohne Jahrzahl, gegenüber S. 34.

Isolierter als 1941 war die Eidgenossenschaft wohl vorher und nachher bis heute in keinem Jahr ihrer Geschichte. Aus Otto Baumbergers in der Epoche der geistigen Landesverteidigung dem Publikum gezeigten Schlacht bei Villmergen 1712 spricht die Wehrbereitschaft der von Hitlers und Mussolinis Heeren umschlossenen Schweiz. Abbildung aus «650 Jahre Schweizerische Eidgenossenschaft», Rimli Eugen Th. (Hrsg.); Verkehrsverlag A.G., Zürich, 1941, S. 219.

▲ **Alt Bundesrat Emil Frey, ein Veteran von Gettysburg und ehemaliger Vorsteher des Militärdepartements, erinnerte die Zeitgenossen am Vorabend des Ersten Weltkrieges an die Kriegstaten der Vorfahren. Die Schlacht bei Villmergen 1712.** Originalzeichnung von Evert van Muyden. Abbildung aus «Die Kriegstaten der Schweizer», Frey Emil; Verlag F. Zahn, Neuenburg, 1904, Einlageblatt gegenüber S. 586.

In der Tradition der schweizerischen Militärgeschichte wurde der Krieg erst durch den Sieg in ▶▶ einer grossen Schlacht so entschieden, dass eine Mehrheit des Volkes in den beteiligten Kantonen den darauf gestützten Frieden zwar je nach Standpunkt begrüssen oder beklagen, aber jedenfalls annehmen konnte. Der Preis der zweiten Schlacht bei Villmergen waren deutlich über 2000 Tote.
Abbildung aus «Die Kriegstaten der Schweizer», Frey Emil; Verlag F. Zahn, Neuenburg, 1904, S. 599.

ern Obgesiget, Wider die 5 Ort, Lücern, Uri, Schweiz, Under-
n 3. schlacht hauffen auf die Bernerischen Völcker angezogen sind,
ber um mehreren Vortheils willen gewichen in das Meyen feld und
in die 300. Blessierte, Von Lücerneren aber oder den 5 Orten
chliben die 340. überlaßen hat man zu Priegs gefangnen angenomen
8. fähnen, 3. Munitions wägen samt aller Bagage, Mit einem
stand, den 25 tag Heüwmonat. A 1712.

Cornu Rolandi
hörner führen thun, dann Carolus M. ihnen die gegünnet hat,
besonders Roberti von Clermont auch führete; Weilen die Herren von Bern
zu Villmargen in Ihre händ fallen laßen, damit sein name durch
gepriesen werde

secours kommen im Bändschlicker berg durch das holtz, E. die im bach Bünse ertrunckend u.
I. schloß Brünegg. K. Otmasingen. L. Bändschlicken. M. Bernerisches feld leger nach d
ern, Q. der graben da die todten begraben worden. Johann Meyer fecit.

▲ **Hieronymus von Erlach (* 31. März 1667; † 28. Februar 1748) nützte 1712 seine Verbindungen in Österreich, einer – wohl nie ernsthaft geplanten, aber immer möglichen – österreichischen Intervention in der Schweiz entgegenzuwirken. Er war von 1721 bis 1746 alternierend Schultheiss der Stadt und Republik Bern.** Abbildung aus «Die Kriegstaten der Schweizer», Frey Emil; Verlag F. Zahn, Neuenburg, 1904, S. 603.

◄ **Johann Adam Riediger zeigt sowohl die exakte Lage des Schlachtfeldes der zweiten Schlacht bei Villmergen auf der Langelen bei Dintikon als auch den Ort, wo so viele Innerscheizer in der aufgeschwollenen Bünz ertranken.** Schauenburg-Sammlung der Bibliothek am Guisanplatz.

▲ Die Vignette der Riedigerkarte gibt antikisierend den siegenden Berner Bären und zeigt naturalistisch die Wirkung des Auftauchens der bernischen Reiter und das Ertrinken zahlreicher fünförtischer Flüchtlinge in der Bünz. Schauenburg-Sammlung der Bibliothek am Guisanplatz. Verkleinerter Ausschnitt aus der Karte 12 «Chrographische Landtafel in welcher enthalten das Obere und Undere Freye Amt».

Joseph von Rudolphi (* 16. Mai 1666; † 7. März 1740) war ab 1717 der 70. Abt der Fürstabtei St. Gallen. Er schickte sich ins Unvermeidliche und schloss gegen päpstlichen Widerstand Frieden mit Zürich und Bern, was ihm erst ermöglichte, seine Herrschaft auch tatsächlich anzutreten. Österreichische Nationalbibliothek, Wien (PORT_00058928_02).

Das Ergebnis des Krieges hinterliess einen unzufriedenen katholischen Teil der Eidgenossenschaft. Der französische Botschafter Charles-François de Vintimille du Luc (* 1653; † 1740) versuchte, im Trüben zu fischen und schloss 1715 mit den Fünförtischen und dem Wallis einen Beistandspakt mit dem Ziel, das Ergebnis des Krieges zu korrigieren. Der seiner geheimen Aufbewahrung in einer Blechdose wegen so geheissene «Trucklibund» blieb ohne grössere praktische Folgen, weil Frankreich nach eigenen langen Kriegen allzu erschöpft war. Österreichische Nationalbibliothek, Wien (PORT_00106694_01).

Einleitung

Der Zweite Villmerger-, Toggenburger- oder Zwölferkrieg 1712

«Denne hat man von dem Feind erobert:(…) Beyde mit Silber beschlagene uralte Urner-Hörner. Welcher Hörneren die Urner sich, Lermen zu blasen, das Volck in dem Land zum Krieg zu versamlen, in den Streit aufzumuntern und hingegen den Feind zu schrecken, sich bedienen.»[39]

Die uralten Urner Harsthörner in den Händen der Berner. Was könnte die Niederlage der alten Eidgenossen besser verkörpern als das Verstummen dieser Symbole der Innerschweizer Kampfkraft? Im Pulverdampf und Kanonendonner der Berner Armee in der Zweiten Schlacht von Villmergen ging der Mythos des Schweizer Gewalthaufens unter.

Politisch brachte der Zweite Villmergerkrieg eine Neuordnung der Verhältnisse in der Eidgenossenschaft. Zürich und Bern diktierten von nun an die Agenda des Bundes. Militärisch wie politisch bedeutete der Krieg für die Eidgenossenschaft einen Schritt nach vorne. Jahrhunderte alte Gegensätze entluden sich in diesem blutigen Kampf zwischen den protestantischen Städte Zürich und Bern und den katholischen Orten der Innerschweiz.

Diese Einleitung soll dabei helfen, die Quellen im nächsten Teil des Buches einordnen zu können, seien es die Schlachtberichte und Briefe aus dem Feld, die diplomatischen Quellen oder die zahlreichen Lieder, Verse und Gebete. Vieles bleibt unverständlich und schwer interpretierbar ohne den Blick für das Ganze.

Machtverhältnisse und Bündnisse in der Eidgenossenschaft vor 1712

*«Dann man thut ihr Irrthumb kennen,
Dass sie durch gantz falschen Wahn
Ehrlich Christen Ketzer nennen,
Und darauff noch fest bestahn,
Dass sie, solt es Gott verdriessen
Kein Eyd solchen halten müssen.»*[40]

Die Eidgenossenschaft war seit der Reformation und in zwei Lager geteilt. Auf der einen Seite standen die reformierten Stände unter Führung der Stadtorte Bern und Zürich, auf der anderen Seite die katholischen Orte. Der Versuch der reformierten Orte, die Reformation mit Gewalt durchzusetzen, scheiterte. Durch die Niederlange der Zürcher im Zweiten Kappelerkrieg und dem darauf folgenden Zweiten Kappeler Landfrieden wurde die Expansion der Reformation in der Eidgenossenschaft gestoppt. Es wurde festgesetzt, dass jeder Ort frei über seine Konfession bestimmen durfte. In den Gemeinen Herrschaften bekamen einzelne oder ganze Gruppen das Recht, zum katholischen Glauben zurückzukehren. Es wurde der Bevölkerung jedoch nicht gestattet, zum reformierten Glauben zu wechseln. Diese Bestimmungen sicherten den katholischen Orten eine Vormachtstellung im Eidgenössischen Bund. Insbesondere die auf den Zweiten Kappeler Landfrieden folgende mehrheitliche Rekatholisierung von Bremgarten, Mellingen und des Freiamts stärkte die Position der Innerschweizer Orte. In anderen Gebieten wie den Grafschaften Thurgau und Baden oder dem Toggenburg entstanden aufgrund des Rekatholisierungsrechts konfessionell gemischte Gebiete und Gemeinden.

Das Freiamt und die teilweise rekatholisierte Grafschaft Baden bildeten einen Keil zwischen Bern und Zürich entlang der Reuss-Aare-Linie und verschafften damit den katholischen Orten auch einen militärstrategischen Vorteil.

Die Konfessionsfrage blieb in der Folge das bestimmende Element der eidgenössischen Politik. Insbesondere in den gemischtkonfessionellen Gebieten kam es zu Spannungen, die jeweils immer die Gefahr einer Ausdehnung der Konflikte auf gesamteidgenössische Ebene in sich bargen. Im sogenannten «Glarnerhandel» von 1559/60, bei dem es um die Konfessionsfrage im Kanton Glarus ging, konnte nur mit grosser Mühe ein Ausgreifen des Konflikts auf die übrige Eidgenossenschaft verhindert werden.

1586 schlossen die sieben katholischen Orte Uri, Schwyz, Nid- und Obwalden, Luzern, Solothurn und Freiburg ein Bündnis mit dem Ziel, den katholischen Glauben in der Eidgenossenschaft zu erhalten. Im so genannten «Goldenen Bund» verpflichteten sich die Orte zu gegenseitiger Hilfe bei inneren und äusseren Gefahren. Nach der konfessionell motivierten Teilung Appenzells 1597 trat Appenzell Innerroden 1600 dem Bund bei. 1655 folgte der katholische Teil von Glarus.

Erster Villmergerkrieg

«Unsere Feinde thun hoch prangen,
Trutzen auf d'Villmerger-Schlacht,
Es ist zwar dort übel gangen,
Doch nit durch der Feinden Macht:
Unser allzusichers Leben
Hat dem Feind den Sieg dort geben.»[41]

Neben der Konfessionsfrage bestimmten im 17. Jahrhundert immer stärker auch machtpolitische Überlegungen die eidgenössische Politik. Die politische Vormacht der katholischen Orte in der Eidgenossenschaft schränkte Zürich und Bern in ihrem Handeln stark ein. Durch eine gesamteidgenössische Bündniserneuerung versuchten 1655 die reformierten Städteorte, ihre durch die grössere Bevölkerung und das wirtschaftliche Übergewicht begründeten Machtansprüche auch politisch umzusetzen. Der Plan scheiterte jedoch auf der Tagsatzung am Widerstand der katholischen Länderorte. Sie fühlten sich durch die Pläne in ihrer Souveränität bedroht. Als Reaktion wurde im Oktober 1655 der «Goldene Bund» erneuert.

Ein Konflikt um eine kleine reformierte Minderheit, die sogenannten «Nikodemiten» in Arth im Kanton Schwyz, liess die Spannungen eskalieren. Zürich gewährte 37 dieser Nikodemiten Asyl, was die Schwyzer Obrigkeit als Rechtsbruch alter Verträge deutete. Als Schwyz als Reaktion vier Nikodemiten hinrichten liess und weitere an die Inquisition auslieferte, erklärte Zürich am 6. Januar 1656 Schwyz den Krieg. Bern trat auf der Seite Zürichs und die Orte des Goldenen Bunds ohne Freiburg, Solothurn und Glarus traten auf der Seite von Schwyz in den Krieg ein.[42]

Schon vor der eigentlichen Kriegserklärung, am 5. Januar, griffen die Zürcher das Kloster Rheinau an und plünderten Städtchen und Kloster. Die Hauptmacht der zürcherischen Streitkräfte, über 7000 Mann, zog gegen Rapperswil.[43]

Der Angriff am 7. Januar scheiterte jedoch an der gut organisierten Verteidigung der ca. 1200 Innerschweizer Soldaten. Damit war ein Grossteil der zürcherischen Truppen durch die folgende Belagerung des Städtchens gebunden. Kleinere Zürcher Truppenkontingente besetzten den Thurgau und Teile der Grafschaft Baden. In Klingnau konnte eine Verbindung zum Bernbiet hergestellt werden.

Bern musste einen grossen Teil seiner Truppen für die Sicherung der ausgedehnten Grenzen zum katholischen Gebiet abstellen. Weniger als ein Drittel der Streitkräfte, knapp 10 000 Soldaten, zogen Richtung Freie Ämter, wo man sich mit den Zürchern vereinigen wollte.

Am 22. Januar überschritten die Berner die Grenze zum Freiamt bei Villmergen. Die wenigen Innerschweizer, welche die Grenze sicherten, mussten das Feld räumen und den Rückzug antreten. Auf diese Weise konnten die Berner ohne grossen Widerstand bis ins Dorf Villmergen vorrücken, wo sie ihr Nachtquartier aufschlugen. Die Berner Soldaten feierten ihren leichten Sieg mit Plündern und Trinken, während sich die Offiziere grösstenteils nach Lenzburg zurückzogen.

In der Zwischenzeit konnten die Katholiken ihre Truppen in Muri sammeln. Die Situation war für einen Überraschungsangriff günstig. Am 24. Januar griffen ca. 5000 katholische Soldaten die unvorbereiteten Berner in Villmergen an. Dem Sturmangriff der Innerschweizer konnten die Berner Soldaten nicht standhalten und mussten nach vierstündigem Kampf die Flucht antreten.[44] 573 Berner und 189 Innerschweizer blieben tot auf dem Schlachtfeld, daneben hatten beide Seiten zahlreiche Verletzte zu beklagen.[45]

Nach einem weiteren erfolglosen Angriffsversuch auf Rapperswil am 3. Februar zog sich auch Zürich endgültig zurück: Der Krieg war für Zürich und Bern verloren.

Im Dritten Landfrieden wurden die durch den Ersten Villmergerkrieg entstandenen Verhältnisse auf Eidgenössischer Ebene festgeschrieben. Der am 7. März 1656 in Baden unterzeichnete Vertrag sah, neben der Regelung der durch den Krieg entstandenen Probleme, wie eine Amnestie für die Kriegshandlungen oder einen Gefangenenaustausch, vor allem die Bestätigung der Religionshoheit der Orte vor. Ansonsten wurden die Regelungen des Zweiten Kappeler Landfriedens, sowie die Sonderbündnisse bestätigt.[46]

Zürich und Bern waren mit ihrem Versuch, die politische Vormachtstellung in der Eidgenossenschaft zu erlangen, zuerst auf politischem Weg und danach militärisch gescheitert. Es blieb den reformierten Städteorten keine andere Möglichkeit, als sich bis auf Weiteres mit der unbefriedigenden Situation abzufinden.

Eidgenössische Politik nach dem dritten Landfrieden

«Allmächtiger, heiliger und gerechter GOTT! dieweilen zu diesen letzten Zeiten, von welchen dein lieber Sohn, unser währte Heyland Jesus Christus, kurtz zuvor, ehe er an sein letztes Leyden gegangen, geweissaget hat, dass man von Kriegen und Kriegs-Geschrey hören, und dass ein Volck wieder das andere und ein Königkreich wieder das ander sich empören werde; Auch unsere gnädige, liebe Herren und Oberen, mit Zuzug eines Hohen Stands von Zürich, unseren getreuen Bunds- und Glaubens-Genossen, (nachdeme wir seyt vielen Jahren daher in einem tieffen Frieden gesessen, alldieweil ein gantze übrige Christenheit in Kriegs-Flammen gestanden, dardurch ein unzahlbare Menge der Leuten, Stätten und Länderen jammerlich sind verzehrt und verderbt worden) endlich wider ihren jeder Zeit zum Frieden geneigtesten Willen, die Waffen zuergreiffen sind gemüssiget worden, (…).»[47]

In der zweiten Hälfte des 17. Jahrhunderts war die Politik der Eidgenossenschaft, oder des «Corpus Helveticum» wie es auf der internationalen Bühne bezeichnet wurde, durch zwei Hauptproblemkreise geprägt: Aussenpolitisch ging es darum, die im Westfälischen Frieden erlangte Neutralität zu wahren.

Im Zuge dieser Bemühungen entstand die Vorstellung einer umfassenden «Landesverteidigung», welche sich in den vielfach erneuerten sogenannten «Defensionalen» – gesamteidgenössischen Aufgebotsorganisationen – manifestierte. Insbesondere der zunehmende Einfluss der aufstrebenden Grossmacht Frankreich bedrohte die «Souveränität» der Eidgenossenschaft. Die zahlreichen Solddienstallianzen einzelner Orte mit Frankreich, Spanien oder anderen europäischen Mächten stellten zwar eine dauernde Bedrohung für die Neutralitätspolitik dar, waren aber gleichzeitig eine wichtige Einnahmequelle der eidgenössischen Eliten und deshalb kaum zu unterbinden.[48] Es wurde jedoch versucht, wenigstens keine Partei zu stark zu unterstützen, und rein rechtlich hatten sämtliche Solddienstallianzen defensiven Charakter und verletzten die Neutralität nach damaligem Verständnis nicht.[49]

Innenpolitisch blieb der konfessionelle Konflikt das bestimmende Thema: Im Speziellen die gemischtkonfessionellen Territorien lieferten Mal um Mal Stoff für Auseinandersetzungen zwischen den reformierten und den katholischen Orten. Die angespannte aussenpolitische Lage verhinderte aber ein Eskalieren der Situation und den Griff zu den Waffen.[50]

Toggenburger Wirren

*«Wer hat jemahl vom Glauben
In disem Krieg geredt?
Auss solcher Tellen Schnauben
Der Jammer all ensteht;
Dass Zürich und die Berner
Der Unschuld waren guet,
Das brachte die Luzerner
Und Länder in die Wuet!
Es war nicht um den Glauben,
Um Freyheit wars zu tuhn,
Die suchte man zurauben
Den Toggenburgern nun
Drum man bey falschem Frieden
Verrätherey gespielt,
Damit man könte schmieden,
Was man hernach gefühlt!»*[51]

Zu Beginn des 18. Jahrhunderts änderten sich die aussenpolitischen Bedingungen, weil die europäischen Grossmächte im Spanischen Erbfolgekrieg gebunden waren. Ein Waffengang zur Lösung der Macht- und Konfessionsfrage in der Eidgenossenschaft wurde wieder wahrscheinlicher. Der Konflikt zwischen dem Abt von St. Gallen, dem gebürtigen Luzerner Leodegar Bürgisser, und seinen Untertanen im Toggenburg hatte deshalb von Beginn an gesamteidgenössische Brisanz.

Das Land Toggenburg war seit 1436 mit Schwyz und Glarus verlandrechtet, stand aber seit 1460 unter der Herrschaft der Fürstabtei St. Gallen. Etwa zwei Drittel der Bevölkerung war reformiert, wobei die katholische Minderheit mehr politischen Einfluss besass.

Schon seit Jahrhunderten versuchten verschiedene Äbte immer wieder ihre Macht im Toggenburg auszubauen, scheiterten aber regelmässig am Widerstand der Bevölkerung. Insbesondere der reformierte Teil der Einwohnerschaft konnte, mit Zürich und Bern im Rücken, dem Abt die Stirn bieten.[52]

Die Spannungen zwischen dem Fürstabt und den Toggenburgern eskalierte, als er von der Gemeinde Wattwil verlangte, eine neue Strasse über den Rickenpass in Fronarbeit zu bauen. Wattwil weigerte sich diesen Frondienst zu leisten und berief sich dabei auf alte Rechte. Die neue Strasse hätte die katholischen Orte der Innerschweiz mit St. Gallen verbunden und ein schnelles militärisches Eingreifen zu Gunsten des Abts ermöglicht, was vor allem der reformierte Teil der Toggenburger Bevölkerung verhindern wollte.[53]

Unterstützt durch die beiden Städte Zürich und Bern konstituierte sich das Toggenburg 1707 als Landgemeindedemokratie und wies den äbtischen Landvogt aus. Zürich und Bern witterten die Chance, den Konflikt als Anlass für einen Waffengang gegen die katholischen Orte nehmen zu können. Die reformierten Städte fühlten sich militärisch und wirtschaftlich den Mitgliedern des «Goldenen Bundes» überlegen und warteten auf einen günstigen Moment für den Angriff. Schon 1708 schien ein Waffengang möglich, die Lage entspannte sich aber nochmals.[54] Ein Eingreifen der europäischen Mächte war aufgrund des spanischen Erbfolgekriegs nicht zu erwarten.[55]

Die fünf katholischen Orte stellten sich auf die Seite des Abts. Neben der Konfessionsfrage, welche für die Orte entscheidend war, hatte insbesondere Schwyz auch ein grosses wirtschaftliches Interesse an der Fertigstellung der Rickenstrasse, da eine Verkehrsverbindung über katholisches Gebiet nach Süddeutschland, unter Umgehung von Zürich, neue Handelsmöglichkeiten erschlossen hätte.[56]

«Kriegsfüer im Vatterland» – Ausbruch des Krieges 1712

*«Als man darauf gehämmet
Des Pfaffen Tyranney,
Hat es sich nicht geschämmet
Zubrechen seine Treu;
Die Lander zu besetzen,
Die nicht sind sein allein,
Und auf uns zuverhetzen,
Die Unterthanen seyn!»*[57]

Im Frühling 1712 eskalierte der Konflikt endgültig – aus den Wirren wurde Krieg. Die protestantischen so genannten «Alttoggenburger» besetzten auf Anratens Zürichs und Berns in der Nacht vom 12. zum 13. April alle Güter des Abts im Toggenburg, sowie die beiden Klöster Magdenau und Neu St. Johann.

In einem Manifest begründeten die Toggenburger ihr Handeln. Darin beschrieben sie wie der Abt ihre *«lieben Vor-Elterna genossnen Freyheiten, häfftig beträngt, und auf den Sturtz einer traurigen Sclaverey, mit grosser Unbarmherzigkeit, gebracht»*[58] habe.

Schon am Tag darauf veröffentlichten auch die Zürcher und Berner ein Manifest, worin sie darlegten, dass sie dem Toggenburg *«darbey wider allen unbillichen Gewalt zu schützen, zu schirmen und zu handhaben ohne einichen harin suchenden eigenen Vortheil und Interesse»*[59] militärisch zu Hilfe eilen mussten.

Auf Seiten von Zürich und Bern traten auch Teile Graubündens in den Krieg ein, zudem unterstützten Genf, Neuenburg und natürlich die reformierten Toggenburger die Sache. Die Stadt Basel, Schaffhausen, die Stadt St. Gallen, Freiburg, Solothurn, Glarus und Appenzell wollten sich nicht am Krieg beteiligen und blieben neutral.

Auf der Gegenseite standen die Fünf Orte der Innerschweiz und die Gebiete des Abtes von St. Gallen. Sie wurden durch die Bewohner der gemeinen Herrschaften, besonders derjenigen von Baden und der Freien Ämtern unterstützt. Auch

Truppenkontingente aus dem Tessin und dem Wallis waren bereit für die katholische Partei einzutreten.[60]

Auf Seiten der Innerschweizer Orte war man sich nicht einig, welche Strategie man verfolgen sollte. Luzern, Uri und Obwalden setzten sich dafür ein, nicht militärisch in den Konflikt einzugreifen. Schwyz pochte auf eine Offensivstrategie: Mit einem Einmarsch im Toggenburg oder einem Angriff auf das Zürcher Territorium sollte Zürich gestoppt werden.

Am 17. April einigten sich die Fünf Orte auf eine Defensivstrategie: Die eigenen Grenzen sollten bewacht und die strategisch wichtigen Festungen in der Grafschaft Baden und den Freien Ämtern: Baden, Mellingen, Bremgarten, Kaiserstuhl und Klingnau mit Truppen besetzt werden. Auf diese Weise wollten die Fünf Orte verhindern, dass sich die Zürcher und Berner Truppen zu einem Heer vereinigen konnten. In einem Gegenmanifest, welches am 24. April veröffentlicht wurde, begründeten die Innerschweizer Orte ihr militärisches Eingreifen.

Mit der Besetzung der Gemeinen Herrschaften waren es die Katholiken, welche den ersten eigentlich kriegerischen Akt unternahmen und so das «Kriegs-Füer»[61] entfachten. Im Grunde hatte kein eidgenössischer Ort das Recht, die Gemeinen Herrschaften militärisch zu besetzen und die Reformierten hatten sich bis jetzt bewusst gehütet, die Grenzen zu übertreten.

Durch die Besetzung des Aargaus durch die Katholiken entstanden zwei verschiedene Fronten. Im Westen verlief die Grenze vom Rhein entlang der Luzerner und Unterwaldner Grenzen bis zu den Hochalpen. Zürich stiess im Westen, Süden und Osten an feindliche Territorien. Hier verlief die Grenzlinie vom Rhein entlang der Grenze zu Baden und den Freien Ämtern über die Grenze zu Zug und Schwyz bis zum oberen Zürichsee. Im Osten bezogen die Zürcher Truppen Stellungen an der Grenze zum Toggenburg, den äbtischen Territorien und gegen den Thurgau.

Kampfbereitschaft und Ausrüstungsstand der Truppen

«Der Segen des heiligen Bischofs Martini: Ich zeichne mich, mit dem Zeichen des + heiligen Kreuzes, nit mit dem Schilt noch Bekel Hauben[62] *bedekt. Ich wird die Schlachtordnung der Feinden sicher durchtringen. Im Namen Gottes + des Vatters und des + Sohns, und + des heiligen Geistes Amen.»*[63]

Die Kriegsbereitschaft der beiden Parteien war, was Ausrüstung, Organisation und Finanzmittel betraf, sehr unterschiedlich. Die Berner hatten eine vergleichsweise moderne, gut ausgebildete, einheitlich uniformierte Streitkraft. 1690 hatten sie die alten Musketen durch Steinschlossgewehre mit einer praktischen Schussweite von 250 Meter ersetzt. Für den Nahkampf besassen sie Bajonette, welche auf die Gewehre aufgesetzt werden konnten.

Die alte Kampftaktik im Gevierthaufen mit zehn bis sechzehn Kampfreihen wurde ersetzt durch lineare, breite Kampfreihen aus denen viele Gewehre gleichzeitig ein Salvenfeuer abgeben konnten. Diese Kampftechnik verlangte aber einen guten Drill und eine gute Ausbildung der Offiziere. Einige der Berner Offiziere konnten auf eine lange und glänzende Karriere im europäischen Solddienst zurückblicken und legten grossen Wert auf die Ausbildung der Truppen.[64]

In Zürich fehlte wegen des langen Verbots der Solddienste diese praktische

Einleitung

Kriegserfahrung und darum war auch die Ausbildung der Offiziere oft ungenügend. Die Bewaffnung war aber mit jener der Berner vergleichbar. Ab 1707 unterstützte der Rat die Modernisierung der Bewaffnung, indem damit begonnen wurde, alte Musketen durch Steinschlossgewehre zu ersetzen. Einige ärmere Soldaten waren aber auch noch danach mit Hellebarden oder Spiessen bewaffnet. Ab 1710 waren zudem alle Einheiten mit einer Uniform ausgerüstet.[65]

Auf Seiten der katholischen Orte kann nicht eigentlich von Kriegsbereitschaft gesprochen werden. Die Truppen waren nur etwa zur Hälfte mit Schusswaffen, meist veraltete Musketen, ausgerüstet. Sonst wurden Spiesse, Hellebarden und teilweise auch einfache Prügel verwendet. Eine einheitliche Uniformierung der Einheiten existierte nicht, im Kampf wurden *«Feldzeichen, auf den Hüten»* getragen und *«gar viel mit weissen Kreützen, auf den Röken gezeichnet»*[66], um Freund und Feind zu unterscheiden. Gekämpft wurde im althergebrachten Gevierthaufen. Nicht zuletzt dank dem Sieg im Ersten Villmergerkrieg setzten die katholischen Orte auf diese Taktik. Einzig Luzern hatte verschiedene Anstrengungen unternommen um seine Armee zu modernisieren und verfügte über besser eingeübte Truppen als die Länderorte.[67]

Die Artillerie der Reformierten war den Innerschweizern in Zahl und auch in der Übung weit überlegen. Kavallerieeinheiten gab es sogar nur auf reformierter Seite, bei den Katholiken waren es vor allem Offiziere und Boten, welche Pferde besassen.[68]

Bernern und Zürchern gelingt die Vereinigung am Aare-Unterlauf

*«Dem Bären wolt man wehren
Den Pass bey stiller Furt,
Doch mit Schand und Unehren
Der Feind geflüchtet wurd:
Der Bär gsellt sich zum Löwen
An dem bekandten Ort,
Verlacht der Feinden dräwen
Und krieget glücklich fort.»*[69]

Am 24. April 1712 gelang den Bernern der Übertritt über die Aare bei Stilli, unmittelbar nördlich des Zusammenflusses von Aare, Reuss und Limmat. Die Katholiken hatten den Vorstoss nicht hier erwartet und konnten den Berner Truppen nichts entgegen setzen, sodass kein eigentliches Gefecht stattfand.

Zwei Tage später stand die Hauptmacht der Zürcher Streitkräfte vor Kaiserstuhl und forderte die Kapitulation. Nach kurzer Bedenkzeit wurde die Festung an die Zürcher übergeben. Auch Klingnau und Zurzach konnten den Zürchern keinen Widerstand leisten und kapitulierten. Schon in den ersten Tagen des Krieges war es also den Zürchern und Bernern gelungen, die strategisch ungünstige Trennung ihrer Territorien zu beheben und Teile ihrer Truppen zu vereinigen.

Zur gleichen Zeit stiessen zürcherische Einheiten nach Frauenfeld vor, welches ebenfalls kampflos besetzt werden konnte.

Zürichs Feldzug in die Ostschweiz

«Wyl: wie so kurtzwylig?
Ergibt dich ja ylig:
Man macht dir gar ban,
Drum wartest nicht lang,
Kein Zeit zu verlieren
Zum Capitulieren,
In kürtzester Yl,
Kurtzwylig ist Wyl.» [70]

Einen Monat später, am 22. Mai, konnten 3000 Zürcher, 2000 Berner, 2000 Toggenburger und 1800 reformierte Thurgauer die Stadt Wil, auf äbtischem Territorium gelegen, einnehmen. Die Stadt ergab *«sich nach kurzem Bombardement»* [71] durch die Zürcher Artillerie. Die Zürcher gewährten der Garnison *«mit fliegenden Fahnen, klingendem Spiel, Equipage und zwei kleinen Stüklenen, zu jedem sechs Schüsse, wegzuziehen.»* [72]

Die verbündeten Truppen stiessen weiter nach Osten vor und besetzten das Kloster St. Gallen und die weiteren Territorien des Abtes. Das Kloster wurde unter Zwangsverwaltung gestellt und die Klosterbibliothek und andere Schätze nach Zürich und Bern abtransportiert. Der Abt hatte sich schon vor der Ankunft der Truppenverbände zusammen mit dem Konvent in Ländereien nördlich des Bodensees abgesetzt.

Die Innerschweizer Kantone besetzten zwar die Stadt Rapperswil mit Truppen, wagten sich aber nicht weiter vor und konnten deshalb nicht in die Kampfhandlungen eingreifen.

Den Verbündeten Truppen war es innert weniger Tage gelungen, den Widerstand in der Ostschweiz zu brechen und die vollständige Kontrolle über das Gebiet zu erlangen.

Die Berner erobern Mellingen und Bremgarten – Die «Staudenschlacht»

«Weil dieser Abt verblenden
Könte auch andre Ort,
So fahrt auch selber Enden
Der Bär mit kriegen fort,
Er strecket seine Klauen
Bald auff Mellingen zu,
Das thät sich nicht mehr trauen,
Ihm Widerstand zu thun.

Die Thor thut es aufschliessen,
Die Schlüssel bracht es dar,
Das thät die Feind verdriessen,
Wolten dem Bär in d'Haar,
Den Wald nah bey Bremgarten
Machtens zu ihrer Schantz,
Dem Bär woltens auffwarten,
Und da mit ihm an Tantz.» [73]

Die Hauptmacht der bernischen Streitkräfte versuchte die katholischen Stellungen in den gemeinen Herrschaften zu besetzen. Der Ort Mellingen an der Reuss musste von den Katholiken aufgegeben werden und die anrückenden ca. 9500 Berner konnten das Städtchen besetzen. Davor war es auf der Anhöhe Meiengrün südwestlich von Mellingen zu einem kurzen Schusswechsel zwischen den anrückenden Berner Truppen und einer katholischen Einheit gekommen.

Ein Berner Soldat beschreibt das Gefecht in einem Brief an seine Frau folgendermassen: *«Als wir (...), von Obmarsingen nacher Mellingen zu marchieren befelchnet worden, sind wir noch zuvor auf einem Wald, darvor ein grosser Hübel und Wald, auf dessen Höche die Catholischen eine starke Wacht samt etwelchen Stucken profitiert hatten, zusammen versamlet und in eine Schlachtordnung gestellt worden, mit hartem Befelch, dass ein jeder scharpf laden solle. Nachdem solches geschehen ware, wurde von der ganzen Armée eine starke Parthey auf obgemelt Hübel Meyen-Grün geheissen, umb die daselbstige Höche zu gewinnen, beordert, und als sie auf die Höche dem find ins Gesicht kommen, wurde mächtig von dem Find auf sie gefeüret, wesswegen 3 Weltsche ins Gras beissen müssen, und 2 tödlich plessiert, dargegen haben die Find auch Schaden erlitten und ist selbigen 2 Stücklin abgejagt worden mit Verlust underschiedlicher catholischer Soldaten.»* [74]

Am 24. Mai sandte die Berner Generalität ein Schreiben nach Bremgarten mit der Aufforderung, die Stadt zu übergeben. Im Kloster Gnadental, auf halbem Weg zwischen Mellingen und Bremgarten, kam es zu Verhandlungen der beiden Parteien. Der Kommandant der katholischen Besatzung von Bremgarten forderte *«eine Neutralitet für Bremgarten und die Freyen Aempter»* [75] sowie einen 24-stündigen Waffenstillstand. Alle Forderungen wurden abgelehnt und die Berner Truppen marschierten am 26. Mai in zwei Kolonnen Richtung Bremgarten.

In der durch die Verhandlungen gewonnen Zeit konnten sich die katholischen Einheiten sammeln und bereiteten südlich von Fischbach in einem Hohlweg einen Hinterhalt vor. Insgesamt versteckten sich ca. 3200 Luzerner und Innerschweizer unterstützt von 800 Freiämtlern in einem Waldstück oberhalb des Weges nach Bremgarten.

Die Stelle für den Hinterhalt war gut gewählt: Auf der einen Seite befand sich das gegen den Weg hin abfallende Waldstück, in welchem sich die Katholiken versteckt hielten und auf der anderen Seite ein kleines Sumpfgebiet, welches nicht durchquert werden konnte.

Die beiden Berner Kolonnen marschierten auf gleicher Höhe in einer Entfernung von ca. 500 Metern. Die rechte Kolonne der Berner zog, ohne etwas vom Hinterhalt zu ahnen und ohne Aufklärung, in den Hohlweg hinein. Die voran reitenden Dragonerkompanien wurden *«von den Feinden, so hinder dicken Stauden, Läbhegen* [76] *und Gräben in grosser Anzahl gelegen, unverhofft überfallen»* [77] und mit einem Kugelhagel eingedeckt.

Nun brach unter den Dragonern und den dahinter marschierenden Infanterieeinheiten Panik aus. Sie versuchten, so schnell wie möglich aus dem Wald herauszukommen. Die Flucht nach Vorne war nicht möglich, weil die Innerschweizer dort Kanonen postiert hatten, welche auf die Berner feuerten.

In einem Brief schildert ein Soldat die schwierige Situation: *«Da wir hinauss hätten komen können, waren 6 Stuck gepflanzet, die erschröcklich feüreten, die erste Linien war im holen Weg, da man sy allerseits füsilierte. Wir in einem dicken Wald, also dass wir kein Find sahen, aber härd dick Kuglen durch das Gesträuch hinein kommen und die Stuck heftig wüteten.»* [78]

Durch die überstürzte Flucht der Dragoner gerieten auch die weiter hinten marschierenden Einheiten in Unordnung. Es gelang aber einigen Offizieren, ihre Einheiten an der Flucht zu hindern und sie gegen das Waldstück in Gefechtsposition aufzustellen und so gegen den Wald vorzurücken.

Ort des Kampfes war ein dichter Laubwald mit starkem Unterholz, vielen Büschen und Sträuchern («Stauden») was die Orientierung erschwerte. Teilweise beschossen sich die bernischen Einheiten gegenseitig, wie im offiziellen Bericht der Schlacht zu lesen ist: *«Allein anderseits hat es diesen schlimmen Effect gehabt, indem unsere Leuth, die auff der lincken Seiten waren, wegen der Dicke der Stauden, die anderen weder recht sehen noch erkennen können, auff einandern gefeuret und einander selbsten den grösten Schaden gethan, darzu noch dieses Unglück geschlagen, dass man wegen Enge dess wegs weder der Stucken noch Cavalerie sich bedienen können, die eben noch den Weg, wie schon verdeutet, versperrt hatten.»* [79]

Die zweite Kolonne der Berner konnte nicht sofort in den Kampf eingreifen, weil der direkte Weg durch das Sumpfgebiet versperrt war. So umlief der vordere Teil der Kolonne das Sumpfgebiet auf der linken Seite und griff die Artilleriestellung der Innerschweizer auf der Bremgartner Seite des Gefechts an. Der hintere Teil konnte den Wald auf der rechten Seite umgehen und griff den Feind von hinten durch den Wald an.

Von drei Seiten umzingelt, brach der Widerstand der katholischen Kämpfer zusammen. Nach zwei Stunden hartem Kampf in ungewohntem und schwierigem Gelände war die «Staudenschlacht» entschieden. Die Katholiken hatten etwa 400 Männer verloren, auf Seiten der Berner fielen ca. 180 Soldaten. Das heftige Gefecht hatte bei den Beteiligten tiefen Eindruck hinterlassen, wie aus einem Brief eines Berner Soldaten zu entnehmen ist: *«Wann ihr die Leuth alle so erbärmlich zerstochen und zerhauwen gesehen hätten, wie ich und andere, es wurde wahrhaftig euch die Hor gen Berg aufstechen machen, wenn wir hätten Beüt machen wollen, wir hätten schöne Sachen bekommen können, allein weilen ein jeder seines Todts alle Augenblick erwarten gewesen, so haben wir es underlassen, wiewohl die meisten dessen nichts geachtet.»* [80]

Die verbliebenen katholischen Kämpfer sammelten sich nach der Flucht in Muri und zogen sich danach über die Brücke von Sins auf Innerschweizer Gebiet zurück.

Die Berner Truppen mussten nach der Schlacht *«36 Stund lang auf dem Veld vor Bremgarten under einem unbeschreiblichen Platzregen ohne einigen gehabten Schärm ligen, ja meistens nur stehen»* [81] und forderten die Kapitulation der Stadt, welche noch in der Nacht unterzeichnet wurde. Die Berner erlaubten der katholischen Besatzung *«mit allen krieglichen Ehren»* [82] den Abzug aus der Stadt und am frühen Morgen des 27. Mai 1712 besetzte die bernische Garnison die Stadt.

Der «Stein» fällt: Zürcher und Berner erobern Baden

*«Baden ist ein schöne Braut,
Herrlich aussgezieret,
Wird dem grossen Bär vertraut,
Der sie jetzt heimführet,
Ey wie lieblich und wie schön
Wird zum Tantz er mit ihr gehn.
Courage, etc.*

*Es ist auch der Hochzeit Brauch,
Dass man tapfer schiesset,
Der Heroisch Pulver-Rauch
Nur die Feind verdriesset,
Jungfrau, der Carthaunen Blitz.
Sind nur tolle Freuden-Schütz,
Courage, etc.*

*Also hab ich dich mein Schatz
Glücklich emportieret,
Ob ich zwar auf deinen Platz
Gar nicht canonieret,
Doch hat solches mein Gespan
Treulich für mich schon gethan.
Courage, etc.»* [83]

Nach der Okkupation von Bremgarten zogen die Berner gegen Baden. Gleichzeitig rückten Zürcher Truppen gegen die Stadt vor. Baden hatte die Festung Stein sowie die Stadtmauern in der zweiten Hälfte des 17. Jahrhunderts auf eigene Rechnung und zum Ärger der reformierten Kantone ausgebaut und verstärkt. Nun warteten eine starke Garnison und ca. 50 Geschütze auf die anrückenden Zürcher und Berner.

Am Morgen des 31. Mai 1712 eröffneten die Badener Geschütze das Feuer auf die reformierten Truppen, worauf die Zürcher Artillerie mit ihrer gesamten Feuerkraft antwortete. Aufgrund des andauernden Beschusses durch die Zürcher musste Baden am 1. Juni kapitulieren.

Bern verlangte eine harte Bestrafung: *«Der Kriegsrath von Bern missbilligt das von der Generalität der bernischen Truppen gegen die Stadt Baden eingeschlagene (milde) Verfahren und befiehlt ihr:*
1. *Die Stadt Baden als rebellisch energisch zu züchtigen;*
2. *mit der Garnison eventuell eine Capitulation abzuschliessen;*
3. *die Unterthanen der Grafschaft Baden für beide Stände in Eidespflicht zu nehmen, zu entwaffnen, mit Contributionen, Fouragiren*[84]*, Darreichung von Lebensmitteln, aller Art Fuhrleistungen und nöthigenfalls mit Schanzarbeiten ‹ungespart› zu gebrauchen.»*[85]

Am 11. Juni wurde damit begonnen, die verhasste Festung und die Stadtbefestigungen zu schleifen. Teilweise waren mehr als 600 Soldaten an der Zerstörungsaktion beteiligt, welche am 18. Juni beendet war.

Durch die Eroberung von Baden war nun das Freiamt fest in den Händen der Reformierten. Die Berner konnten einen Teil ihrer Truppen entlassen und bezogen mit dem Rest ein Feldlager bei Muri. Ein Vorposten wurde beim Reussübergang in Sins stationiert. Die Zürcher entliessen ebenfalls einen Teil ihrer Kampfverbände und bezogen Stellungen an der Grenze zu Zug und Schwyz.[86]

Friedensverhandlungen in Aarau

«Solches beuten, solches siegen
Lobt ein mildes Christen-Hertz,
Muss es aber blutig kriegen,
Bringt ihm nicht gringen Schmertz,
Darumb dann auch unsre Herren
All ein guten Fried begehren.

Aber leider! unsere Feinde
Lassen sich noch also an,
Dass sie noch ihr Schad, noch Gründe
Zur Gebühr bewegen kan;
Ja man kan ihr Wort nicht trauen,
Und so schwerlich Frieden bauen.»[87]

Angesichts der militärischen Stärke der Reformierten, welcher die Innerschweizer Orte bis anhin nichts entgegensetzen konnten, schien ein Friedensschluss nun möglich. Unter der Vermittlung der neutral gebliebenen Orte wurde am 8. Juni in Aarau mit der Ausarbeitung eines Friedensvertrags begonnen. Zürich und Bern traten angesichts ihres Sieges sehr selbstbewusst auf und verlangten von den fünf Innerschweizer Orten die Abtretung der Freien Herrschaften Baden und der Freien Ämtern, sowie die Vergütung der Kriegskosten.[88]

Die Innerschweizer Orte waren sich uneinig über das weitere Vorgehen. Luzern und Uri waren bereit, in die Friedensverhandlungen einzusteigen. Die fünf Orte standen unter dem Druck von Frankreich und Spanien, die darauf drängten, an den Verhandlungen teilzunehmen. Schwyz, welches bisher noch nicht in die

Kampfhandlungen eingegriffen hatte, wollte sich auf keinen Fall einen ungünstigen Frieden diktieren lassen und forderte den erneuten Angriff auf die Reformierten. Zug und Unterwalden entschieden sich erst nach einigem Zögern an den Verhandlungen in Aarau teilzunehmen.[89]

Trotz den Verhandlungen in Aarau blieben beide Seiten weiterhin in Alarmbereitschaft. Ein Wiederaufflammen der Kämpfe war nicht ausgeschlossen. Vor allem der päpstliche Nuntius Carraccioli versuchte mit Hilfe des Klerus und mit grossen finanziellen Versprechungen die Orte des «Goldenen Bundes» wieder zur Aufnahme der Kampfhandlungen zu bewegen.[90]

Aufstand in den Innerschweizer Orten

«Die Herren aller Orthen,
Suchen nur ihren Stand,
Mit ganz betrognen Worten,
Verblühmen ihre Schand.
Die G'meinden wollen zwingen
Anz'nemmen ihren Gwalt,
Bey diser Zeit aufbringen,
Was ihrer Falschheit gfalt.
Hat man nicht alter Zeiten,
Den Adel krafftloss g'macht,
Warum wil man jezt leiden,
Vom selben solchen Pracht?
So gross nicht ist gewesen,
Der Vögten Tyranney,
Als wie anjetzt zusehen,
Der Herren Schelmerey.»[91]

Für die Regierungen der Innerschweizer Orte war die Teilnahme an den Friedensverhandlungen von Aarau nicht ohne Risiko. Die Bevölkerung stand dem Friedensschluss mehrheitlich skeptisch gegenüber. Man empfand die Niederlage ohne eigentliche Entscheidungsschlacht und die Forderungen der Reformierten als demütigend.

In Zug fanden Mitte Juni Gemeindeversammlungen statt, in welchen einmütig beschlossen wurde, sich den Friedensbedingungen nicht zu unterziehen und mit einer Generalmusterung die Wehrbereitschaft zu verbessern. Am 5. Juli folgte gar ein eigentlicher Staatsstreich, bei dem in einer turbulenten Landsgemeinde die gesamte politische und militärische Führung Zugs abgesetzt und durch Kriegsbefürworter ersetzt wurde. Fast gleichzeitig schwenkte auch Nidwalden um und sicherte Zug die Unterstützung durch ein Feiwilligen-Hilfskorps zu.[92]

Am 15. Juli kam es bei St. Wolfgang bei Zug zum Zusammenzug der Einheiten von Schwyz, Unterwalden und Zug. Sie vereinigten sich zu einem so genannten Freikorps unter einer speziellen Freifahne, einem Bildnis von Niklaus von der Flüe, an welchem die Farben der beteiligten Orte angeheftet waren. Ein Angriff auf die Berner im Freiamt war eine Frage der Zeit.

Für die Länderorte wurde die klar friedensbefürwortende Haltung der Luzerner Obrigkeit zum Problem: Für einen Angriff auf die Berner Besatzung von Sins wollte man über den Reussübergang bei Gisikon den Bernern in den Rücken fallen. Die Luzerner Obrigkeit untersagte jedoch den Verbündeten den Durchgang.

Aber auch in der Luzerner Landbevölkerung brodelte es gewaltig. Die Bevölkerung fühlte sich von den Herren aus der Stadt im Stich gelassen und verraten. Seit Anfang Juli kam es zu verschiedenen geheimen Treffen der Luzerner Bauern und Amtsträger der Landbezirke. Der Obrigkeit wurde vorgeworfen mit dem Feind unter einer Decke zu stecken und die

Landschaft bei einem Angriff schutzlos den Bernern zu überlassen.[93]

Am 15. Juli traf eine Abordnung der Luzerner Bauern bei den Länderorten in St. Wolfgang ein und versprach Unterstützung im Fall eines Angriffs auf die Berner.[94] Die Luzerner Obrigkeit war sich ihrer Sache nicht mehr sicher und befürchtete die Kontrolle über das Geschehen zu verlieren: «*Mehr und mehr müsse man wahrnehmen, dass die Dinge sich troz aller Abmahnungen verschlimmern und die Mannschaft entschlossen sei, die Brüke zu Gisikon nicht nur nicht zu vertheidigen, sondern mit denjenigen, welche mit Gewalt dieselbe zu passiren verlangen, gemeinsam gegen den Feind zu marschiren.*»[95] Auf der Seite der katholischen Orte war die Sache nun entschieden: Man rüstete sich zum Angriff gegen die Berner.

Das Gefecht bei Sins

«*Dann bald aller Treu vergessen
Liessens den Landsturm ergehn,
Wolten jene gleich aufffressen,
Welche friedlich thäten stehn
Bey genanter Seyser Brucken,
Thäten feindlich auf sie rucken.*»[96]

Am 18. Juli unterzeichneten die Luzerner und Urner Abgesandten in Aarau den mit den Siegern ausgehandelten Friedensvertrag. Die drei anderen Orte lehnten den Vertrag als unannehmbar ab. Im Bericht der Zürcher Gesandten in Aarau an die Obrigkeit in Zürich wird klar, dass auch die Reformierten dem ausgehandelten Frieden keineswegs trauten: «*Statt der erwarteten Ratificationen der drei nicht befriedeten Orte haben die Gesandten der unbetheiligten Stände gegen Mittag im Auftrag des französischen Gesandten den Bericht gebracht, dass die drei Orte sich bishin noch nicht für den Frieden erklärt haben. In Schwyz könne sich die Obrigkeit zwar noch Vorstellungen thun, finde aber bei dem Volke weder Glauben noch Gehorsam mehr; in Zug sei die Obrigkeit völlig am Boden und zu Unterwalden schwebe Alles in Verwirrung. Der französische Gesandte finde für nothwendig, dass die Gesandten beider Stände bei ihren Obern die Einhaltung der Waffengewalt sollicitirten*[97] *aus Sorge, dass andernfalls die Sachen meistenorts in ein Feuer ausbrechen, das nicht mehr gedämpft werden könnte.*»[98]

Noch am gleichen Tag beschloss der Kriegsrat in St. Wolfgang tatsächlich den Angriff auf die Berner Garnison bei Sins. Die Innerschweizer Verbände überquerten die Brücke bei Gisikon und erhielten dort wie versprochen die Unterstützung der Luzerner Bauern, welche sich dem Heer anschlossen. Am 19. Juli war im grenznahen Luzernbiet zum Landsturm geläutet worden und die wehrfähigen Bewohner standen unter Waffen.[99]

Die Luzerner Obrigkeit hatte die Kontrolle über die Armee verloren, ja sie musste sogar fürchten von der aufständischen Landbevölkerung abgesetzt zu werden: «*Die Gesandten von Lucern antworteten: eben dies sei ihr Elend und ihre Klage, dass ihre Unterthanen sich widerspenstig erzeigen und ihnen den Untergang androhen, ihren Herren (von Lucern), die sie nur Perruquenbuben namsen, nicht mehr folgen, sondern, wann selbige sie zum Frieden an- und vom Krieg abmahnen, auf sie schiessen würden, wozu sie die Länderbauern schlimmer Weise angeführt haben.*»[100]

Am Morgen des 20. Juli brachen etwa 6000 Innerschweizer Richtung Sins auf. Die Berner waren auf den Angriff nicht vorbereitet. In letzter Not konnten sie ihre

Einheiten zusammenziehen und die Verteidigung organisieren. Nach kurzem Gefecht ausserhalb des Dorfes mussten sich die ca. 600 Berner in den Kirchhof zurückziehen. Von dort aus konnten sie, geschützt durch die hohe Mauer, welche den Kirchhof umgab, auf die anrückenden Innerschweizer feuern. Eine zweite Abteilung verschanzte sich hinter einer Hecke beim Kirchhof.

Das Salvenfeuer der Berner führte zu hohen Verlusten unter den anstürmenden Katholiken und konnte sie immer wieder zurückdrängen. Der Schwyzer Hauptmann Reding wurde tödlich getroffen. Als erstes musste die Abteilung, welche die Hecke besetzt hatte, aufgeben und fliehen. Nun gelang es den Katholiken eine Tür zum Kirchhof aufzusprengen und so die verbliebenen Berner zum Rückzug in die Kirche zu zwingen, wo sie sich noch eine Zeit halten konnten.

Nach einem zweistündigen brutalen und verlustreichen Gefecht, mussten sich die letzten verbliebenen Berner im Kirchturm ergeben. 400 Innerschweizer und 100 Berner kamen dabei ums Leben.[101]

Angriff der Schwyzer auf die Zürcher bei Hütten

«Nun zogens in sehr stoltzem Sinn,
Wol zwüschen beyden Schantzen hin,
Bym Dörfli Hüten und der Bällen,
Liessends hören ihre Schällen,
Dann die Capuciner und Pfaffen
Vor ihnen har wie heidnisch Affen,
Sungind starck ihr Litaneyen,
Mit vil Gebrüll, und lautem Schreyen.»[102]

Am 22. Juli gingen die Schwyzer, welche an der Grenze zu Zürich stationiert waren, in die Offensive und wagten einen Ausfall auf Zürcher Gebiet. Zwar existierte ein Angriffsplan des Schwyzer Kriegsrates, der eigentliche Angriff scheint aber eher tumultartig erfolgt zu sein. Der Grenzabschnitt zwischen Zürichsee und Sihl bot wenig natürliche Grenzen und war deshalb für einen Angriff besonders günstig.[103]

Auf Zürcher Seite hatte man dies erkannt und seit dem Ausbruch der Feindseligkeiten im April verschiedene neue Schanzen aufgeworfen oder bestehende Verteidigungsanlagen verstärkt. Die wichtigsten Verteidigungsanlagen befanden sich oberhalb des Dorfes Hütten und nördlich des Hüttnersees, die sogenannte «Bellenschanze».[104]

In der Nacht vom 21. auf den 22. Juli marschierten gut 2000 Schwyzer über die Grenze. Bereits im ersten Weiler hinter der Grenze kam es zu Plünderungen und Übergriffen auf die Zivilbevölkerung. Auch die Schwyzer Berichterstatter wollten nicht verheimlichen, *«(…) dass iüngst in dem Feldt in dem Hofe gleich vor dem Angriff gegen die Hütten nit allein gegen dene Herr Kriegsräthen von den gemeinen Soldaten aller Respect verlohren, (…), ia so gar den Herren Officieren allen Gehorsamb entzogen, grossen undt ohnverantwortlichen Übermuth gegen den unschuldigen Weibsbildern wider alles Natürliche, undt der Völkhern Rechte verüebet worden und (…) sich in währender Action theils auf das Plündern, theils gar in die Flucht aus dem Feldt nacher Haus begeben, undt also übrig ehrliche Leüth, welche für die heilige Religion undt das liebe Vatterlandt erlich gestritten, undt ihr Lib und Leben aufgesetzt, schandlich im stich gelassen, wordurch unser liebstes Vatterland wegen solch ohnvorsichtig erzwungenen Angriff in die höchste Noht undt Gefahr gesetzt.»*[105]

Danach zog der Tross weiter Richtung Hütten, mit dem Ziel die Schanze oberhalb des Dorfes in ihre Gewalt zu bringen. Dort wollten sich die Schwyzer mit Verstärkungen aus dem Kanton Zug vereinigen, die über die Sihl kommend Hütten hätten angreifen sollen. Die Zuger weigerten sich aber, den Schwyzern zu Hilfe zu kommen, weil sie fürchteten so ihre eigenen Grenzen nicht mehr verteidigen zu können.[106]

Nur von einer Seite angegriffen, konnte die Besatzung der Hüttenerschanze die Schwyzer zurückdrängen. Wie der Kommandant der Hütternerschanze stolz berichtet, wollten die Schwyzer *«von unten herauf in das Dörfli einbrechen, und als sie über den Buk und Kornacher hinunter defilierten*[107], *hat die Garnison*[108] *mit Freüdengeschrey, so vil möglich unter sich gefeüret, dass sie geschwänkt, und das Dörfli nicht angriffen, sonder in Confusion den Berg hinunter geeilet, in Sonderheit, als wir die Hintersten, mit einen Canonschuss nahen gemahnet.»*[109]

Nun zeigte sich aber eine Schwäche im Zürcher Verteidigungs-Dispositiv: Weil nur noch wenige Truppen in der Region stationiert waren, vor allem aber weil die Schanzwerke zu weit voneinander entfernt waren, gelang es den Schwyzern zwischen den Posten der Zürcher hindurch Richtung Schönenberg vorzurücken.[110] Die Besatzung der Hüttenerschanz konnte nichts dagegen unternehmen: *«Wir thatend unser Bestes, und mit möglichstem Fleiss, 6 Canon Schüss (...), köntend aber den Einbruch ins Land nicht erwehren, sonder leider 2 Bataillon mit 4 rothen Fahnen (...) formieren sehen, anbey in Sorgen stehen, die Zuger werden sich mit ihnen conjungieren, und gesamter Hand auf uns los gehen.»*[111]

In Schönenberg konnte die Zürcher Kavallerie die Schwyzer aufhalten und dank einer Kriegslist gar in die Flucht schlagen: Zwei Reiter der Kavallerieeinheit waren beim Angriff auf den zahlenmässig weit überlegenen Feind auf einem Hügel zurückgeblieben und winkten. Das erweckte den Eindruck hinter dem Hügel kämen noch weitere Verstärkungen zu Hilfe und die Schwyzer ergriffen die Flucht.[112]

Die flüchtenden Schwyzer konnten sich nochmals sammeln und versuchten einen Sturmangriff auf die Bellenschanze, welche schon den ganzen Morgen unter Beschuss der Schwyzer Artillerie gestanden hatte. Der Besatzung gelang es mehrere Angriffswellen zu überstehen und schliesslich führte ein Entlastungsangriff der Zürcher Kavallerie zur endgültigen Entscheidung.

Die Schwyzer flohen Hals über Kopf nach Schindellegi, wie man von der Hüttenerschanze beobachten konnte: *«Zuletst wurd ein solches Schiessen, auf der Bellen herum, so uns widerum erquikt, und kamend die rothen und blauen Reüter von der Laubegg hervor, so dass der Feind nach einem halbstündigen Gefecht zurük geschlagen worden.»*[113] Der Angriff hatte insgesamt auf Schwyzer Seite 29 und auf Zürcher Seite 11 Tote gefordert.[114]

Rückzug der Berner Hauptmacht nach Wohlen

«O du grosser und starcker Gott! Unsers Volcks Sieg stehet jetz in deiner Hand, du kanst helffen durch wenig oder durch viel: Erhöre doch mein armes Gebätt, und aller Rechtgläubigen Gebätt, umb Jesu Christi deines lieben Sohns willen, in allen Wincklen und Orthen, wo sie dich im Geist und in der Wahrheit anrüffen. Schawe doch vom

hohen Himmel herab auff das Heer der Papisten, wie du vor Zeiten sahest auff der Egypter Heer, da sie deinen Knechten nachjagten mit grosser Macht, und trotzeten auff ihre grosse Macht und grosses Kriegsvolck, da du sie aber ansahest, wurden sie verzagt, und die Tieffe übereilte sie, und das Wasser ersäuffte sie.»[115]

Durch den Sieg von Sins waren nun auch die Luzerner Obrigkeit und die Urner wieder bereit, am Kampf gegen die Reformierten teilzunehmen. Luzern schickte sogar eine Mahnung an die Urner, um mit deren Hilfe nach Möglichkeit auch die Unterstützung der Walliser zu erhalten. Insgesamt rückten nun etwa 11 000 Innerschweizer gegen die Berner vor.[116]

Die Hauptmacht der bernischen Truppen lag in Muri in einem befestigten Lager. Dieser Standort schien aber den Offizieren angesichts der vorrückenden Innerschweizer nicht mehr sicher genug. Einerseits war die Stellung für eine grosse Schlacht zu eng und das Terrain aufgrund des Moorbodens zu tief. Andererseits bestand die Gefahr, dass *«durch Abschneidung der Zufuhr»*[117] die Nahrungsmittelversorgung aus Lenzburg abgeschnitten werden konnte.

Am 21. Juli marschierte die gesamte Streitmacht Richtung Wohlen, wo am Abend das Feldlager bezogen wurde. Das Lager erstreckte sich südwestlich von Wohlen vom Büelisacker über das gesamte Feld bis fast nach Villmergen. Die umliegenden Hügel waren mit Vorposten gesichert. Die bernische Generalität wollte schon am kommenden Morgen den Engpass bei Villmergen passieren und sich allenfalls dem Feind im offenen Gelände stellen.[118]

Der linke Flügel der Katholiken, bestehend aus Luzernern, rückte unter dem Kommando von Schultheiss Schwyzer und Brigadier von Sonnenberg über den Lindenberg nach Sarmenstorf vor. Die Hauptmacht der Innerschweizer Orte, unter dem Befehl von Brigadier Pfyffer, verfolgte die Berner über Muri und Boswil und hatte sie schon fast eingeholt. Noch am Abend wollte man die Berner in ihrem Quartier angreifen, musste aber wegen des einsetzenden Regens von diesem Plan absehen.

Die nächsten drei Tage regnete es beinahe ohne Unterbruch, zudem machte ein starker Wind die Lage zusätzlich ungemütlich. Die Bäche, insbesondere die Bünz, schwollen immer stärker an und überfluteten die Feuchtgebiete zwischen Wohlen und Villmergen. Weder die Berner noch die Innerschweizer konnten sich zum Aufbruch entschliessen. Da es immer wieder zu einzelnen Schusswechseln der Vorposten kam, waren beide Heere in konstanter Alarmbereitschaft. Die durchdringende Nässe hatte die Pulvervorräte geschädigt oder unbrauchbar gemacht, sodass ein Angriff nicht in Frage kam. Das lange Warten im Regen und sumpfigen Gelände hatte die Truppen auf beiden Seiten ermüdet. Man wartete nur noch auf besseres Wetter, um endlich etwas unternehmen zu können.[119]

Die Berner passieren Villmergen

«Grosser Helden Wehr und Waffen,
Tapfferer Soldaten Faust
Können deinen Hochmut straffen,
Dass das Feld bald raumen must.
Etlich mahl zwar man zurücke
Wiche, weilen wir zu schwach:
Doch erschnappte uns das Glücke,
Zu vollführung unsrer Sach.»[120]

Am Morgen des 25. Juli besserte sich das Wetter und die Berner Generalität, unter dem Oberkommando von General von Diessbach, liess schon um fünf Uhr morgens das Lager abbrechen und in Schlachtordnung Richtung Villmergen marschieren. Der rechte Flügel des Berner Heeres, welcher in Villmergen stationiert war, sicherte dabei die Anhöhe südlich des Engpasses. Das aufgeweichte Gelände liess sie aber nicht recht vorwärtskommen. Vor allem die Kanonen und Wagen steckten zum Teil tief im Morast fest: *«dem Kaht, darinn unsere Soldaten zwey Tag daher bis an die Knie gestanden und die Stuck und Plunderwägen sehr vertieffet waren.»* [121] Erst gegen zehn Uhr passierten die letzten Einheiten den Engpass durch das Dorf Villmergen.[122]

Die Innerschweizer hatten es verpasst, in diesem günstigen Moment anzugreifen. Erst gegen neun Uhr erschienen die ersten Einheiten auf der Anhöhe bei Hilfikon und konnten noch einige Kanonenschüsse auf die Nachhut der Berner abfeuern, die gerade Villmergen passierte. Der rechte Flügel der Katholiken traf noch später bei Villmergen ein, weil die Truppen in verschiedenen Dörfern stationiert waren und zuerst gesammelt werden mussten.[123]

Die Berner erwarten den Feind im Langelen-Feld

«Dieser Feind hat zwar angriffen,
Das sonst tapffre Berner-Heer,
Hat auch Stuck auff Stuck gepffiffen,
Doch hat Bern erlangt die Ehr.
Es springt auff den Sonnen-Wagen
Und beschaut den Todten-Hauff.
Fama wird bald weiters sagen,
Dass der Feind im Blut ersauff.» [124]

Die Berner stellten sich im Langelen-Feld in die geplante Schlachtordnung: Der Platz schien hier für ihre Kampfweise günstig. Die Offiziere waren *«wohl wüssend, dass wir wegen bey uns habender Reuterey und unserem besser exercierten Volck dem Feind auf freyer Heid so sehr als er uns an der Zahl überlegen.»* [125] Das weite, offene und praktisch flache Gelände erleichterte das Manövrieren der Einheiten und den Einsatz der Reiterei. Zudem konnten die Berner hier ihre überlegene Feuerkraft besser ausspielen.[126]

Die Grenze zwischen dem Berner Aargau und dem Freiamt ging quer über das gesamte Feld. Möglicherweise hofften die Berner, dass sich die Katholiken nicht auf einen Angriff auf Bernergebiet entschliessen konnten. Auf der südwestlichen Seite des Feldes befand sich eine Anhöhe und auf der Gegenseite gegen die Bünz ein Sumpfgebiet. Die Infanterie positionierte sich in zwei Linien, über das gesamte Schlachtfeld von West nach Ost. Rechts befehligte Brigadier de Sacconay, in der Mitte General von Diessbach und auf der linken Seite Generalquartiermeister von May.[127]

Die Artillerie war zwischen den Einheiten und auf der Seite positioniert, die Kavallerie dahinter. Durch ein langsames Zurückweichen in dieser Schlachtordnung wollte man den Feind in das offene Gelände locken, wo man sich der Übermacht stellen konnte. Ein Detachement unter dem Befehl von Major Fankhauser sollte den Weiler Ammerswil oberhalb des Schlachtfeldes besetzen und so den Weg nach Lenzburg freihalten.

Um einem Kampf im offenen Feld möglichst aus dem Weg zu gehen versuchten die Innerschweizer nun die Berner von beiden Seiten anzugreifen. Der linke Flügel zog, nachdem Villmergen passiert war, auf die Anhöhe südwestlich des Langelen-Feldes. Der rechte Flügel konnte Villmergen auf der östlichen Seite passieren und unbemerkt von den Bernern, hinter einer kleinen Anhöhe entlang des Sumpfgebiets bis nahe an den linken Flügel vorrücken: «*Inzwischen hatten die Feind, ohne dass wir solches gewahret, sich in zwey Theil gesönderet und mit dem einten Theil unserem rechten Flügel in die Seiten zu gehen, die Höhe des Bergs biss an die unsre Hochwacht eingenommen, mit dem andren Theil aber lincker Seits uns unbewusst in einem Eichwald an einen Ecken des Felds gerucket; woselbsten sie sich gegen unsren lincken Flügel in Schlacht-Ordnung stellten und mit 4 Stucken auf uns wacker feureten, (…)*»[128]

Der Kampf beginnt

*«Der Feinden waren über
drey tausend blieben,
Vierhundert wurden gefangen
un blessiret,
Dir feur-rothen Dragoner haben
durch Gottes Macht,
Noch über die eilff-hundert
erträncket in dem Bach.»*[129]

Um 13 Uhr erfolgte der Angriff des rechten Flügels der Katholiken. 6000 Katholiken standen hier 4000 Bernern gegenüber. Die Innerschweizer stellten sich in den traditionellen, tiefen Kampfformationen zum Gefecht, wogegen die Berner in nur drei Mann tiefen Schützenreihen positioniert waren. Den Katholiken gelang es jedoch mit einem Teil der Einheiten die Schützenreihen der Berner zu umgehen und ihnen in die Flanke zu Fallen: «*(…) weilen unser lincke Flügel von dem feindlichen à 6000 Mann starken Corpo, mit dem es angebunden, weit übermannet und daneben (en front et en flanc) vorwerts und and der Seiten chargiret wurde, so fienge unsre erste Linie ein wenig an zu wancken.*»[130]

Da nützte es auch nicht viel, dass Brigadier von Sacconay mit vier Bataillonen des rechten Flügels zu Hilfe eilte. Erst als die Berner Offiziere eine Schwenkung der gesamten Formation noch Osten befahlen änderte sich die Situation wieder zu ihren Gunsten: «*(…) dass wir also durch einen gemachten quart de Conversion und Schwenckung dem Feind den Vortheil seiner Stellung entrissen und ihm in beyde Flanquen gekommen.*»[131] Die Flanken waren nun wieder geschützt und die Kavallerie konnte nun ihrerseits die Innerschweizer von der Seite her attackieren.

Im Rücken der Katholiken befand sich nun das Sumpfgebiet und die hochwasserführende Bünz. Nach einiger Zeit musste der rechte Flügel der Katholiken sich in ein kleines Waldstück zurückziehen, wo er sich nochmals formieren konnte.

Doch auch diese Stellung konnte nicht lange gehalten werden und ein Grossteil flüchtete Richtung Bünz. Hier kannten die Berner kein Pardon: Die Flüchtenden wurden ohne Schonung verfolgt. Viele ertranken in der Bünz oder blieben im Sumpf stecken wo sie niedergemacht wurden.

Der Schlachtbericht schildert ausführlich wie die Berner «*den Feind auseinander getrennet, über Hals und Kopf durch den Wald gejaget und deren eine grosse Zahl theils in einem allda befindlichen Weyer, theils aber in den morastigen, durch das lange Regen-Wetter gross angeloffenen oder viel mehr, nach dem sicheren Bericht, von dem Feind (zu unserem zwar angesehenen, aber seinem selbsteignen erfolgten Undergang) selbst aufgeschwellten Büntzer-Bach gesprenget; allwo man selbige theils bis under die Achsel im Morast steckend nidergemachet, theils aber darinn ersticket und ertruncken.»*[132]

Durch das Verfolgen der Feinde und teilweise bereits durch das Ausrauben der Leichen war der linke Flügel der Berner nun nicht mehr kampffähig und in Auflösung begriffen.[133]

Luzerner Attacke beim Weiler Dintikon

*«Vil sind in die Todten-Grotten
Zwar zu Lentzburg beygesetzt,
Doch von Würmen oder Motten
Wird Ihr Namen nicht verletzt,
Dann wer so heroisch stirbt,
Ewig Lob und Ruhm erwirbt.»*[134]

Nun griff um etwa drei Uhr nachmittags auch der linke Flügel der Innerschweizer von ihrer Position auf der Anhöhe im Südwesten des Schlachtfeldes in den Kampf ein. Eigentlich hätte der Angriff gleichzeitig mit dem rechten Flügel erfolgen sollen, um so die Berner einzukesseln. Weil man aber zu lange brauchte um die Anhöhe zu besetzen und vermutlich auch zu lange gezögert hatte, mussten die Luzerner nun mit ansehen, wie der linke Flügel in die Flucht geschlagen wurde.

Jetzt gab es kein Halten mehr und die Einheiten *«stürmeten mit hefftiger Wutt, ihre Brüder zu retten und zu rächen, auf unseren rechten, von Hrn. General von Diesbach und Hrn. General-Lieutenant Sacconay commandierten Flügel vorwerts».*[135]

Die Luzerner waren hier in der besseren Position: Ihre Geschütze konnten aus erhöhter Lage auf die Berner Reihen feuern. Zudem standen die Berner ohne Deckung im offenen Feld, die anrückenden Katholiken konnten hinter *«den Höltzeren und hinder den Hägen»*[136] in Deckung gehen. Auch hier konnten die Innerschweizer zudem ihre Überzahl ausspielen: Etwa 3000 Berner mussten sich einer Übermacht von fast 6000 Luzernern stellen.

Das Gefecht wurde von beiden Seiten mit aller Heftigkeit geführt: Die Berner Generäle von Sacconay und von Diessbach mussten mit schweren Wunden vom Kampfplatz getragen werden, worauf der schon über 70-jährige Venner von Frisching das Kommando übernahm. Auch der luzernische Anführer von Sonnenberg wurde verwundet und verlor sein Pferd.[137]

Inzwischen konnte sich ein Haufen Katholiken in der Nähe des Wäldchens bei der Bünz sammeln und stürmte den Luzernern zu Hilfe. Nun kamen die bernischen Reihen ins Wanken und es begann ein allgemeiner Rückzug Richtung Hendschiken. Die Luzerner fürchteten zuerst einen Hinterhalt und verfolgten die zurückweichenden Berner, *«dem Handel nicht trauend, sondern nur von ferne mit langsamen Schritten und geschlossenen Glideren, ganz behutsamlich».*[138] Erst kurz vor Hendschikon gelang es den Offizieren, allen voran von Frisching, die Soldaten anzuhalten und wieder zu ordnen. In diesem Moment traf zudem noch ein Hilfskorps der Berner mit 400 Mann auf dem Schlachtfeld ein.[139]

Die Leistung von Venner Frisching wird im Berner Schlachtbericht besonders hervorgehoben: *«(…) unerachtet seines hohen Alters, Mit welchem er dem König von Franckreich gleich kommet, Tag und Nacht hin und her gallopierend gesehen, die eint und anderen mit der Hand anführen, und gehört durch diese kurtze aber bewegliche Red anfrischen: Lustig, meine Freunde, fasset gut Hertz: Verlasset mich nicht, ich wil euch nicht verlassen: Wir wol-*

len bey einander leben und sterben. Auch muss man mit Warheit sagen, dass nächst Gott diesem Helden der Sieg zuzuschreiben.»[140]

Jetzt hatten die Berner zudem das Terrain auf ihrer Seite und die Luzerner «nun in der Ebene stehend (den) ersten Vortheil verlohren»[141]. Die Luzerner befanden sich ungeschützt im offenen Feld und die Berner hatten Möglichkeiten zur Deckung hinter einem langen Hag beim Dorf Hendschiken.

Gegen 17 Uhr entbrannte nun das letzte und entscheidende Gefecht der Schlacht. Die wieder erstarkten Berner konnten dabei den Innerschweizern grosse Verluste zufügen, sodass sie immer weiter gegen den Wald im Südwesten zurückweichen mussten. Hier bekamen die Katholiken nochmals Unterstützung durch «ihr drittes Corpus, so von Sarmenstorff her (...) zu ihnen gestossen.»[142]

Um das Waldstück entbrannte nun ein hartes Gefecht wobei die Luzerner nochmals tapfer kämpften, wie auch die Berner bemerkten: «Der Feind wehrete sich daselbsten als in seiner letsten Retraiten und Zuflucht sehr hartnäckig, und wann einer fiele, trate gleich ein anderer in die Lucken.»[143]

Die Berner attackierten den Gegner hartnäckig – sie wollten nun den Sieg: «Endlich und nachdeme unsre Hrn. Generalen mit einichen herbey geruckten Stucken in den Wald hinein spielen lassen, drangen zwo Compagnien mit den Bajonetten an den Rohren durch den Zaun und jagten den Feind recht Löuenmühtig aus dem Wald heraus; worauf er gantz und gar zerstreuet, mit dem Degen im Rucken, eine gute Halbstund weit verfolget (wurde).»[144] Gejagt von den bernischen Dragonern flüchteten die Innerschweizer zuerst Richtung Villmergen und dann weiter nach Süden. Die Schlacht war entschieden, die Niederlage der Katholiken endgültig.[145]

Auf katholischer Seite fanden über 2000 Soldaten den Tod und etliche wurden verwundet. Die Berner hatten demgegenüber «nur» gut 600 Tote und etwa 300 Verwundete zu beklagen.[146]

In der Folge der Schlacht konnten die reformierten Streitkräfte Ende Juli auf das Territorium der Innerschweizer Orte vordringen, ohne auf Widerstand zu stossen. Teilweise kam es dabei zu wüsten Plünderungen und Brandschatzungen. Jedenfalls waren die Katholiken geschlagen und mussten nun erneut endgültig in Friedensverhandlungen einwilligen.

Die Folgen des Vierten Landfriedens von Aarau

«GOTT Lob und Danck der Frieden ist geschlossen,
Der Hochmuth und Untreu hat GOTT selbst gerochen
An der Papisten Heere in der Vilmerger-Schlacht,
Die sein Wort gelästeret sehre,
und habens gar veracht.»[147]

Im Vierten Landfrieden, der Anfangs August 1712 in Aarau unterzeichnet wurde, konnten die siegreichen Orten Zürich und Bern den Verlierern ihre Forderungen diktieren. Auch den Katholischen Orten war nun klar, dass sie sich dem auszuhandelnden Frieden unterziehen mussten. Der Schutzbrief für die Schwyzer Abgesandten in Aarau zeigt, dass in Schwyz nicht mit einem günstigen Ausgang der Verhandlungen gerechnet wurde: Für den Fall dass *«der friden nit nach wunsch und begehren ausfallen sollte»*, wurde den *«beiden ... hochgeehrten herren von desset-*

wegen allen oberkeithlichen Schutz, schirb und rettung aller ihrer Ehren, hab guots libs undt lebes hirmit zu gesagt.» [148]

Die unmittelbaren Probleme, die durch die Kriegshandlungen entstanden waren, wurden wiederum, wie schon im Landfrieden von 1556, mit einer Amnestie für die Kriegshandlungen, einem Gefangenenaustausch und einem Verzicht auf Kriegskostenrückerstattungen grosszügig beigelegt und die Kriegsparteien versicherten sich gegenseitig ihre «alteidgenössische Freundschaft».

Machtpolitisch konnten sich aber Zürich und Bern auf der ganzen Linie durchsetzen: Die fünf katholischen Orte wurden von der Mitherrschaft über die gemeinen Herrschaften Baden und die Unteren Freien Ämtern ausgeschlossen. Bern wurde neu an der Herrschaft über den Thurgau, das Rheintal, die Oberen Freien Ämter und Sargans beteiligt.

Die Stadt Rapperswil, die im Ersten Villmergerkrieg den Zürchern noch standgehalten hatte, wurde den protestantischen Städteorten unterstellt. Damit hatten die Siegerorte alle militärisch wichtigen Stellungen in den Gemeinen Herrschaften unter ihrer Kontrolle und entzogen den Innerschweizer Orten auch wichtige Einnahmequellen.

Der neue Landfrieden brachte zudem eine Lösung für den lange dauernden Konfessionskonflikt: Durch zahlreiche Bestimmungen wurde geregelt, wie bei Religionsstreitigkeiten vorgegangen werden sollte. Es wurde beispielsweise vereinbart, *«dass künftige Streitigkeiten in den gemeinen Herrschaften zu vermeiden und eine gerechte und friedsame Regierung zu führen, die Evangelischen gleich wie die Katholischen der Religion und Gottesdiensts halber und was selbigem anhanget, in den gemeinen Herrschaften, in welchen beide Religionen sich befinden, in einem ganz gleichen Rechten stehen (...).»* [149]

Eine wichtige Neuerung regelte die Zuständigkeiten bei Religionsfragen neu: Über strittige Geschäfte betreffend der Konfession, konnte nun nicht mehr die Mehrheit der Stände entscheiden, sondern ein aus gleich vielen Reformierten wie Katholiken bestehendes Schiedsgericht: *«(...) künftighin (soll) die Majora nichts entscheiden, sondern damit bis auf aller regierender Orte Zusammenkunft gewartet und alsdann durch gleiche Säze beider Religionen zu güt- oder rechtlichem Austrag geschritten werden.»* [150]

Die Vogteiämter in den gemeinen Herrschaften wurden von nun an entsprechend der tatsächlichen konfessionellen Bevölkerungsverhältnisse vergeben: *«Damit dann auch in Verwaltung der Justiz die Ohnparteilichkeit desto besser Plaz finden möge, so sollen die Ehrenstellen, Ämter und oberkeitliche Bedienungen von nun an aus beiden Religionen bestellt werden, (...). Ferners solle auch in den niedern Gerichten, wo man von beiden Religionen unter einander wohnt, mit Besezung der Ammann- und Richterstellen also verfahren werden, dass an den Orten, wo zwei Drittel der einten Religion, die Richterstellen auch mit zwei Drittel Richtern von selbiger Religion bestellt, wo aber die Mannschaft geringer als zwei Drittel, so solle dannzumal das Gericht halb von den Evangelischen und halb von den Katholischen besezt und allwegen ohne Unterschied der grössern oder wenigern Mannschaft mit der Ammann- oder vordersten Richterstelle alternirt werden.»* [151]

Die Katholiken wurden in der Ausübung ihrer Konfession ausdrücklich nicht behindert; auch sie hatten jederzeit das Recht, an das Schiedsgericht zu gelangen. Der Vierte Landfrieden beseitigte so die konfliktgeladene Bevorzugung der Katholiken, die seit dem Zweiten Kappeler Landfrieden bestanden und für anhaltende Spannungen innerhalb der Eidgenossenschaft gesorgt hatte.

1. Manifest des Landt-Rahts Beyder Religionen Im Toggenburg.

- ORT/ZEITPUNKT:
  TOGGENBURG, 12. APRIL 1712

- QUELLE:
  ZENTRALBIBLIOTHEK BERN
  H XLIII 281

Wir Schultheiss, Ammann und Gemeiner Landt-Raht der Landschafft Toggenburg, thun kund und zu wüssen, nit nur unseren getreuen lieben Landleuthen und Gemeinden der Landschafft Toggenburg, sonder auch allen denjenigen, welche ausserthalb unserer Landschafft befindtlich, was Stands, Würde und Conditions sie sind, denen Rechts und Billiches lieb ist. Nachdeme wir nun vil Jahr hero mit dem Fürstl. Gotthaus St. Gallen in Zerwürffnuss gestanden, darum, dass selbiges unser Land, zuwider denen, in unseren Grund-Briefen, Landt-Eid und 1440 Landt-Recht enthaltenen, bestbegründeten, und von Unseren lieben Vor-Elteren genossnen Freyheiten, häfftig beträngt, und auf den Sturtz einer traurigen Sclaverey, mit grosser Unbarmherzigkeit, gebracht, wie solche alle, die von Uns so mund – so schrifftlich ausgegebene Deductiones, zur Genüge ausswerffen, und wir dahero genöthigt worden, uns widerum in den Possess, unserer rechtmässigen Freyheiten, zusetzen, jedoch also, dass wir immerhin erklährt, uns allem dem, was, durch die bereits gezogene unpartheyische Mediation, billich und recht werde befunden werden, willig zu unterwerffen, auch auf dero gemeinsamen Aussspruch mit Gedult gewartet, und uns indessen in unserem Land in stiller Ruhe aufgehalten. Herentgegen aber von Seiten des Fürstl. Gotthauses St. Gallen nicht allein alles, zum Friden und gerechter Beylegung dises Geschäffts dienliche, aussgewichen, in der Hoffnung, durch innerlich anstifftende Unruhe, und äusserlich anträuenden Gewalt, alles in Confusion zusetzen, und uns widerum unter dero eigen-herrische Regierung zu zwingen. Zu welchem End sie dann nunmehro eine Zeit hero, durch Einiche in dem Land sich befindende geist- und weltliche Persohnen, nicht allein den Gemeinen ehrlichen Landtmann zur Widerspännigkeit wider den Landt-Raht angereizt, sonder, so gar in offentlichen Actionen und Discursen, demselben alles Ansehen und Respect zu benemmen gesucht, dero publicierte Mandata abgerissen und mit Füssen getretten, sie mit Schelmen, Dieben, Lands-Verrähter und anderen schändtlichen Scheltungen übergossen, auch beschuldiget, dass sie keinen billichen Friden annemen, und des Lands Einkommen untreulich verwaltind, ja Ihnen offentlich, als den fäulsten Maleficanten, mit schmächlichem Tod geträuet; mithin durch aussgesandte Emissarios, sonderlich in dem Unteren-Amt, wider das Abmahnen des Landt-Rahts, eignen Gewalts verbottene Gemeinden gesamlet, den dasigen Landtmann, unter allerhand ohnbegründte Vorgeben, von dem gemeinen Land abzuziehen gesucht, und ihn Gemeind- und Persohnen-Weis zu einer unbedingten Submission zu unterschreiben genöthiget. Diejenigen aber, welche dises nicht thun wollen, mit Brand und Mord betreuet, in Ihre Gemeinden verbannet; den Landt-Rahts Gliderenen verbotten, den Landt-Raht zu besuchen, und wofehrn man dann, den eint und anderen zur Gebühr ziehen wollte, die samtlich unberichtete Gemeinden zu einer thätlichen

Resistenz angesporret; die Gloggen zum Sturm gerüstet, und von der Alten Landschafft nahen aller würcklichen Zuzug und Hilff versprochen worden: Zu dem End auch die Bruggen abgedeckt und die Päss verwahret, ja die Sachen so weit getriben, dass sie die Hoffnung genehret, wann sie nur nach einer einigen Gemeind sich Meister machen könten, es Zeit wäre, den einen Theil des Lands, mit dem anderen Theil desselben, unter versprochnem Zuzug, zu überfallen, und mit Gewalt und grausamem Blut-Vergiessen zu untertrucken. Welches alles nicht nur heimlich, sonder so gar über das verwichne H. Oster-Fest, da man dem liebe Christenvolck, den Nutzen des theuren Verdienstes Jesu wol applicieren sollen, mit solcher Enormitet, auf offner Cantzel, getriben worden, dass Jedermänniglich, ohn unterscheid der Religion, sich darüber geärgeret und um Remedur geseufzet.

Dahero wir dann solchem, and die Seel tringenden, Uebel nicht länger zusehen, und uns selbsten in so augenscheinlicher Gefahr setzen können, sonder auf ein abgetrongene Weis uns in möglichste Sicherheit, auch in den Stand richten müssen, einer Seits, disere so bosshafte Aufwiglere zu gebührender Correction zuziehen, ander Seits aber den minder berichteten, ehrliche, durch solch falsch Vorgeben betrogne Landmann eines Bessseren zu berichten, und dardurch das bevorstehende Verderben. mit Gottes gnädigem Beystand abzuwenden.

Wann und aber von ermelt Fürstl. Gotteshaus St. Gallen disere Sachen dahin getriben, und durch dero Instrument der gemeine Landtmann, an theils Orthen, durch solch schlime Griffe in grossen Eifer gebracht worden, also dass der Landt-Raht sich nicht mehr getrauen dörffen, ohne genomene genugsame Praecaution, selbiger Enden, denen samlenden Gemeinden, derne Sachen wahre Bewandtnuss vorzustellen, mithin ermeldte Geistlichkeit, auch in dem Oberen-Amt, gleiche Confusionen anzurichten sich äusserst bemühet, sich vertröstende, dass die Situation und Bau-Art der beyden Clösteren Neu-St. Johann und Magdenau, von der Beschaffenheit, um, gleich vormahls, durch eingelegte Comendanten und andere Krigs-Anstalten geschehen, dem Oberen-Amt einen Kappenzaum anzulegen, und die Gegenden des Lands dadurch von einandern zusönderen, um alles desto mehr in Schrecken und Confusion zu setzen.

Als sind wir durch die äusserste Noth getrungen, uns selbst, unser Weib und Kinder vor so anträuendem Gewalt zu versicheren, dieser beyder Clösteren zu bemächtigen und mit nöthigen Garnisonen zubesetzen, weilen diss das einige und zulängliche Mittel, wodurch wir die vorangezogne Gefahr, mit Gottes Hilff, abwenden, und Gelegenheit haben können, die bosshafft renitierenden mit Nachtruck zu dämen, und die Einfaltigen, durch genugsamen Underricht, widerum auf den rechten Weg zubringen.

Wir protestieren aber hiemit samtlich, ohn Unterscheid der Religion, vor Gott und aller ehrbare Welt, dass diese Occupation der Clösteren nit auss einichem Vorsatz, zu Behinderung der Catholischen Religion gemeint und angesehe, massen wir die gemessne Ordre gestelt, dass solche Expedition, wo möglich, und nicht die Geistlichkeit, durch ohnbefügte Resistenz, dazu Anlass geben wird, ohn einig Blutvergiessen, Raub oder Plünderung geschehen, und an dero Persohnen, auch allem dem, was zu dem Gottesdienst gehörig, nicht der geringste Gewalt geübt, nach selbiger einicher Massen gehinderet werde, sonder dass wir darbey einig unsere so benöthigte Sicherheit suchen und bewahren wollen.

Erinneren und ermahnen dahero alle unsere Liebe Mit-Landtleuth, betten und ersuchen auch alle die, welche aussterhalb unserem Land von diserem hören werden, wann dessnahen etwas widrigs aussgestreut werden möchte, solchem Vorgeben keinen Glauben beyzumessen, sonder versichert zu seyn, dass sich alles in der Wahrheit, als vorstehet, befindt.

Da wir im überigen von Hertzen wünschten, dass so nunmehr ein Mahl, durch billich und gerechte Mittel, disem Geschäfft ein End gemacht werden könnte, und uns hiemit offentlich erklähren, wann das Fürstl. Gottshauss St. Gallen, mit dem gmeinsamen Landt-Raht, ohne Absönderung der eint ald anderen Religion, wie bis dahin machiniert worden, von solcher Pacification handlen, oder, durch die vormahls stabilierte Ehren-Mediation, eine gemeinsame Decision, unsers Streits, erfolgen wird, Wir uns zu allem Billichen bequemen, und deme, was die liebe Gerechtigkeit erforderet, und unseren Freyheiten angemässen seyn wird, willigen Beyfahl geben werden. Gleich wir auch widrig – ohnverhoffenden Fahls, auch suchede gwaltsame Untertruckung, uns und unsere Freyheiten, mit Gottes Hilff und Beystand, bis auf den letzten Tropfen Bluts zu verthädigen gesinnet: Welches wir hiemit zu männiglichen Nachricht und unserer Entschuldigung, offentlich publicieren lassen; Den 12. Aprel, A. 1712.
Lands-Cantzley Toggenburg.

2. Ständen / Zürich und Bern / Wegen dess Toggenburger-Geschäffts.

■ Ort / Zeitpunkt:
Zürich, 13. April 1712

■ Quelle:
Zentralbibliothek Bern
H XLIX 337:30

Wir Burgermeister, Schultheiss, Klein und Grosse Räthe der Stätten Zürich und Bern, urkunden hiemit offentlich: Demnach weltbekant, wie dass das Land Toggenburg durch den Lauff vieler Jahren von den Fürstlich-St. Gallischen Beamteten so vil harte und ohnertragenliche Beschwerden erdulden und aussstehen müssen, dass selbiges nichts anders, als den völligen Undergang und Ruin aller Ihrer mit Lob und Ehre dahar gebrachter Freyheiten vorsehen können. So hat Selbiges, disere ihre tieff zu Hertzen tringende Anligenheiten, an beyde ihre Mitverlandtrechtete lobliche Orth Schweitz und Glarus zubringen sich genöthiget befunden. Nachdeme aber darüber dises Geschäfft, auss Veranlassung, dass Ihr Fürstl. Gn. der Herr Abt zu St. Gallen denen loblichen Orthen Schweitz und Glarus, wegen Nicht-Agnoscierung dess so genanten Landleuten Land-Rechts de Anno 1440 Recht für die loblichen Eidgnössischen Ort vorgeschlagen, etliche Jahr auf lobl. Eidgnössischen Tagsatzungen vorgeschwäbet. Imittelst das Land Toggenburg nicht underlassen, auch daselbsten ihre Beschwerden Anligenheiten, mit gezimmendem Respect und wehmütig, vorzustellen. Hat das Land Toggenburg dannoch den verhoffenden Trost und Erledigung nirgends finden können, sondern ist so lang herum getriben worden, biss selbiges endlichen in An. 1706. ihre Zuflucht zu uns genomen, und uns um Hilff, Rath und Trost flehentlich ersuchet. Darüber wir disem langwirigen und bedaurlichen Zustand länger nicht also zusehen können, sonderen so wol befügt, als für die Wohlfahrt gemeiner lobl. Eidgnossschafft, nach dem Exempel unserer lobl. Stands-Vorfahren, uns verpflichtet befunden, wie bey vorigen mehreren dergleichen Begebenheiten, als da in An. 1463 wir von Bern, in Sachen das Land-Recht betreffend, würcklich gehandlet, und wir von Zürich in An. 1538 bey Vest-Stellung des Landtfriedens, unsere hilffliche Hand gehabt. Also auch dissmahlen uns dessen zubeladen, umso da mehr, als uns mit Bedauren zu vernemen komen, wie die lobl. Catholische Orth auf einer besonderer, zu endtlicher Abhebung dess Geschäffts zu Baden, in obverdeutem 1706 Jahr, vorgegangener allgemeiner Tagsatzung, nach unserer daselbst gehabter Ehren-Gesandten Abreiss und ohne unser Wüssen, in dem Cappuciner-Closter daselbst, ein sehr bedenckliches, alleinig dem herren Abten zu St. Gallen mit denen Lobl. Orthen, Schweitz und Glarus, zu vereinigen, und hingegen Toggenburg an die Gnad dess Herren Abten weisendes Gutachten gestellet. Derohalben wir dess Lands Toggenburg habende Fundamental Brief, als da sind der Land-Eid, Land-Recht, und der Lands-Frieden, de An.1538 genau und reifflichen erdauret, und befunden, dass selbiges mit schönen und herrlichen Frey- und Gerechtigkeiten versehen, und uns hiemit declariert und erklährt, selbiges darbey wider allen unbilichen Gewalt zu schützen, zu schirmen und zu handhaben ohne einichen harin suchenden eigenen Vortheil und Interesse. Waffen[152] dann harnach wir uns nicht entgegen seyn lassen, der von uns mit lobl. Stand Basel einer- und denen lobl. Ständen Lucern, Uri und Solothurn anderseits bestehenden gütlichen Mediation, Platz zugeben, auch würcklichen Hand anzuschlagen geholffen. Es ist aber eine offenbahre und bekandte Sach, auf was Weiss solche abrumpiert und beyseits gesetzet worden. Als wir aber dannoch in Hoffnung gestanden, dass das Land Toggenburg in der Ruhe und Frid verbleiben, und ihre Freyheiten, und die Administration einer unpartheyischen Justiz aussüben, biss etwan Gott selbstn, aus seinen Gnaden, Mittel zeigen werde, diserem Geschäfft eine endtliche Berühigung und Endschafft zuzeigen. So ist uns zu entpfindlichem Herzenleid zu vernemmen komen, wie dass friedhässige und fried-zerstörende Personen, geist- und weltlichen Stands, nicht allein den gemeinen ehrlichen Landtmann zur Widerspännigkeit wider den Land-Rath angereizt, sondern so gar in offentlichen Actionen und Discursen demselben alles Ansehen und Respect zu benemmen gesucht, desselben publicierte Mandata gleichsam mit Füssen getretten, und die vordersten Glieder desselbigen auf eine schandtliche und ehrverletzliche Weiss angegriffen und geschmähet, ja sogar understanden, durch eigengewältige Stellung der Gemeinden in dem Underen-Amt, den ehrlichen Landtmann, die Straff-Ubung solch vorsetzlicher Fridens-Zerstöhreren mit Gewalt zu behinderen, verbindtlich zumachen, und also nichts anders als eine traurige völlige Trennung under denen, so biss dahin, ohnangesehen der Religion, in gutem Vertrauen gestanden, und gäntzlicher Ruin dess Lands Toggenburgs, auch ihrer Frey- und Gerechtigkeit zuwegen zubringen, auch ein solches desto kräfftiger ausszuführern, allerhand

weisichtige Kriegs-Verfassungen verangestaltet haben, und schwehre, und bedenckliche Träu-Wort fallen lassen. So haben wir auss Frid- und Billichkeit liebendem Gemüth nit anderst gekönt, als denen beträngten Toggenburgeren, auf ihr so sehnliches Verlangen, und in genugsamer Erwägung Ihrer leidenden Trangsalen, zu Trost und zu Hilff kommen, und dermahlen einen Auszug an unsere Grentzen gegen Toggenburg zustellen, und dafern damit der erwünschte Effect nicht erreichet wurde, das mehrere erforderliche fürzunemmen, in keiner anderen Meynung, als die Unruhen in dem Land Toggenburg widerum zu stillen, und eine gesambte lobl. Eidgnossschafft in dem Frieden und Ruhwesen aufrecht zu erhalten, und zu keiner Offension einiches lobl. Orts, wie wir uns dann dessen gegen männiglich aufrichtig und redlich erklären, massen wir uns ferners nicht entgegen seyn lassen werden, zu einer ehrlichen und aufrichtig-gemeinten Mediation Hand zu biethen, wie wir dann wol erwünschen mögen, dass Ihr Fürstl. Gn. der Herr Abt zu St. Gallen derley, dem Geschäfft angemessnere Mittel dem Land-Rath vorgeschlagen hätten, damit dereinst auch diss langwiirrige und verdriessliche Geschäfft zu einem Friden und gedeylichen Austrag gebracht wurde. Welches Gott in Gnaden beschehren wolle! Dessen zu wahrem Urkund und männiglichesen Nachricht gegenwärtiges Patent in offentlichen Truck verfertiget, und geben ist den 13. Tag April, Anno 1712.
Cantzley der Statt Zürich,
Im Namen Beyder lobl. Ständen
Zürich und Bern.

3. Bericht der zürcherischen Commandanten Johann Heinrich Hirzel und Johannes Escher.

- ORT/ZEITPUNKT:
  21. MAI 1712

- QUELLE:
  DIE EIDGENÖSSISCHEN ABSCHIEDE AUS DEM ZEITRAUME VON 1681 BIS 1712. BAND 6, ABTHEILUNG 2.II, S. 2507 (STAATSARCHIV ZÜRICH).

Ein Theil des vereinigten Corps der Zürcher und Berner nimmt den Hasenberg ein, besezt Bellikon und den Sennhof; der Vormarsch auf den Heitersberg und die Vereinigung mit dem von Lenzburg anrükenden Corps von Bern kann aber nicht mehr bewerkstelligt werden. Ebenso wenig vermag die zürcherische Abtheilung von Ottenbach und Mettmenstetten aus bis auf die Höhe bei Birmenstorf vorzudringen.

4. Bericht der zürcherischen Repräsentanten in Lenzburg.

- ORT/ZEITPUNKT:
  21. MAI 1712

- QUELLE:
  DIE EIDGENÖSSISCHEN ABSCHIEDE AUS DEM ZEITRAUME VON 1681 BIS 1712. BAND 6, ABTHEILUNG 2.II, S. 2507 (STAATSARCHIV ZÜRICH).

Inzwischen ist die bernische Armee, 7000 Mann stark, über Hendschikon bis nach Wohlenschwyl, eine halbe Stunde vor Mellingen, vorgerükt, woselbst Halt gemacht wird, da zu grosser Bestürzung die zürcherischen Truppen, welche verabredetermassen den Heitersberg besezen sollten, sich noch in keiner Weise bemerkbar machten.

5. Capitulation der Stadt Wyl.

- ORT/ZEITPUNKT:
  FELDLAGER VOR WYL,
  22. MAI 1712, VORMITTAG.

- QUELLE:
  DIE EIDGENÖSSISCHEN ABSCHIEDE AUS DEM ZEITRAUME VON 1681 BIS 1712. BAND 6, ABTHEILUNG 2.II, S. 2508 (STAATSARCHIV ZÜRICH/BERN).

Die Stadt Wyl ergibt sich nach kurzem Bombardement. Die Capitulation lautet:

1. Es werden beiderseits zwei Geiseln bis zu beider Theile Unterzeichnung und völliger Execution[153] der Capitulation ausgewechselt.
2. Die Stadt Wyl, Schaubegg, St. Peter sollen mit allen den daselbst sich befindenden Canonen, Munition und Provision eingeräumt und überlassen werden.
3. Den hohen und niedern Officieren, auch gemeiner Soldatesca wird zugelassen, mit fliegenden Fahnen, klingendem Spiel, Equipage und zwei kleinen Stüklenen, zu jedem sechs Schüsse, wegzuziehen.
4. Landshauptmann Keller soll mit seinen Mébeln ungehindert wegziehen mögen.
5. Wegen vorgegangenen Raubens und Plünderns soll keinem Officier nichts zugesucht werden.
6. Die Burgerschaft und Klöster sollen bei ihrer Religion, Freiheiten und Rechtsamen verbleiben und denselben nichts zugemuthet werden.
7. Eine Garnison wird man nach Gutfinden beider Stände in die Stadt legen.
8. Zürcherische, bernerische und äbtische Gefangene sollen gegen einander ausgewechselt werden.
9. Das Rauben, Stehlen und Plündern in und ausser der Stadt solle den Soldaten nicht gestattet noch erlaubt werden.
10. Da der Abt seine Rechte auf Wyl, und der Hof Wyl seine Rechte und Emolumente[154] sich ebenfalls vorbehalten haben, sollen diese Punkte beiden Ständen Zürich und Bern, um mit dem Prälaten darüber nach Beliben zu tractiren[155], völliglich überlassen sein.

6. Schultheiss und Kriegsräthe von Lucern an Brigadier Sonnenberg in Muri.

- ORT/ZEITPUNKT:
  SURSEE, 22. MAI 1712

- QUELLE:
  DIE EIDGENÖSSISCHEN ABSCHIEDE AUS DEM ZEITRAUME VON 1681 BIS 1712. BAND 6, ABTHEILUNG 2.II, S. 2508 (STAATSARCHIV LUZERN).

Nachdem der Feind in den Freiämtern soweit vorgerükt, könne nicht mehr anders geholfen werden, als dass alle einzelnen zerstreuten Corps concentrirt[156] und aufgestellt und der Feind ohne weiters Bedenken im Felde angegriffen werde.

(Ein gleicher Befehl erging auch gleichzeitig an Statthalter und Rath zu Lucern.)

7. Burgermeister, Schultheiss, kleine und grosse Räthe von Zürich und Bern an England, Holland, Preussen, Hannover, Hessen-Kassel und Württemberg.

- ORT/ZEITPUNKT:
  23. BIS 25. MAI 1712

- QUELLE:
  DIE EIDGENÖSSISCHEN ABSCHIEDE AUS DEM ZEITRAUME VON 1681 BIS 1712. BAND 6, ABTHEILUNG 2.II, S. 2510 (STAATSARCHIV ZÜRICH).

Nachdem die List und die Gewalt zu völliger Unterdrükung der Freiheiten und Gerechtigkeiten des Landes Toggenburg auf das Äusserste gekommen, haben sich beide Städte genöthigt gesehen, die versprochene Hilfe wirklich zu leisten und Truppen an die Grenzen gegen Toggenburg zu schiken. Die Absicht, die dabei obgewaltet, erhelle aus den zwei Manifesten der zwei Stände und Toggenburgs, die zum Berichte der ganzen Welt und zur Überzeugung der katholischen Orten den Druk gegeben worden seien. Zürich und Bern hätten wünschen mögen, dass dieses aufrichtig gemeinte Vorhaben als solches anerkannt und nicht durch allerhand kriegliche Verfassungen und Besezungen verschiedener Städte und Orte Anlass gegeben worden wäre, sich des Vortheils für die gerechte Sache ebenfalls zu bedienen; die zwei Stände haben die von Basel beschriebene Tagsazung auf ehrliche und geziemende Weise besuchen lassen wollen, wenn nicht die katholischen Orte dieselbe zu vereiteln gesucht hätten, woraus nichts Anderes zu entnehmen gewesen, als dass sie keinen schiedlichen mitteln Plaz geben wollten. Man wisse zwar wohl, dass die katholischen Orte sich nicht scheuen, die zwei Städte bei den katholischen Mächten und Ständen schwarz anzuschreiben und den ihnen abgenöthigten Auszug als Religionskrieg darzustellen. Zweifelsohne werden aber die evangelischen Mächte den Ungrund dieser Zulagen von selbst ermessen. Ihnen werden daher angelegentlichst die Interessen beider Städte empfohlen, damit sie durch ihre Gesandten bei den katholischen Mächten, besonders bei dem kaiserlichen Hof, der sich unter dem Vorwand, Toggenburg sei ein Reichslehen, wiederholt in die Sache mischen wollte, bemühen, dass allen widrigen Impressionen kein Gehör gegeben werde und beiden Ständen von daher nichts Nachtheiliges zuwachsen möge, wofür leztere zu unsterblichem Dank verpflichtet sind.

8. Berner Kriegsrat an die Generalität in Baden.

- ORT/ZEITPUNKT:
  24. UND 25. MAI 1712

- QUELLE:
  DIE EIDGENÖSSISCHEN ABSCHIEDE AUS DEM ZEITRAUME VON 1681 BIS 1712. BAND 6, ABTHEILUNG 2.II, S. 2511 (STAATSARCHIV BERN).

Der Kriegsrath von Bern missbilligt das von der Generalität der bernischen Truppen gegen die Stadt Baden eingeschlagene (milde) Verfahren und befiehlt ihr:

1. Die Stadt Baden als rebellisch energisch zu züchtigen;

2. mit der Garnison eventuell eine Capitulation abzuschliessen;

3. die Unterthanen der Grafschaft Baden für beide Stände in Eidespflicht zu nehmen, zu entwaffnen, mit Contributionen, Fouragiren[157], Darreichung von Lebensmitteln, aller Art Fuhrleistungen und nöthigenfalls mit Schanzarbeiten «ungespart» zu gebrauchen. Mit den Reformirten, welche die Gewehre nicht ergriffen hatten, oder dazu gezwungen worden waren, sei Rüksicht zu tragen und ihnen mit Brennen in den Dörfern und Rauben in den Kirchen zu verschonen.

9. Der kaiserliche General Hieronymus von Erlach an den Stadtschreiber von Bern.

- ORT/ZEITPUNKT:
  AARAU, 25. MAI 1712

- QUELLE:
  DIE EIDGENÖSSISCHEN ABSCHIEDE AUS DEM ZEITRAUME VON 1681 BIS 1712. BAND 6, ABTHEILUNG 2.II, S. 2511 (STAATSARCHIV BERN).

Monsieur et très cher ami. Je suis parti le 19. de Vienne et ce soir j'arriverai à Aarwangen; j'ai escrit de Schaffhausen à s. Exc. M. l'avoyer mon beau-père. Les affaires du Toggenburg et de notre guerre sont cause que je ne suis arrivé une semaine plûtost; j'ai rendu des services à leurs Excellences et à Messieurs de Zuric qu'on doit m'en sçavoir très bon gré. Si on veut m'envoyer une personne de confiance à Aarwangen, que je lui en ferai une rélation exacte et très avantageuse pour nous dans les conjonctures présentes. Mais il faut finir notre querelle par des promptes expéditions, soit à l'aimable, soit par voie de faits. Les trouppes impériales observeront une exacte neutralité sur les frontières et je serai toute ma vie sans reserve, Mon cher ami, absolument à vous.

d'Erlach

10. Relation der underm 26. May 1712. bey Bremgarten/zwischen lobl. Stands Bern eines und denen Catholischen Trouppes Lucern/ und dero Mit-Alliirten anders Theils/vorangegangenen Action und von den bernerischen Völckeren erhaltenem Sieg. Samt Capitulation der Statt Bremgarten.

- ORT/ZEITPUNKT:
  BREMGARTEN, 26. MAY 1712

- QUELLE:
  ZENTRALBIBLIOTHEK BERN, H XLIX 337:27

Als wir nach bey Mellingen stuhnden hat den 25. May 1712 Herr Brigadier von Sonnenberg durch ein Schreiben an Mehghrn. der Generalitet ein Passport fordern lassen für zwey Officier seiner Brigade, welche etwas von Consequenz zu proponieren[158] habind, denen der Passport accordiert[159] und dass Closter Gnadenthal, zu einem Ort der Zusammenkunfft vernamset worden; Morgens als den 26. um 6 Uhren dorten sich einzufinden, allwo wir im Marsch von Mellingen nach Bremgarten Hrn. Obrist am Rhin und Hrn. Hauptmann Mor angetroffen, welche im Befelch gehabt, eine Neutralitet für Bremgarten und die Freyen Aempter zu proponieren, da man hingeegen insistiert[160], dass Bremgarten beyden löblichen Ständen Zürich und Bärn eingeraumt, solches mit beyden loblichen Ständen Trouppes besetzt, und in statu quo, biss zu einem FriedensSchluss verbleiben, hernach aber, was in selbigem geschlossen, statt gethan werden sollte. Welches aber sie nicht eingehen wollten, sondern 24 Stund Zeit begehrt, um die Intention[161] von ihren Gnädigen Herren zu vernemmen, ansuchend, dass man indessen mit dem Marsch inhalte, oder nicht weiter biss vor Gösslingen, zu einem ihrer Vor-Posten, marschieren, oder wo man weiters fortrucken wollte, so sollte solches ohne Verübung einicher Feindthätlichkeit geschehen, in welches man aber keines Wegs einwilligen können, sondern verdeutet, dass man auff Bremgarten marschieren, dorten biss den 27. Morgens um 7 Uhren mit allen Feindthätlichkeiten innhalten werde, lange die Ratification[162] an mit Teil[163], wo nicht, werde mit der Operation fortgefahren werden. Darüber obgemelte Herren Officierer repliciert[164], dass sie für keine Thätlichkeiten im Durchmarsch versprechen könnten.

Worüber man von einandern gescheiden, und unserseits der Marsch ohne einiche Opposition biss an den Wald ob Bremgarten fortgesetzt und allda ein Halt gemacht worden.

Diesen Wald und Berg zu durchstreichen, waren 500. Grenatierer under Commando Hrn Portefaix und Hrn. Major Willadings befelchnet, welche, nachdeme sie den Feind wahrgenommen, alsobald ihr Volck in Bataille gestellt, und mit der rechten Colonne zu avancieren[165] avertiert[166]. Als nun die Avangarde[167] der rechten Colonne durch den Weg, so etwas eng und an etlichen Orten tieff, ihren Marsch bis an eine Oeffne mitten im Wald, da eine Matten von ohngefehr zwey Jucharten fortgesetzt, ist das haupt und Avantgarde, bestehend in zwey Compag. Dragonern von unckr. Obrist von Wattenweils und Hrn. Von Laflaras gähling[168] von den Feinden, so hinder dicken Stauden, Läbhegen[169] und Gräben in grosser Anzahl gelegen, unverhofft überfallen, so die Dragoner solcher massen hindertrieben, dass sie die Infanterie in etwas culbutiert[170], welche man bald aber hergestellt und dem Feind Stand gehalten, auch alles so hinzu kommen könnte, anrucken gemacht, da das Feur angefangen. Allein wegen der ruckgetriebenen Cavallerie und in der engen Strass sich befundenen Artillerie, die unserigen wieder in etwas zuruckgetrieben und etliche derselbigen beschädiget, über welches hin von den unserigen etweche zu weichen angefangen, welche man aber bestmöglich wieder versammlet, und auff der rechten Seiten des Holtzes von Hrn. Obrist. Lieuten. von Gingin, Fechy und Bucher in etlich 100 Mann starck hineingeführt, so einen sehr guten Effect einerseits gethan, indeme die Feind abgeschnitten zu werden geförchtet, sich zu retirieren[171] angefangen, allwo Hr. Hauptmann Frisching, der neben Hrn. Obrist Tscharner dort im Weg gehalten, blessiert worden. Allein anderseits hat es diesen schlimmen Effect gehabt, indem unsere Leuth, die auff der lincken Seiten waren, wegen der Dicke der Stauden, die anderen weder recht sehen noch erkennen können, auff einandern gefeuret und einander selbsten den grösten Schaden gethan, darzu noch dieses Unglück geschlagen, dass man wegen Enge dess wegs weder der Stucken noch Cavalerie sich bedienen können, die eben noch den Weg, wie schon verdeutet, versperrt hatten.

In welcher Zeit under Anführung Hrn. Obrist Manuels, Hrn. de Saussure, de Berchier, Bottens, zu welchen das Battaillon von Disy und alles überige vorhandene Volck gestossen, mit etlichem Volck von dem lincken Flügel angeruckt, den Zaun übersprungen und über die Matten avanciert und dorten den Feind aufhalten helffen, und endlich denselben nach einem zwey stündigem sehr hitzigem Gefecht ohne dass man weder auff der einten noch der anderen Seiten Quartier[172] gegeben, so eintzig im Holtz und dicken Stauden vorgangen, zumahlen der Feind sich nicht aus dem Wald gelassen, zu weichen angefangen, die Flucht genommen, und wir des Kampff-Platzes Meister geblieben, vor Bremgarten das Lager bezogen, und durch Anführung Hrn. General-Quartier-Meister Mey, von Hrn. Hauptmann Hackbrets und Hrn. Jenners Dragoner Compag. zwey Stuck samt einem Munition-Wagen erobert. Bey gethaner Undersuchung der Todten unserseits sind etliche und fünfftzig gefunden, von den Feinden aber 410 gezehlt worden, aussert denen, so noch in den dicken Stauden geblieben, da nicht zu zweifflen, dass noch viel geblieben, und sich die Anzahl der Blessierten und Todten wol über 1000 belauffen möge, dessen man eigentlichen Bericht von Hrn. Major Willading erhalten wird, welcher bey Vergrabung derselben gegenwärtig und solche verzeichnen lassen wird. Under die Todten unserseits ward gerechnet Hr. Baron und Dragoner-Hauptmann von Lassaraz, so über zehen Schütz und Stich gehabt, Hr. de Roveray sein Cornet, Hr. Pache Dragoner-Lieutenant, under Junckr. Obrist von Wattenweils Compag. und ein gewüsser Hr. Duthon, under gleicher Compagnie. Blessierte sind unserseits bey 150. darvon etliche schon morndrigen Tags gestorben. Herr General Tscharner ward an der rechten Hand, doch nicht gefährlich blessiert, und hatte etliche Löcher auff der Seiten dess Rocks, wie auch sein Pferd blessiert. Hr. Hauptmann Frisching ist durch beyde Waden geschossen, und hat Hr. Beat Ludwig Mey, Volontaire under Hrn. von Lassaraz Compagnie, under der Achsel ein Schuss durch und durch.

Bey diesem allem gehört ein billicher Ruhm meisten Hrn. Officieren, welche, ohngeacht sie von vielen der ihrigen verlassen worden, allezeit das Uberblibene wieder versammlet und frischer Dingen angesetzt. Die Feinde sollen der Bremgartneren Aussag nach, 6 biss 7000 Mann starck gewesen seyn. Worüber die Statt evacuiert, mit 400 Mann von beyden loblichen Ständen besetzt und Herr Major Willading zum Platz-Major verordnet worden.

Die Situation des Camps ware so beschaffen, dass so bald der Platz sich ergeben, man das Beste zu seyn erachtet, mit der Armée wider gegen Mellingen zu marchieren, zumahlen die Zufuhr der Lebens-Mittlen allzuschwär. Ist man also gegen 8. Uhren morgens aufgebrochen und das alte Campement zu Mellingen bezogen und in umligende nächste Dörffer einiche Compagnien verlegt.

Seithero als den 27. und 28. haben die Bauren aus den Freyen Aembteren ihre Armée verlassen, nach Hauss gekehrt, die Gewehr niedergelegt und zu huldigen versprochen.

P.S. Den 1. Brachmonat 1712. umb 2. Uhr Nachmittag, hat sich die Statt Baden samt der Vestung auf Discretion[173], an beyde hoch-lobl. Ständ Zürich und Bern, ergeben.

Capitulation der Statt Bremgarten.

I. Einer Statt Bremgarten ist nichts erwünschters als bey eräugender Unruh still sitzen, und der Neutralität geniessen zu können, deswegen sie heut endtsgesetztem Dato das underthänigste ersuchen an hochlobliche Ständ Zürich und Bern als ihre gebietende Herren und Schirm-Patronen thun, um solche hohe Schirm in Religion, Civil, Policey und anderen Gerechtigkeiten geniessen zukönnen, wie dis anhero.

Accordiert.

II. Zu solchem zu gelangen verhofft man der sonst noch in dieser Stund zur Resistentz beharrenden Commendanten mit Heraussziehung der Garnison zubringen. Wann nun einer Statt Bremgarten die gnädigste Erlaubnus geben werden möchte die baldigste Consens der übrigen lobl. regierenden Orten einholen zu können, damit man sich dero künfftigen hohen Patronen nicht beraube.

Refusiert.

In Ansehen der einholenden Consens der übrigen Orten, sonder sollte alsobald übergeben werden.

III. Insonderheit ist das underthänigste Ersuchen, dass auff solchen Fahl der Commandant Muss, Herr Hauptmann Göldin, und Herr Ajutent Peyer samt der Garnison mit allen krieglichen Ehren möchten heraus ziehen.

Accordiert.

IV. Von der Grossmuth obhochgedachten Ständen verhoffet die Statt Bremgarten, dass die hinein und hinauss geflöchten[174] Güter frey hinaus und heraus der eygenthums Patronen abgefolget werden möchten.

Accordiert.

V. Wird underthänigst angesucht, dass die Landschafft diesen hohen Schirm mitgeniessen können.

Actum den 26. May 1712. um Mitternacht.

Accordiert.
Mit der Erleuchterung so sehr sich Neutral halte, und diesem gemäss auffführen.

Statthalter, Raht, und Statt Bremgarten.

11. Drei Briefe aus dem Zwölferkrieg.

- ORT/ZEITPUNKT:
BÜBLIKON UND BREMGARTEN,
27. UND 28. MAI 1712

- QUELLE:
NEUES BERNER TASCHENBUCH AUF DAS JAHR 1910, IN VERBINDUNG MIT FREUNDEN VATERLÄNDISCHER GESCHICHTE, HG VON PROF. DR. HEINRICH TÜRLER, STAATSARCHIVAR, BERN: K.J. WYSS, 1909, S. 302–315.

Bremgarten, den 27. May 1712.
Gestern hätte ich[175] nit gemeint, dass ich eüch mehr sehen werde, es war ein

struber und heisser Tag. Wir waren vor Mellingen aufgebrochen auf der Herren von Zürich nöhtiges Anhalten umb hier vor Bremgarten zu ziehen. Da wir keines Finds nit gewärtig waren und auf 2 Linien anmarschierten, da dem Hrn. Schmid von Belp die rechte und dem Hrn. Predikanten von Laupen die linke Linien gefallen, wir waren gleich weit mit einander avanciert, es war ein Viertel Stund Land zwischen beyden Linien. Da wurde die rechte Linien von den Lucerneren mit solchem Feür und einem schröcklichem Geschrey angegriffen, das nit zu beschreiben. Es erfolgte ein allgemeines Ausreissen von den unsrigen gantzer Batalions weiss, dass es erbärmlich zusehen ware. Wir konten die erste Linien nit secundiren, weilen zwischen beyden Linien ein gar tieffer Morast gelegen. Hinden her hatten sy uns auch schon mit Jubelgeschrey umbgeben und feüreten und giengen zu allen Seiten vor her gegen Bremgarten. Da wir hinauss hätten komen können, waren 6 Stuck gepflantzet, die erschröcklich feüreten, die erste Linien war im holen Weg, da man sy allerseits füsilierte. Wir in einem dicken Wald, also dass wir kein Find sahen, aber härd dick Kuglen durch das Gesträuch hinein kommen und die Stuck heftig wüteten. Da gienge die Noht an, weil wir in einem Land, da Stäg und Wäg uns unbekannt. Wohin wir uns wendeten, waren Find mit Schiessen und Schreyen zu hören, die Noht war gross, weilen wenig Officierer sich sehen lassen. Da meinten wir, es wurde unsers Gebeins nit eins mehr davon kommen, ich beklagte nur unsers arme Land, welches nach solchem Verlurst wurde von den Finden überfallen werden. Allein der gnädige Gott war augescheinlich by uns, dann auf der ersten Linien haben etliche Officierer das Volck so weit möglich gesamlet und den Find hertzhafft angegriffen. Es war ein entsetzliches Feür beyderseits, auf unserer Linien hab ich dem Volck zu gesprochen und angezeigt, dass Fliehen für uns das aller elendiste wäre und keiner sich damit salvieren[176] könne, habe darauf eine Helparte genommen und mit dem Junker von Watteweyl von Trivelin[177], der eintzig von den Officieren by uns gsin, ein Batalion angeführt und ihnen zugesagt, ich wolle by ihnen leben und sterben. Ein Stuck Kugel troffe vor mir ein Dragoner und sein Pferd zu Todt und sprützte mir Koht und Blut in's Angesicht. Als ich Ploutons[178] aufgeführt um auf den Knien Feür zu geben, bekam ich einen Muquetenschutz an's Hertz, aber, Gott lob, ich hatte die Canne[179] an einen Knopf gehencket, durch welchen mir der Canne Knopf weggesprengt worden und ausser einem harten Schlag, der mich schier zu Boden geworfen, kein Schaden genommen. Wir haben entlich durchbrechen können, von den Finden zwei schöne Stück und einen Pulverwagen abgenommen. Auf der ersten Linien wurde sy auch Meister und schlugen die Find, die so starck auf 8, 9 oder 10000 mehr als wir waren und alle Vortheil auf uns hatten, auch dapfer zurück und feüreten ungemein auf sy. In der hitzigen Action, da wir schon im Anfang 6 Stück und 2 Fahnen im Stick gelassen hatten, by 2 Stunden, worauf sy völlig den Riss genommen und uns unserer Ehrenzeichen samt den Stücken wieder lassen müssen. Ihr solltet sehen, wie der Wald und die Wegen so voller gantz ausgezogner Todten Cörper ligt, allezeit (ist die gantze Wahrheit) 10 Lucerner todt gegen einen Bärner. Es sind grosse starke Leüth, ihr Trotz ist ihnen, (dem Höchsten seye Danck!) gewaltig abgethan worden, der Schrecken hat sy übernommen, dass sey in der Nacht Bremgarten verlassen und dieser schöne Ort heüt morgens eingeraumt worden. Also sägnet der Höchste unsere Wafen. Hr. Schmid hat sich trefflich gehalten, ich hab nit gemeint, dass ich ihn mehr lebendig sehen wurde, dann er war mitten im Feür, er war auch für mich bekümeret. Wir suchten alsbald einander und danckten Gott, dass wir unbeschädigt darvon kommen. Man hatt uns beyden gestern vor der Generalitet das Lob gegeben treüwer Prediger und dass wir in dieser Action mehr als keine Officierer gethan haben.[180] Allein auf dem freyen Feld müssen wir nächtlich by beständigem Regen verlieb nemmen, die Nacht währete schier lang. Ich hatte nichts zu Essen, es hat Susannisen Hans mir ein Stück Brot gegeben. Wir meineten aber, dass nach hier eingelegter Garnison wir schon diesen Abend fortmarchiren werden gegen Nieder Baden. Es haben sich unsere Lauper mitten im Feür in der ersten Linien befunden und sich redlich und dapfer gehalten, sy sind alle gesunde, die Lucerner hatten alle Götzen auf den Hütten und rühmten sich etliche, sey wollten ein jeder 15 Berner niedermachen: Dann da war kein Quartier[181] auf keiner Seiten, es musste ohne Gnad gestorben sein, sey waren theils wie Eisen so fest, dass die Bajonet und Helparten sich auf ihrem Leib gekrümmt. Daher man mit Zaunstecken sie zu tod geschlagen, wie dan vil auf der Wahlstatt[182] ligen, denen das Hirn aus dem Kopf gesprützt: Wie vil eigentlich geblieben sind, kann ich eigentlich nit wüssen, auf unser Seiten (welches ein Wunder) ist's nit übel gangen, es sind nit über 150 Tod und blessiert. Der anderen aber über 300 nur auf der Wahlstatt, die Blessierten (deren weit mehr sind) haben sie fortgeschafft. Das dicke Holtz hat gemacht, dass es beyder seits nit so übel gangen, als es scheinte aus dem mächtigen Feür, so gemacht worden, indem es die Schütz aufgehalten. Der Hr. Haubtmann Frisching ist durch die Bein geschossen worden. Der Jr. May durch den Leib, Hr. Baron von Lassara, Haubtmann Pache, beyde unter den Dragoneren, tod gefunden, andere Officierer sind auch blessiert. Herr General Tscharner 2 mal blessiert aber nit geföhrlich.

Der ander Brief aus Mellingen.

Es vertriesst die Burger allhier, dass die Lucerner geschlagen worden. Sy können's nit verhalten, weil es so übel gangen. Ich bezüg es nochmahlen, dass es so gefährlich aussahe, dass man vermeinte, auf unser Seiten, es werde alles da bleiben müssen. In dem alsobald auf die 2000 ausgerissen und die Stück im Stich gelassen worden. Wann die Find Ross gehabt hätten, so sollten sy selbige sicher haben hinweg führen können. Unsere Bauren haben ihre Pferd abgespannt und sy zurück geführt, darin sy lobenswerth, weilen sy verlassen worden. Es ist sicher, dass wann unsere Find unsre Schwäche und unser Volck ihre Stärke gewüsst hätte, alles wäre verlohren gangen. Der Danck gebührt allein dem gnädigen Gott, der es so wunderlich gewendet und uns unvermuhtet Sieg gegeben. Wann die Find die Oberhand bekommen hätten, wurden wenig unsers Volcks entrunnen seyn, sy hetten sich nit vergnügt, uns tod zeschlagen, sondern uns grusamlich umbs Leben gebracht, ärger als Türcken umbgangen, in dem sy einem Officierer die Augen ausgestochen, einem andern den Kopf in vier Theil verhauen, einem Soldaten die rechte Hand abgehauen, einem andern mite einem Biel 4 mahl in das Angesicht gehauwen, einem andern in die Arm und Bein geschnitten. Ich hoffe, Gott werde bey uns seyn, dass wir solchen Buben ihr gottloss Schelmen-Stuck werden vergelten, nit zwar mit gleicher Grausamkeit, sondern sonsten mit Ueberwindung aller Orten.

Frauwen[183]
Frauwen Salome Baumann eine(r) gebohrne(n) Landtsreinin werde diss zu belibiger entschliessung in Thun.
Vielgeliebte Frauw.
Die Strümpf, so ihr mir durch den Albrecht Werthmüller[184] übersandt, habe sehr wohl empfangen, und zwar zu einer solchen Zeit, da ich sie höchstens bedörftig ware. In demme wir 36 Stund lang auf dem Veld vor Bremgarten under einem unbeschreiblichen Platzregen ohne einigen gehabten Schärm ligen, ja meistens nur stehen müssen, worvon bald die ganze Armée wäre zu Schanden gegangen, sonderlich weilen wir uns den Tag über wegen der ohngemeinen Hitz sehr fattiquiert[185] hatten, und ein solchen Durst in währender Schlacht im Wald bey Bremgarten erlitten, der nicht auszusprechen wäre, also dass wen wir nicht endlich zu einem Bach, welcher aber wegen des vielen Durchlauffens der Soldaten ganz trüb gemacht worden, kommen wären, wir hätten vor grossem Durst verschmachten müssen. Es hätte sich wahrhafftig bald zugetragen, dass aus meinem vermeinten Schimpf, dessen der Schwager Jacob[186] mich letsthin beschuldiget, dass ich schon von eüch habe Abschied genomen, wäre ernst worden, zumahlen uns Thuneren insgesambt unsre Leben sehr nach gestanden ist, wie ihr bald hören werdet, dann als wir den vergangenen hujus, von Obmarsingen[187] nacher Mellingen zu marchieren befelchnet worden, sind wir noch zuvor auf einem Wald, darvor ein grosser Hübel und Wald, auf dessen Höche die Catholischen eine starke Wacht samt etwelchen Stucken profitiert hatten, zusammen versamlet und in eine Schlachtordnung gestellt worden, mit hartem Befelch, dass ein jeder scharpf laden solle. Nachdem solches geschehen ware, wurde von der ganzen Armée eine starke Parthey auf obgemelt Hübel Meyen-Grün geheissen, umb die daselbstige Höche zu gewinnen, beordert, und als sie auf die Höche dem find ins Gesicht kommen, wurde mächtig von dem Find auf sie geföüret, wesswegen 3 Weltsche ins Gras beissen müssen, und 2 tödtlich plessiert, dargegen haben die Find auch Schaden erlitten und ist selbigen 2 Stücklin abgejagt worden mit Verlust underschiedlicher catholischer Soldaten. Da dannen ist obige Parthey, darbey Herr Vetter Fanckhausers Compagny auch ware, oben auf der bestiegenen Höche und hiemit ob dem Wald durchmarchiert, um den Find darin aufzusuchen und zu verfolgen, damit selbiger unserer undenher neben dem Wald durch die mit Geträid angesäyten Güther marchierten Armée keinen Schaden zufügen könne. Massen wir auf solche Weise und vorsichtige Veranstaltung unserer gnädigen Herren der Generalitet glücklich auf dem Veld grad ob Mellingen und zugleich die Herren von Zürich mit ihrem Volck änethalb der Reüss angelanget, gestalten das Stättlein Melligen, als es solches ersehen, hat es sich alsobald ohne einichen Loos Schuz auf Discretion ergeben, worüberhin mann 1 Battallion von Berner und Züricher darin in Garnison verlegt, die übrigen aber sind theils campiert, theils aber, gleich wie auch wir, in die Catholischen unbewohnten Dörffer verlegt worden, alda unsere Soldaten alles geplünderet, doch nicht so erschrecklich, wie die Weltschen es gemacht haben, vor denen weder Häuser noch Kirchen nicht sicher gewesen, und das von der Generalitet gegebenen scharpfen Verbotts, dass bey Leib und Lebensstraf nie-

mand nichts plündern solle, vielfaltig über sehen, welchen aber alles hingehet. Nachdem nun Melligen sich den vergangenen Sontag an beide Ständ Bern und Zürich ergeben, wurden wir beordert, vergangenen Donstag als den 26. dis Monats, auf Fronleichnamstag, welcher von den Catholischen und sonderlich den Bremgartnern mit Losbrönnung vieler Stucken als ein hohes Fest feyrlich celebrirt worden, nach gemeldter Statt Bremgarten zu marchieren, welcher Ordre die gantze Armée g'horsamlich Volg geleistet, in Hoffnung, wir werden so glücklich alda, als wir vor Melligen geschehen ankommen. Aber wird sind leider sehr übel betrogen worden. Indeme als wir in völliger Zugordnung etwa 1/2 Stund hieher Bremgarten durch ein dicken Wald, welcher mit 8000 catholischen Soldaten angefüllt ware, da oben durch das meiste Volck und undenher desselben in einen zugleich mit Wald umbgebenen sehr engen Boden, darunder auch beid Compagnie von Thun waren, durchgehen wollen, gezogen sind, wurden die weltschen Tragoner vorausgeschickt, um zu erfahren, ob der Weg guth seye, damit man richtig und ohne einichen Anstoss fortkommen könne, nachdeme aber diese Dragoner die Wacht der Catholischen erblickt, hatten sie Feür auf selbige gegeben, welche gegenteils auch auf sie losgebrennt, aber wie die Catholischen sich mit völliger Macht gegen unsere Dragoner an solchem fortheilhaftigen Posten auf der Höhe des Walds, sehen lassen, sind sie mit Verlurst ihres Herr Haubtmans Monsieur de Lassera, welcher samt noch 2 anderen Herren Officieren gleich in der ersten Charge tod geblieben, diesere Flucht der Tragoneren, denen zwar wegen des schlimmen Wegs ihre Flucht zum Theil nicht zu verargen wäre, wann sie nur die Infanterey und Fussvolck, darüber sie

mit Gewalt gesprengt und ohne Verschonen gerönnt, nicht so grossen Schaden und Schrecken eingejagt hätten. Diese ohnvermuhtete Rencontre hatten sich weder Officierer noch Soldaten eingebildet, sonderlich weilen die Herren von Bremgarten noch 24 stund Zeit hatten, sich zu bedenken, ob sie sich gütlich begeben wollten, mit sicherem Versprechen, dass man ihnen inzwischen keine Hostilitaeten noch Findseligkeiten erzeigen werde, meines Erachtens ware das Übel hierin, dass die Gelegenheit des Orts nicht so exact wie aber auf Mayen-Grün beschehen, recognosciert worden ist. Und da man in voller Bataille und Treffen gewesen, kein rechtes Commando mehr vorhanden ware, derowegen unsere Zugordnung in eine unbeschreibliche Unordnung gerahten ist, also dass Teütsche und Weltsche, Burger und Bauren, Oberländer und Argäuwer under einaderen vermängt waren, der Junckher General Tscharner[188] als ein dapferer und vatterländischer Herr samt den weltschen Herren Officieren, wie auch Hr. Major Fischer ihre Dapferkeit, sonderlich der Junckher General Tscharner, welcher gleich nachdeme er den Arm um die Trouppen anzuführen aussgestreckt an den Fingern plessirt worden, wacker erzeigt, von übrigen Herren Officieren kann nichts sonderlich melden, wahr ist es, dass beide Compagnie von Thun die Ehr gehabt, diesem blutigen Gefecht beyzuwohnen und wann des Vatters Compagnie auf ergangene Ordre nicht wäre zu Hülf kommen, wurde das Gefecht noch lang gewärt haben. Weil aber die Lucerner ersehen, dass mann mit frischem Volck auf sie loos rönnt, haben sie sich in die Flucht begeben, worauf dann auf unserer seithen der Sig durch Gottes sonderbahr geleisteten Beystand, endlich erfolgt ist. Der Verlust ist auf unserer seithen an Todten bis 50 und Plessierten über die 200 Soldaten und Officierer gezelt worden, under die erste Zahl werden von den Burgeren als Toderfunden gezelt Jacob Stähli, der Hutmacher, welcher von einer Stuck Kuglen gleich todgeschossen worden, des oberen Ruffern Bauren Sohn als des Vereni Baumanns Mann ist in Hals geschossen worden, worvon er in 24 Stunden hernach gestorben und auch beid begraben worden. Hr. Lieutenant Lohner[189] wurde mit einer Kuglen in Bauch getroffen, doch nicht tödtlich, von unserer Compagnie sind 2 Siegrisswyler blessiert worden und sind keiner tod geblieben, wiewohl allen Kuglen lings und rechts neben den Ohren geflogen sind. Auf dem Veld von Brönngarten wurde bald[190] der Vatter[191] und der Vetter zu Schmiden von einer Stuck Kuglen, so aus dem Thurm in Brenngarten auf sie gespielt worden, todgeschossen, indeme selbige dem Vatter neben den Ohren gefahren und das Ohr angerührt. Auf der Lucerner seithen sind bey 450 Todtne gezelt worden, ohne die Plessierten, deren Anzahl mann nicht wüssen mögen. Wann ihr die Leuth alle so erbärmlich zerstochen und zerhauwen gesehen hätten, wie ich und andere, es wurde wahrhaftig eüch die Hor gen Berg aufstechen machen, wenn wir hätten Beüt machen wollen, wir hätten schöne Sachen bekommen können, allein weilen ein jeder seines Todts alle Augenblick erwarten gewesen, so haben wir es underlassen, wiewohl die meisten dessen nichts geachtet. Es wird nächster Tagen auf Baden losgehen, Gott verleihe einen glücklichen Anfang und Ausgang. Ich muss bekennen, ich mache mir keine Hoffnung Thun mehr zu sehen, dann wir sind gleich dem Vogel im Luft erlaubt. Wormit ich eüch nebenst herzlicher Salutation göttlichem Macht Arm wohl empfehle und verbleibe

Eüwer getreüwer Ehemann
Joh. Baumann.
Büblicken, den 28. May 1712, in grösster Eil.

Mein schuldigen Gruss der Mutter, meinem Vatter und Bruder, Gross Mutter und baid Schwäger.

Schickt mir bey erster Gelegenheit noch ein Bahr Hosen nur von Zwilchen[192] Leinig, damit wann meine Läderhosen nass sind, ich umbwächsslen könne.

12. Die Deputirten und Kriegsräthe in Root an Lucern.

- ORT/ZEITPUNKT:
  ROOT, 17. JULI 1712

- QUELLE:
  DIE EIDGENÖSSISCHEN ABSCHIEDE AUS DEM ZEITRAUME VON 1681 BIS 1712. BAND 6, ABTHEILUNG 2.II, S. 2570 [STAATSARCHIV LUCERN: ACTEN TOGGENBURG (COCEPT.)]

Mehr und mehr müsse man wahrnehmen, dass die Dinge sich troz aller Abmahnungen verschlimmern und die Mannschaft entschlossen sei, die Brüke zu Gisikon nicht nur nicht zu vertheidigen, sondern mit denjenigen, welche mit Gewalt dieselbe zu passiren verlangen, gemeinsam gegen den Feind zu marschiren. Die Kriegsräthe seien ausser Stande, solches zu verhindern, sondern werden sicher von den Bauern genöthigt werden, mitzumarschieren. Man drohe der Stadt und vielen Herren darin; daher gebe man zu bedenken, ob nicht der Amtschultheiss sammt dem Generalmajor sich baldigst dahin verfügen sollen, um alle Anordnungen zu treffen, da hier einmal der gefährlichste Ort sei, indem die Truppen der Länder sich mehr und mehr um Cham versammeln und keinen anderen Weg in das Freie Amt haben und die Comödie hier wohl zuerst angehen werde.

13. Räthe und Burger von Zürich ratificiren den Friedensvertrag von Aarau.

- ORT/ZEITPUNKT:
  19. JULI 1712

- QUELLE:
  DIE EIDGENÖSSISCHEN ABSCHIEDE AUS DEM ZEITRAUME VON 1681 BIS 1712. BAND 6, ABTHEILUNG 2.II, S. 2576 (STAATSARCHIV ZÜRICH).

Räthe und Burger von Zürich ratificiren mit schuldiger Dankbarkeit gegen Gottes Güte und Gnade einstimmig den gestern abgeschlossenen Friedensvertrag und verdanken den Gesandten, soweit den unbetheiligten Orten und dem französischen Botschafter ihre bei dieser vortrefflichen Arbeit verwendete grosse Mühe und Sorgfalt, während dem Rahtssubstitut Escher, der das Instrument persönlich überbracht hatte, eine Medaille von 25 Ducaten verehrt wird.

14. Lucern an die Brigaden zu Sursee, Münster, Willisau und Entlebuch.

- ORT/ZEITPUNKT:
  20. JULI 1712

- QUELLE:
  DIE EIDGENÖSSISCHEN ABSCHIEDE AUS DEM ZEITRAUME VON 1681 BIS 1712. BAND 6, ABTHEILUNG 2.II, S. 2579 (STAATSARCHIV LUCERN).

Seit dem gestrigen blinden Lärm könne das Volk nicht mehr zurückgehalten werden; wenn daher einzelne Compagnien, wohin es auch sei, marschiren wollen, sollen die betreffenden Officiere Befehl erhalten, mitzumarschiren, damit das Volk, wenn immer möglich und sofern ihm diese Officiere genehm sind, nicht ohne Führer sein und in gänzliche Verwirrung gerathen. Alles soll mit bestmöglichem Geschick, Sanftmut und Geduld, wie sie solche Zeiten erfordern, veranstaltet werden.

15. Die zürcherischen Gesandten an ihre Obern.

- ORT/ZEITPUNKT:
  AARAU, 20. JULI 1712

- QUELLE:
  DIE EIDGENÖSSISCHEN ABSCHIEDE AUS DEM ZEITRAUME VON 1681 BIS 1712. BAND 6, ABTHEILUNG 2.II, S. 2578 f. [STAATSARCHIV ZÜRICH: ACTEN TOGGENBURG, FRIEDENSVERHANDLUNG (ORIG.)]

Statt der erwarteten Ratificationen der drei nicht befriedeten Orte haben die Gesandten der unbetheiligten Stände gegen Mittag im Auftrag des französischen Gesandten den Bericht gebracht, dass die drei Orte sich bishin noch nicht für den Frieden erklärt haben. In Schwyz könne sich die Obrigkeit zwar noch Vorstellungen thun, finde aber bei dem Volke weder

Glauben noch Gehorsam mehr; in Zug sei die Obrigkeit völlig am Boden und zu Unterwalden schwebe Alles in Verwirrung. Der französische Gesandte finde für nothwendig, dass die Gesandten beider Stände bei ihren Obern die Einhaltung der Waffengewalt sollicitirten[193] aus Sorge, dass andernfalls die Sachen meistenorts in ein Feuer ausbrechen, das nicht mehr gedämpft werden könnte. Dagegen sollten sämmtliche Orte sich an einem besser gelegenen Orte, wie Muri, Lucern, Uri, versammeln, um die Länder eines Bessern zu berichten und namentlich um den Nuntius auf die Seite und völlig aus der Sache zu bringen. Die Sachen stehen dermalen so, dass Lucern und Uri, wenn gleich sie zur Haltung des geschlossenen Friedens getreulich entschlossen seien, leicht von den drei Ländern aufgewiegelt und unter dem Titel mehrerer Freiheit verführt werden können. Unter dem gemeinen Mann in den Ländern sei der Eifer überaus gross; in Schwyz sei vom päpstlichen Nuntius ein zum Frieden mahnendes Schreiben abgehört, aber gänzlich in Zweifel gezogen und als eine Unterschiebung ausgelegt worden, so dass eine Abordnung zu Nuntius geschikt worden mit der Anfrage, ob das Schreiben ächt sei, was er bejaht udn durch ein zweites Schreiben bestätigt habe, welches Alles zu spät und von keiner Wirkung mehr gewesen sei. Über dieses Anbringen haben die Gesandten beider Stände berathen und gutgefunden, den Obrigkeiten unverzüglich Kenntniss zu geben und dem Ambassador und den unbetheiligten Orten ihre guten Dienste zu verdanken, mit der Bemerkung, gleichwie beider Stände Gesandten bisher nciht ermächtigt gewesen seien, die Ordres zu den Kriegsoperationen zu hemmen oder zu fördern, so stehe auch diesmal die weitere Verfügung in der Hand der Obern. Die Gesandten für sich hätten nichts dagegen, wenn von einigen unbetheiligten Orten Abgeordnete sich da- oder dorthin verfügten, um den gemeinen Mann mit Hilfe des Ampassadors zu capacitiren. Nach dem Mittagessen habe der Ambassador abermalige Instanzen machen lassen, insgesammt nach Lucern zu reisen, um von dort aus für den Frieden zu wirken; darauf sei erwiedert worden, Zürich und Bern finden diese Reise nach Lucern für überflüssig und zweifeln, ob die Obern es zugeben würden, da von dieser Seite nichts mehr zu negotiiren, sondern lediglich die Friedensratifikationen von den drei Orten zu erwarten seien.

16. Diarium von dem Hergang in dem Krieg A. 1712. In dem Wedenschweiler Quartier aufgesezt von Hr. Major Werdmüller Comandant auf der Hütter Schanz.

- ORT/ZEITPUNKT:
  WÄDENSWIL, JULI/AUGUST 1712

- QUELLE:
  PRIVATBESITZ

Mittwoch den 20. Juli, wurde an Hrn. Leutenant Ulrichs selig Leich Begräbnis eingeladen, so aber refusiert[194]. Ein Partie von 30 oder mehr Mann von Rossberg nahen, hat sich bis auf die Hütten gewaget, und der Enden geplündert. Es war aber auch ein Partie von uns nahen, ennert der Sihl, so ihr Bestes gethan, und verhinderet, dass sie das Vieh nicht erwüscht. Nachdem woltend sie gern Kriese auf Mistelbüehl und Schönauw, allein wir habends ihnen verbitteret, mi dem Falconet[195], und unsere Kurzweil gehabt. Jedoch gabends auch Feür ab Schönau. Gegen 5 Uhren kamend etliche Officiers, und Conventualen von Einsidlen, auf den Rossberg, habend ihre Andacht verrichtet und widerumb den vorigen Weg geritten.

Nachdem ist Hr. Statthalter Meyer, mit seinem Hrn. Bruder Rittmeister nur mit 2 Bedienten, auf die Hütter Schantz kommen, es wurd aber des Einfahls, und des Succurs[196] von Capell mit keinem Worth gedacht, sonder befohlen, auf guter Huth zu seyn, und widerumb gegen dem Sägel geritten, deswegen meine Leüth widerumb aufgemunteret zu wachen, wie sie vorige Nacht auch gethan.

Diese Nacht gearbeitet, eine Blendung gemachet, aussert der Schantz, und Pallisaden gesezet.

Donnerstag den 21. July, Morgens Früh, habend die ab Schönau, widerumb anheben schiessen, so aber nicht mehr beantwortet worden. Es sind auch von uns nahen Officiers gangen, an Hrn. Leutenant Ulrichs selig Kirchgang, und an die zehenden Verliehung ins Schloss. Der Officier von der Wacht im Bergli, ist durch den Hut geschossen worden. In der Mittagstund kam ein Both von Hrn. Decano von Horgen, an Haubtman Züricher, wegen vacierenden[197] Schulldiensts. Ich müsste den Leutenant Züricher wegen seines Sohns zu sollicitieren[198] gehen lassen. Diesen Nachmittag habend wir unser Canon Pulver an der Sonnen gedörret, und erläsen.

Wir habend auch gesehen, dass die Feind gantz aufgebuzt, mit Feldzeichen, auf den Hüten, und gar viel mit weissen Kreützen, auf den Röken gezeichnet, und darbey guter Dingen. Gegen 4 Uhren sind 8 Saum Ross mit Lägelen[199] und Säken beladen, auf dem Rossberg ankommen. Es kamend nach 5 Uhren, etliche Officiers und Pfaffen dahin zu reiten, hernach wurd das Einsidlerische Marienbild, lebensgrösse in Kupfer gestochen, zwüschen dem Haus und Schür auf dem Rossberg, an einem Baum aufgehenkt, und habend vor demselbigen mehr als 200 Mann, ihre Andacht auf den Knjen verrichtet. Aber die vom Mistebüehl und Schönau, habend dieser Andacht nicht beygewohnt, sonder auf ihren Wachten verblieben.

Im Eitel Moos ist auch ein sollich Bildnus aufgestellt worden. Diesen Abend ist die Mannschaft von der Büehlerischen Compagnie, aus dem Schöneberg, auf Hütten geschikt worden, hingegen Hr. Haubtman Zimmermann mit seiner ganzen Compagnie (bestund die ganze Compagnie von 120 Mann, die bühlerische auf Hütten war stärker) in Schöneberg gelegt worden. Zwüschen 6 und 7 Uhren, habend wir den Hrn. Sekelmeister Werdmüller, mit unserer Generalitet und Reuterey begleitet, auf den Bellen herum recognoscieren gesehen, und vermeint, Mhhrn[200]. werden ohne Fehl, auch auf den Hütterberg kommen, und unsere Mausfallen besichtigen, allein sie konnte die Ehr nicht haben. Jedoch unser nicht allerdings vergessen, sonder hernach folgenden Bericht, und Ordre[201] überschikt.

Monsieur

Dieweilen der Bericht eingelangt, dass die bernerischen Trouppen, bey der Seyser Brugg, von den Feinden würklich angegriffen worden seyen, als bin befelchnet ihnen schleünig zu berichten, mit Bitt, dass es solches, auf dem Ihme anvertrauten Posten, den Hrn. Officiers verdeüten, und zugleich die Anordnung verschaffen wolle, dass man auf alle Fähl dem Feind Abbruch, und Widerstand zu thun parat seye.

Wädenschweil den 21. July 1712 Jean Rahn

N.B. Diese, so am Kirchgang und im Schloss gewesen, habend auch Zeitung gebracht, dass die Berner gestrigen Tags, bey Seys angriffen worden, aber der Si(e)g seye mehr auf den Länder, als Berner Seiten gewesen, anbey gemumlet, man habe die Berner im Stich gelassen. Deswegen vermeint, Mhhrn. Kriegs Räthe, hettind mir die Umstände wohl vertrauen dörfen. Ich wär dorab nicht erschroken, mein Schantz samt der Artillerie dahinten gelassen, und in Schöneberg oder noch weiters geflohen. Sonder proponiert[202], dass man Monsieur Matli, diese Nacht in Schöneberg lege, dem Hr. Haubtman Ott zu assistieren und das von danahen ein Wachtmeister im Sägel gestelt, und auch ein halb dotzent Reüther bemühete zur Ordonanz auf Hütten und Schöneberg, mir auch eröffnete welcher Mann bey einem Einfahl die Trouppe im Feld zusammen zeühen, und comandieren werde, ob er müsse meiner, oder in seiner Ordre zeleben, endtlich hätte man sollen Pulver und Bley, den beyden Compagnien überschiken, solche im Nothfahl auszutheilen. Wann nun dieses oder der halbe Theil effectuiert[203] worden, so hätte die Alten, Weib und Kinder, aus dem Bergli hinter sich gewiesen, in die Hütter Kirchen, bis auf weiteren Bescheid, die Wacht daselbsten, aus den Stuben heraus und ins Feld postiert, damit sie bey einem Überfahl nicht verlohren gangind, sonder dem Feind das lähre Nest überlassen, und dis wäre also der ganze Rumor[204] gewesen. Es möcht aber einer sagen, du hättest ohne das können. die Hausleüth im Bergli hinter sich weisen, die Wacht aus den Stuben heraus nemmen, ihres Licht auslöschen, und ins feye Feld postieren, dem sag ich nein, aber die Raison[205] nicht.

Diese Nacht hat sich, das Sprüchwort, man könne die willigen Rössli auch übertreiben, schier erwahret, dann ich müsste etliche mit Stöss und Schlägen, aus der Trinkstuben, auf die Wacht bringen, hernachen die Mannschaft von beiden Compagnien, so gegen 250 Mann ausgemachet, also vertheilt: Haubtman Zürcher blibe mit 20 Mann, meistens übel bewehrt im Quartier, aus erheblichen Ursachen; Haubtman Büehler mit ohngefehr 40 Mann, auf den Hütter Stäg. Das Bergli ist besezt worden, mit 120 Mann, einem Leutenant und 2 Wachtmeister. Der Sihl nach gegen Langmoos, bis an Kneüis hin, den Feldschärer Burkhardt, und Corporal Kölliker mit 30 Mann patrouillieren lassen. Die übrige Mannschaft gegen 40 Mann, war auf die Schantz comandiert, mit den Constafleren[206], und Zimmerleüthen auch die Nacht über gearbeitet.

Freytag den 22. July. Morgens 3 Uhren, nachdem die Feind auf dem Rossberg, und bey Mentzigen, ihre Feürzeichen angestekt, haben sie vom Aplisberg nahen auf beyden Seithen, die Wacht auf dem Bergli überfallen, und angriffen, die so in der Stuben gelegen, sind glücklich zum Haus hinaus entrunnen, und dem Piquet so hinter den Haüseren in der Matten gelegen (aber widerumb abmarschiert, weilen sie vermeint die Gefahr seye vorbey) nachgeeilet, und von den Feinden mit grossem wüeten, und starkem Feür verfolgt worden, bis gegen des Kleiners Höltzli, so doch nach und nach unbeschädiget in die Schantz angelangt, auch niemand gemanglet, als ein Unterofficier von Büehlers Compagnie, so gegen der Blegi hinunter geloffen, sich aber hernach wieder eingestelt. Ich gewahrete, dass die meisten ihr Gewehr auch losgeschossen, sich redlich aufgeführt, und dismahlen etliche Spiller und Saufer, ihre Scharten ausgewezt haben.

Sonsten sind etliche, so schwacher Complexion[207] in zimliche Blöde kommen Blut gespreüt, so dass mit Branten Wein remediert[208] worden.

Als nun der Einfahl geschehen, liesse unser Feürzeichen, so aussert der Schantz, auch ansteken, und einen Canon Schuss thun. Bey den Haubtleüthen, und anderer Bagages[209] wurde sovil möglich in die Schantz salviert[210]. Aber meine beyden Pferdt und Schriften schikte durch meinen Knecht in Schöneberg, mit Bericht an Hrn. Haubtman Ott, und Zimmerman, der Feind stehe auf Hütten, sie sollend eilends Volk in Sägel schiken, und den Pass besezen, auch alles Volk dahin nahen mahnen, so aus dem Hirzel kommen möchte.

Indessen hauten die Zimmerleüth und Constaffler die Kriesbäum, denen bis dahin verschonet, auf den Boden hinunter. Nachdem unsere Mannschaft postiert, den Schlagbaum zugemacht, die beiden Fahnen aufgestekt, und lassen Lermen schlagen, also in Gottes-Nammen dem Anschlag des Findts ausgewartet.

Ich mus aber auch remarquieren[211], was bey disem Geschäft geredt worden, ehe und bevor die Wacht aus dem Bergli in Salvo[212] ankommen, hiess es habend wir nicht allezeit gesagt, es seye zwenig Volk auf Hütten, es werde nach so gahn im Bergli aussen ghörends Schreyen. Nachdem aber die Leüth unverlezt ankommen, ist es besser worden.

Hernach bey etlichen die Meinung worden, es wäre nöthig, dass man auch Volk ins Dörfli abenlegte, und das Quartier besezte. Die beste Meinung hattend, ein par, so dass vermeinte, Unglük zu haben, in den Graben hinaus, und nicht in die Schantz postiert zu werden, welche gewünscht: Wärind wir doch auch in der grossen Schantz unden. Deswegen mein Camisol[213] in der Furie[214] abgelegt, die Fuchtel[215] ausgezogen, und gedräut[216], der Erst, so ohne mein Befehl, aus der Schantz laufen wolle, den stoss ich über den Haufen, hier wollen wir uns Wehren, und beysammen leben und sterben. Wann sie mir folgend, so müsse die Matten voller Todten ligen, und werdind uns nicht übermeisteren müssen. Sie sollend bätten und treü an einanderen bleiben, nicht so vil schwätzen, auf ihr Gewehr, und den Feind Achtung geben, wann auch etwann einer geschossen werde, nicht allsammen erschräken, sonder nur desto hertzhafter werden.

Als es Tag worden, sahend wir die Feind in 2 Colonnen stehen, die untere hinter dem langen Haag vom Bergli nahen, gegen des Ryffen Haus, mit 4 Fahnen, so ein gute 1/2 Stund, in solcher Postur stehen bliben. Die obere Colonnen, mit 2 Fahnen marschierte gegen des Kleiners Hölzli am Berg hin, und kam uns wegen der Gebüschen und Situation aus dem Gesicht. Indem kamed 2 Officiers zu Pferd, woltend die unteren machen avancieren[217], allein wir gabend mit dem Canon Nr. 13, und hernach mit dem Falconet Feür unter sie hinein, mit was Effect ist ihnen bekannt, genug war es, dass sie wider Halt gemacht. Aber unser Falconet ist leider, von disem Schuss unbrauchbar worden. Nachdem habe gesehen die obere Colonnen hervorruken, und am Berg nach, gegen den Haüseren anrüken, als sie uns nun völlig ins Gesicht kommen, habe den 6 Pfünder Nr. 12 so vorharo kräftig mit Hagel geladen worden, auf eine gewisse Distantz gerichtet, die Mannschaft aber so im Graben postiert, müsste zuerst ein Salve geben, hierauf den Canon, als sie in zimlicher Anzahl auf der Distantz ankommen, losgebrannt, so dass nach dem der Rauch vorbey, wir den Enden[218] kein Mann mehr gesehen, und hat ihn büken, und die Hütt in die Augen truken nichts geholfen. Bey disem hab ich gemerkt, dass sie kein grob Geschütz mitschleppend, villeicht in der guten Schweitzer[219] Meinung: Sie wöllind auf Hütten schon überkommen, und wöllend uns mit dem Dägen in der Faust überrumplen. Jedoch habend sie des Pfyffer Bären und Schweitzers Haüser geplünderet, aber villeicht nicht vil gefunden, so in Kram gedient.

Etwann 5 Minuten nach disem Schuss, widerumb, etliche 20 Mann gesehen am Berg sich blos geben, deswegen den 6 Pfünder Nr 13 wider mit einer Kugel los gebrant, darauf sie in Zerstreuung nach des Ryfen Haus geloffen, und sich mit den unteren conjungiert[220]. Aber es war eine Stratagema[221], und lagend noch vil der Gsellen, in des Kleiners Hölzli in der Reserve.

Nachdem sie also conjungiert, marschierte der ganze Haufen, hinder dem grossen Grünhaag gegen Hütten zu. Ich ersorgte, sie werden von unten herauf in das Dörfli einbrechen, und als sie über den Buk und Kornacher hinunter defilierten[222], hat die Garnison[223] mit Freüdengeschrey, so vil möglich unter sich gefeüret, dass sie geschwänkt, und das Dörfli nicht angriffen, sonder in Confusion den Berg hinunter geeilet, in Sonderheit, als wir die Hintersten, mit einen Canonschuss nahen gemahnet. Ich hatte zwahr etwan 20 Mann freywilligen erlaubt ins Dörfli hinunter, aber aus gewüssen Ursachen wieder contramandiert[224] und der Reseve auf der Höhe, bey des Kleiners Hölzli, so bey disem dechargieren[225], die Köpf gestrekt, deswegen den einten Canon mit Hagel geladen, auf der oberen Batterie[226] gegen den feindtlichen Reserve, allezeit parat gehalten, den anderen aber Nr.13 weilen er stärker an Metall auf die untere Batterie gegen dem Sägel plantiert[227].

Als sie den Marsch, dem Rebgatter vorbey nach dem Schwartzen Höltzli fortgesetzt, gabend wir mit dem Canon feür unter sie hinein, dass 2 Fahnen, neben anderen mehr ins Fahrkrauth nidergefallen, und desto geschwinder dem Höltzli, und der Scheür darob zugeeilet. Es kamend noch 2 Fahnen, so unserem Canonieren auszuweichen, übers Ried, und hinter dem Rebgarten Haus, dem Hölzli zugeloffen. Wir thatend unser Bestes, und mit möglichstem Fleiss, 6 Canon Schüss nach dem Höltzli und Sägel Matten, köntend aber den Einbruch ins Land nicht erwehren, sonder leider 2 Bataillon mit 4 rothen Fahnen im Kneüis formieren sehen, anbey in Sorgen stehen, die Zuger werden sich mit ihnen conjungieren, und gesamter Hand auf uns los gehen.

Die Sonne stuhnd schon zimlich hoch, der Feind im Land, den Pass im Sägel in seinem Gewalt, viel discurieren und grosse Augen. Jetz möchte einer fragen wo es gefehlt, dass der Feind der Schantz vorbey, und ins Land hinein tringen können, der habe zur Antwort, dass es gefehlt, an der Blegi, und im Sägel. Und berichten hiemit, dass wan unserer Generalitet hätte beliebt, die Blegi dem Comando auf Hütten einzuverleiben, und noch ein Compagnie dahin gelegt, es dann Comandant auf Hütten seyn, wer immer wollen, weilen es aber nicht geschehen, sonder dieser Posten, dem Comando auf der Bellen anvertraut worden, und ohne Zweifel dem Comandanten daselbst, auch Ordre wird ertheilt worden, seye, sich parat zu halten, sowohl als dem auf Hütten: So hätte vermeint, es sollte in dieser Nacht, die Blegi, mit einem Capitain und wenigst 100 Mann besetzt haben, bis gegen Tag, mit Ordre, wann der Enden ein Einfahl geschehen wurde, nicht gegen der Bellen oder Ihren Compagnien zugelaufen, sonder am Schafrey[228] hin dem Dörfli Hütten zu, und eintwederes meines Raths pflegen, oder aber Hütten vorbey marschieren, und den Pass im Sägel besezen (weilen sonst Volks genug auf Hütten zur Deffension[229] des Postens) auch Ordre ertheilen in Schöneberg (weilen es mehr pouvoir[230] zu befehlen, als deren auf Hütten) ihr Contingent[231] in Sägel zu schiken, und alles so vil möglich nahen mahnen, und hernach mit mir auf Hütten gute Correspondenz[232] halten: Wäre nun der Feind kommen, wie er dann kommen ist, und hätte 200 Mann bey den Sägel-Haüseren postiert angetroffen, so hette er müssen sein Concept ändern, oder ohne zimlich Bluthvergiessen, nicht können durchbrechen, ihme auch im Sägel so genug worden, dass die Bellenaction nicht darauf erfolgt. Sonsten sind Leüth auf Hütten gewäsen, so geargwohnet, man habe die Blegi mit Fleiss nicht stark besezt, und dennen auf Hütten, den ganzen Schwall zuschiken wollen, ich könts mit Noth ausreden. Was der Marsch den Schantzen vorbey betrifft, hat der verständige Kenner Unterweisung von nöthen, dennen aus der anderen Class gab ich kein Bescheid. Sie können die Hrn. Schweitzer fragen, was auf sich trage, aber ich glaub sie wärind meines Sinnes seyn. Nach 6 Uhren kam Hr. Matli, mit einem Troup von ungefahr 100 Mann, von der Bellen nahen, über Laubegg anmarschieren, desswegen meine Leüth in der Schantz anhebten jauchzen, und ein Fahnenschwingen. Er hielt auf der Höhe etwan ein 1/2 viertel Stund, indessen kam ihm ein par blau Reuther von Wolfbühl nahen entgegen. Jkr.[233] Major Escher kam auch, mit einem fast gleichen Troup und folgte Hrn. Matli nach, marschiertend fort, und kamend uns aus dem Gesicht. Ich hatte das Unglück dass mein Rok mit dem Perspectiv[234] aus Unvorsichtigkeit geflöchnet[235] worden, und könnte nichts genau besehen. Indem marschierte die feindliche Arriergarde[236] eilends dem Rebgarten vorbey ins Höltzli. Ich wolt den Canon richten ins Höltzli, wo ich vermeint, dass die meisten Gsellen könind liegen, indem geschahe ein Salve aus dem Höltzli und bey der Scheür, desswegen den Canons nach dem stärksten Feür loosgebrant. Aber ach leider, in dem sahend von unserem Fussvolk, und etliche blaue Reüter von Eschman, in der Sägel matten. Und die Feind aus dem Kneuis, (so sich vorhar schon moviert, und der Sägel Höhe genäheret) luffend über und hinter dem Berg, dem Sägel zu, die anderen aus dem Höltzli heraus, nach den Sägel Haüseren. Wir thaten widerum ein Canon Schuss, mit gutem Effekt, allein sie jagtend unsere Leüth vom Sägel hinweg, und hörte man ennert dem Sägel, auch ein stark Feür, deswegen übel erschroken. Auch lamentiert, dass man so unglüklich, dass die Feind bey ihrer Armuth lestiger und eyfriger, als wir bey unserem Überfluss. Desswegen unserer fehrneren Conservation[237] nachgesinnet, und dem lieben Gott gedanket, dass auf dem Bergli nicht geschantzet worden, da dann zumahlen der schlaue Feind uns abgeschnitten, das Dörfli Hütten besezt, den Succurs ärger als dismahlen in Hinterhalt, geloket (NB die im Höltzli und bey der Scheür habend zu früh Feür geben) ihnen den Rükweg nach dem Sägel hin verlegt, wanns Zeit gewesen angriffen, geschlagen, und mit der Schantz auch ein Richtigkeit getroffen, und hernach Freüdenfeür genug gemachet, wie sie dann dismahlen die Materie mitgebracht, aber Gott sey Lob nicht brauchen dörfen, und ins Ryfen Haus widergelöscht. NB in Schimpf und

Ernst, von dieser Action, so etwann eine halbe Stund gewähret, ist noch zu reden.

Weilen etliche der Meinung gewesen, die ab der Hütter Schantz hätten sollen ein Ausfahl thun, nach der Sägel Matten. Diesen ertheilen im Namen der Garnison, auf Hütten folgenden Bescheid. Dass wir auf Hütten auch vermeint, dass die auf der Bellen, Schöneberg, und anderen Posten sich soltend die Nacht über parat gehalten, morgens umb 4 Uhren, den Pass im Sägel vor Ankunft der Feinden besezet haben: und wann sie dis gethan, hättend sie unseres Ausfahls mit Mannschaft gar nit von Nöthen gehabt. Sonder wir hättend sie secundiert[238], mit unserer Artillerie, und ist meinem Verstand nach, ein 6 pfündige Canonkugel ebenso kräftig als 100 Füsiliers mit 2 löthigen Kuglen, obsgleich etliche Artilleriefeind nicht gestehend und doch darnebendt vor einer Canonkugel sich bukend, als der Kuhhirt vor dem Schultheiss. Weilen man nun den Sägel nicht besezt zu rechten Zeit, obgleich der Feind durch seinen Marsch gezeiget, und mit dem Holtz Schlegel darauf gedeut, was man besezen sollte, soltend dan die auf Hütten, wegen dieser Versaumnis, ihr Bluth unnöthig dargespannt, und mit dieser übel besinnten Action, sich auch noch meliert[239], und bey den Feinden verdachtig gemacht haben: Nein gar nicht. Ich hab kein Botten geschikt, dass man solle Hülf schiken, gen Hütten, sonder den Pass im Sägel besezen, in der ehrlichen Meynung einanderen Helfen, den Einbruch ins Land, und die Conjunction der Feinden, wann sie auch von Zug nahen kommen wärind zu hintertreiben. Dann zu dem End hin ist die Schantz auf dem Platz, wo sie steht, angeordnet worden, so wol als der Schöneberg.

Auf was Manier[240], Hr. Major Matli, in diesen Labyrinth hinein kommen, weis ich folgende Umbständ, dass er diese Nacht im Schloss gelegen, von Hrn. Statthalter, und Jkr. Rathshr. beorderet und ersucht worden, sein Bestes zu thun, nachdem der Lermen, angegangen. Deswegen mit etlich Reütheren so im Schloss gewachet, der Stern Schantz zu geeilet. Daselbsten mit Hrn. Obrist von Salutz sich unterredt, etwas Volk von der Frey Compagnie mitgenommen, und der Bellen zugeritten. Die Hhrn. Officiers daselbsten gefraget, welche ihm wol sagen können, der Feind seye im Bergli eingefallen, und gegen Hütten marschiert. Allein weilen niemand recognohcieren[241] geschikt worden, auf Laubegg und nach Weiteres, habend sie ihm nicht können sagen, der Feind seye mit 4 Fahnen durchgetrungen im Sägel, und stehe hinter der Sägelhöhe, bim oberen Kneüis. Dann als er mit seinem Troupp auf Laubegg kommen, hat er gleich gemerkt, dass die Hütter Schantz noch in unseren Händen, aber kein ander feindlich Volk gesehen, als die Reserve, auf dem Berg, bey des Kleiners Höltzli, dann die 2 Fahnen so unden im Fahl, hider des Bären Rey gelegen, und sich verdekt gehalten, hat er nicht sehen können, deswegen den Marsch nach dem Sägel genommen, und ist also diese Action daraus erfolget. Jedoch ist die Intention[242] uns auf Hütten beyzuspringen gut gewesen, und wir deswegen verpflichtet, die Hrn. Officiers und ehrlichen Männer, so gefochten blessiert, und ihr Leben, bey dieser Action verlohren, höchstens zu loben und zu betrauren.

Die vornehmsten Schweitzer stelten sich mit 4 Fahnen, auf die Höhe bim Sägel etwan ein 1/2 Stund lang. Indessen marschierten die anderen in Zerstreüung über die Wahlstatt, und hinter den Sägel Haüseren, in das Höltzli hinunter, samleten sich darin. Nachdem defilietend die ab der Sägel Höhe auch hinunter in das

Höltzli. Ich war sehr froh. Ich hab allezeit gesorget, es komm ein Tambour und werd uns auffordern mit Zeitung der Succurs[243] seye geschlagen, und habind viel Gefangne erwüscht, desswegen nicht viel Offensive gepoldert. Weilen man einem fliehenden Feind, soll ein guldene Brugg bauen. Jedoch bis 30 Mann ins Dörfli hinunder geschikt, den Feind zu observieren[244]. Jndem brachen sie aller Orthen aus dem Höltzli heraus, triebende etliche geraubte Küh vor sich her, nahmend meistens den Wäg widerumb, wo sie herkommen. Unsere Leüth hebten an Feür geben, mit dem Canon auch widerumb 2 Schüss gethan, und Sie begleitet. Endtlich sahend wir einen grossen Allarm auf der Bellen, und merktend, dass man sie werde angreifen wollen. Die 30 Mann kamend zurük in die Schanz, brachtend die Beüth und Kleider mit sich, und sie wölind die Bellen angreifen. Das decharchieren[245], auf der Bellen gieng an, die guthen Leüth werdend poussiert[246], gleich anfangs retiriertend[247] sie sich hinter die Höhe bey Felmiss.

Ich ermahnete meine Leüth zum Gebätt, weilen wir sonst nicht helfen können. Zuletst wurd ein solches Schiessen, auf der Bellen herum, so uns widerum erquikt, und kamend die rothen und blauen Reüter von der Laubegg hervor, so dass der Feind nach einem halbstündigen Gefecht zurük geschlagen worden.

N. B. In währendem Scharmutz[248] auf der Bellen, hat sich die Reserve bey des Kleiners Höltzli hervor gelassen, und ihren Fahnen lassen bliken, als sie gesehen die Unsrigen weichen. Ich liess den Canon Nr. 13 zum Schlagbaum postieren, that zuerst ein Streifschuss am Berg hin, mit was Effect ist unbekant, jedoch habend sie sich retiriert, und bis auf die Höhe bim Bergli hervorgerukt, dem Scharmutz zu zuschauen allein wir gabend widerumb Feür, mit so gutem Effect, dass sie den Berg geraumt, ihre bluthigen Merkmahl, nebendt Schuh, Strümpf, und zerrissen Hembd Ermlen bim Scheürli, daselbsten hinterlassen. Nicht lange nach der Action der Bellen, kam der Feldschreiber Hofman von Wädenschweil auf die Hütter Schantz und sagt: Aus Befehl des Jkr. Major Escher, sollen wir nahentruken vom Bergli nahen, sie stuhndind schon auf Feindsboden, und fliehe alles.

Diese Zeitung war lieblich zu hören, deswegen alles Volk freüd, aber danebends mir sehr verdächtig. Dann ich sahe noch vil Volks um die Bellen herumstehen und laufen. Es gieng kein Schutz mehr, weder in unserem nach Feindtsland, die Feind auf dem Rossberg stuhnden in ihrer alten Postur. Ich gedachte, ob die im Eitelmoos capituliert oder alles abandoniert[249] worden. Ich befahl ihme, ich wüsse schon was zu thun seye, er solle dem Jkr. Major sagen, man solle mir warten auf Allwinden und sich nicht übereilen. Nachdem er fort, gieng er nach Pöschen, deswegen gedacht: Wann die Sach richtig wäre gieng er nach der Blegi, den nächsten Weg. Aus dem Schöneberg, brachtend etliche Mann, von Zürchers Compagnie, so bey Haus gewesen, ein Tonnen Pulver und ein Fästli Musqueten Kuglen, welches die Reüter dahin gebracht, habends aber sollen, auf die Hütter Schantz bringen.

Darmit aber der Ordre von Jkr. Major, ein Genügen geschehe, und doch nichts verwahrloset werde, habe 60 Mann freywillige ausgeläsen, und dem Kaufman befohlen, den Canon mit Hägel geladen fertig zu halten, auf 6 Kuglen, und 3 Cartesch aufzuladen, und wann ich mit den Freywilligen bey der Strass, ob dem Schafrey angelangt, ohne Anstoss, solle er mit dem Canon, und bey sich habender Bedekung, auch abmarschieren, und mir nachfolgen bis zum Gater, im Bergli. Den beyden Hrn. Haubtleüten befohlen, mit der anderen Mannschaft in der Schantz zu verbleiben, und als ich nun zum Bergli kommen, habe ach leider, den Jammer angetroffen, und sind die armen Schlacht Opfer, in ihren Kleideren, und folgender Ordnung, auf dem Platz gelegen, theils auch schendtlich massacriert[251] worden.

Bim Gater lag Anneli Hauser 15 jährig, vor der Hausthür, bey den Stubenfensteren, und im Gang Anneli Theiler 19 jährig, vor der Stubenthür Ursula Strikler, des Anneli Husers Muter 54 jährig, bim anderen Haus vor der Hausthüren, der alte Mistlebüehler, Rudi Blattman 70 jährig, nebent seiner 25 jährigen Tochter, so noch lebte, aber so bald sie von dem Feldschärer Hüny gesäubert worden, selig verscheiden, zwischen dem Haus und Scheür, lag Elsbeth Eschman 22 jährig, bim oberen Haus am Haag, lag Barbara Staub 70 jährig, nicht weith von dieser Elsbeth Leysi, ein Dollfüessli[252], 45 jährig.

Ich liesse die Mannschaft im Bergli anhalten, und gieng ohne Camisol, über die Landmarch neben den Kriesbaümen hinaus, so weit, dass ich bis hinter des Meinrad Theilers Haus habe sehen können, wie die Sach beschaffen, und gesehen, dass hinter dem Haus, in selber Tiefe, ein rother Fahne und Volks verhanden, und dass rechter Hand in der Matten, zwüschen 2 Cabions[253], noch ein Canon stehet, und praesumiert[254], dass man den Feind nicht gar weit gejagt; Item dass im Eitelmoos an Volk und Artillerie kein Mangel; desswegen umbgekehrt im Bergli mich gesetzt, denen auf den Bellen etlich mahl ein Zeichen geben, allein es wolt niemand herauf kommen: Interim[255] machte Anstalt, dass die Victimes[256], nach dem Dörfli getragen werdind, und liess den Canon mit seinem Begleit auch widerum, nach der Schantz abmarschieren. Ich kehrte endtlich auch widerumb mit meinen Leüthen, und bey des Seylers Haus, den Hrn. Rittmeister Eschman mit etlich und 20 Reütheren, darunter 7 bis 8 blessierte Pferdt, so im Sägel geschossen worden, angetroffen. Ich könnt ihnen aber keine Dienst geben. Wann aber der Jkr Major mit 300 Mann Fussvolk, (zu Eroberung des Aplisberg und Allwinden kein Reütherey von Nothen) kamen von der Bellen nahen, so wolt ich ihnen schon Arbeith gezeigt haben.

Als ich ins Quartier kommen, haben der Hr. Pfarer von Richtenschweil angetroffen, so nach seinen Schäflenen gefraget, und selbige verzeichnet. Derwegen die Feder auch in die Hand genommen, und an Herren Kriegs Secretarium Rahn geschrieben, mann solle Leüth und Oficier auf Hütten schiken, wan man kriegen wolle, es sey mir fast erleidet und mich darauf schlafen gelegt.

Auf den Abend ordnete unsere Haubt Wach, ins Ryfen Haus, und steltend die Schilt Wachten[257], gegen dem Bergli hin. Ich vermeinte, es wurd etwan ein Compagnie in Sägel gelegt, von den Auxiliaer Trouppen[258] so ankommen, aber es blib bey der alten Leyren auf Hütten, den heiligen Bellen zu, nach der Capitulation.

Samstag den 23 July, Ritte nach dem Bach, den Hrn Major Kilchsperger selig zu beschauen, und zu vernemmen, wie er umkommen, nachdem mans erzehlte, mich bestürzt, dass die Unsrigen den Leichnam (als die Nächsten darbey) nicht aus gezogen, sonder lieber die Beüth dem Feind überlassen, vondar, nach der Bellen da lagen 28 Todten zusammen geschlept, und wüest zugericht. Ich gieng in die Schantz und mit Jkr. Major Escher und Jkr. Leutenant Blaarer zu Morgen gespisen.

Von dar, nach Gerlisperg, zu Hr. Haubtman Füessli, so mir 20 Canon Kuglen überschikt, und endtlich ins Schloss, und zu Mittag gespisen. Ich hab vermerkt dass der Hr. Major Hirtzel bim Ochsen, mit seinen gebrachten Trouppen etwas in den Bergen auszuführen willens. Sonntag den 24 July, die 8 Leichen (so von der Schantz nahen verbaümt[259] worden) lassen auf Richtenschweil füehren, und durch den Kaufman und andere Unter Officier, mit 16 Mann lassen begleiten. Die feindlich Todtnen an der Zahl 7 Mann, so in dem Höltzli, und Sägel Matten gelegen, zusammentragen in Sägel, durch 2 Constaffler, und hats der Baur im Sägel, nach der Löli Mülli hinunter geführt. Diesen Nachmittag sind im Schöneberg 8 Mann begraben worden, so in der Sägel Action umbkommen, Ulrich Müller Fischer, und Conrad Trüeb des Withs Sohn, beyde von Dübendorf, Jacob Lindinger ab der oberen Stras, Jacob Fenner von Zollikon, aus der Leuen Grueb, alle von Hrn. Kilchsperger selig Compagnie. Jtem Hans Wyss von Ehriken, Wälti Morf von Illnau, Hr. Rud. Juker von Hitnau, Hr Lupfer von Russiken alle von Hrn. Haubtman Christoph Kellers Compagnie, Felix Falk von Wülflingen von Öringers Compagnie, ist zu Wädenschweil begraben. Sonst sind nach gebleiben, Hr. Leutenant Wunderle von Meylen, Corporal Michel Leeman von Küsnacht, Tischmacher ab Kreützlen, von Hrn Hauptman Otten Compagnie sind alle bey Haus begraben worden. Was weiters blessiert und gestorben werdend andere verzeichnet haben, Hr. Major Matli ist ein Schuss worden, nicht weith, von dem Sodbrunnen im Sägel.

Zwüschen Tag und Nacht, kam Hr. Hauptman Spöndli, mit seiner Compagnie in Sägel zu logieren.

Montag den 25 July, hörte man stark schiessen, gegen Muri hin. In der Nacht spath kam Bericht, die 5 Orth seyen bey Vilmergen, von den Berneren angriffen und totaliter[260] geschlagen worden.

Dienstag den 26 July, fiengend die unsrigen an zu brennen, im Zugergebieth, gegen Mittag wurd die Lölis Mülli auch angezündet, und verbrennt. Das Heü weggetragen von unserer Reütherey. Ich nahm ein Canon aus dem Schöneberg, war gut handlen wans so komt, marschierte in Kneüis, thatend 2 Schüss, es kam ein Ordre inzuhalten: Sie thaten 3 Schüss mit einem Falconet nach uns, Hr. Haubtman Spöndli, und Hr. Haubtman Büeler, wurdend comandiert auf Wädenschweil zu marschieren.

Mittwoch den 27. July, kam Hr. Haubtman Steiner, mit seiner Comgagnie Weinländer, auf Hütten, wurd ins Bodmers Haus einquartiert wo zuvor der Büehler auch gelegen.

Freytag den 29. Juli, hat ein Schilt Wacht, auf dem Bergli, nach unserer Rond Feür geben, und geschahe ein Canon Schuss auf Hütten, und von der Bellen nahen beantwortet, und dabey blibs.

Montag den 1. Augst ins Schloss berufen worden. Es kamend Hr. Land Sekelmeister und Obrist Reding und Hr. Landvogt Beschart von Schweitz, mit unserer Generalitet ein Stillstand einzugehen, so auch erfolgt. Mhhrn. Kriegs Räthe habend mich beordert, diesen Abend, nach Schindellegi zu marschieren, mit 4 Compagnien, als Hr. Haubtman Steiner im Blaikerweg, Herren Haubtman Keller von Zürich, Jkr. Haubtman Escher von Berg, und Hrn. Haubtman Brunner von Küsnacht. Wir müsstend aber, weil alles verspäthet worden, und wegen Wind und schweren Wetters, um die Bellen herum über Nacht ligen.

Dienstag den 2. Augst, Morgens gar frueh, marschierten mit 50 Mann und dem Capitain Leutenant Keller voraus nach der Schindellegi, übergab die Ordre von Hrn. Obrist Reding, an Hrn. Lands Haubtman Joseph Carl Schorno, Hrn Commissari Betschart, und Herren Rathsherr Schüeler. Sie übergabend mir den Posten, mit Recomandation[261] gute Ordre zu halten. Weilen aber der Wirth auf der Schindellegi nicht wollten sehen, habend sie mir die Ehr angethan, und mit mir Zmorgen gspisen. Als sie gehört und gesehen die 4 Compagnien aufmarschieren, haben sie die Achsel gelupft.

Herr Landshaubtman, übergab mir folgendes Billiet, an Hrn. Major Steiner auf dem Hurderfeld.

Monsieur tres honoré Major.

Es ist einer Wittib lieber Sohn, glaublich in dem Sägel, bey selbiger Rencontre[262] verlustig worden, und die weilen man, den under den Todtnen nicht erfunden, zweiflet man, ob er villeicht etwan gefangen worden. Sein Namm ist Frantz Ludwig Niderist, hab dannen haro die inständige Bitt an mein Hhrn. Major, den hohen Favor[263] zu erweisen, deme Nachfrag thun lassen, und mich so er erfraget wurde, gütigst dessen widerumb zu berichten, wo dann dessen gönstige Willfahr wiederum werd demerieren[264] können, wird ich mich freüen, mit dessen Befelchen beehrt zu werden, der mithin mich verzeichnen. Sein Diener Schindellegi den 2 Augst A° 1712

Landshaubtman Josef Carl Schorno

Es wurd dieser Herr, so Hr. Obrist Nideristen Sohn gewesen, den 4. Augst, bey Wollishofen in der Sihl Tod gefunden, hatte noch ein schwartzen Strumpf sampt einer Bottinen[265] und Schuh am einten Bein. Er war mit einer Canon-Kugel getroffen, der Schuh und Strumpf wurdent auf die Schindellegi gebracht, von einem Constaffler so auf Hütten gedient, und gewüsst, dass man diesem Herren nachfraget, etwan ein par Stund darnach, kam ein Bedienter von der Hr. Obersten der kente die Mondur[266] und klagt er sey ohne Fehl bim Scheern Stäg in die Sihl gerührt und von ihren Leüthen ausgeplünderet worden. Ich schrieb an Mhhrn Rathshr. Locher als Obervogt mit Recomandation[267] und Bitt, dass man den Bedienten den Leichnam lasse abfolgen. So auch geschehen, und ist der Schindellegi vorbei auf Schweitz geführt worden. Sonsten hab ich in dem Ausmarsch aufs Bergli, hinder dem Haag bim Kornacher, auch ein par gut Hosen gefunden, mit Bluth besudlet, die selbigen hat einer von Büehlers Compagnie aufgeläsen. Ich hab nichts behalten, als den gedrukten Zedel, und Agnus Dei, lauhet also Benedicto. S. Martini Episc:

Ego Signo + Crucis non Clypco protecties ant Galea, hostium Cunos pene-
Trabo Securus, in Nomine + Dei Patris et + Filij et Spiritus Sancti Amen.
Der Segen des heiligen Bischofs Martini

Ich zeichne mich, mit dem Zeichen des + heiligen Kreuzes, nit mit dem Schilt noch Bekel Hauben[268] bedekt. Ich wird die Schlachtordnung der Feinden sicher durchtringen.

Im Namen Gottes + des Vatters und des + Sohns, und + des heiligen Geistes Amen.

Die Artillerie und des Zürichers Compagnie, sind auf Hütten verbliben, bis zum Frieden Schluss. Und sind nachfolgende Compagnie von Maschwander Corpo[269] nahen, dahin gelegt worden, alles unter Comando Jkr Major Proserol von Tusis, so ins Bodmers Haus logierte. Neben Hr. Major Escher bim Palmenbaum seiner Compagnie auf Hütten. Im Schaaferey Jkr. Haubtman Schmid von Kempten. Auf Laubegg, Jkr. Hauptman Meiss von Wetzikon. Im Sägel Hr. Haubtman Zundel. Den 16. Augst, wurd der Friede angekünt. Ich marschierte mit den 2 Compagnien, als Hr. Haubtman Peter, mit den Thurgaueren, und Hr. Haubtman Keller ab. Von der Schindellegi, dem Schloss Wädenschweil zu, die Compagnien wurden ausgezahlt. Die so nicht unter unser Corpo gehört dimittiert[270], die Anderen bey der Zehenden Trotten durch Hrn. Major Matli en Bataille gestelt, die Artillerie dem See nach rangiert[271], ein 3 fach Salve abgefeüret, hernach ein Gebätt verrichtet, von Hrn. Statthalter abgedanket, und jeder naher Haus, zu seinem vorigen Beruf erlassen worden.

Es wird sonst insgemein, davor gehalten, dass in disem Krieg, auf der Bellen der Haupt Streich geschehen, und dass mit wenig Volk hingegen die auf Hütten vom Feind niemahls angriffen worden, desswegen höchst nöthig erachtet, diesen Bericht zu ertheilen, dass wahr seye: dass die auf der Bellen einen Anlauf ausgestanden, aber nicht mit einem so geringen Haüfeli, einen miraculosen[272] Widerstand geleistet, und den Feind aus dem Land gejagt, wie man vorgibt, sonder es haben um die Bellen herum, folgende Compagnien gestritten:

Die Quartier Compagnie von Wädenschweil
Hr. Major Kilchsperger
Hr. Haubtman Keller von Zürich
Hr. Haubtman Keller von Oringen
Hr. Haubtman Fröhli von Bühlach
Hr. Haubtman Hüni von Horgen
Hr. Haubtman Meyer von Wädenschweil

Über diese berühmen sich nachfolgende Detachement[273], dass sie Ihr Bestes gethan, als von Hrn. Major Lochman, Major Steiner, Major Wüest, von der Meyerischen frey Compagnie, von Ott, Zimmerman, und Eschman. Wo Herr Haubtman Peter mit den Thurgaueren sich aufgehalten, ist mir unbekant, und zwo Compagnien zu Pferdt als Meyer und Eschman.

Vermein also, dass die 2 Compagnien auf dem Bergli, und Hütter Schantz, eben so vil gewachet, ausgestanden, und dem Feind abbruch gethan, als die Trouppen auf der Bellen. Das aber der Feind uns nicht angriffen, ist mit Gottes gnädigem Beystand, unser eigen Werk gewesen, und habends dem Feind nicht zugelassen. Wann wir aber mit einem Sturm gewusst hätten, Ehr zu erjagen, so werind die auf Hütten dieser Ehren fähig worden, vor dennen Herren auf der Bellen. Gott aber sey gedankt, der uns und dennen auf der Bellen ist beygestanden, als sie wieder uns aufgewüscht, und befestige die neüe Eidgnössische Ruh in Gnaden.

N.B. Es ist mir diese Beschreibung von Hhr. Rathsherr Otten als damahligen Comandanten und Haubtman comuniciert[274] und übergeben worden. Dass sie im Pfarr Haus zu einem Angedenken und Nachricht, sol ligen bleiben.

Salomon Bäntz
Pfarer

17. Friedensappell der neutralen Stände.

- ORT/ZEITPUNKT:
  AARAU, 22. JULI 1712

- QUELLE:
  STASZ, ARCHIV 1, AKTEN 1,
  449/14 554

Unser fründlich willig Dienst, sambt was wir Ehren liebs und guts vermögen, zu vor, fromm, fürsichtig ehrsamb, weil insonders gute Freund, gethreüwe liebe alte Eyd und Pundgenossen.

Da wir nach so villfältiger Bearbeithung in gegenwärtigen Pacifications-Geschäfthes die Hoffnung gemacht hatten, den erzihlten Zwecks des lieben Fridens zu erreichen, und das Eurern, unsern g.l.a.E. und P.[275] Ehrengesandten umb das angefangenen Werchs in seine Vollständigkeit zu setzen, in allhier wider an langen wurden, müssen wir im Gegenteihl mit Bedauren vernehmen, das die Sachen in ein solche Weitläufigkeit gerathen, dass dardurch nicht allein der vor Augen gestandene Frid hinderstellig gemacht worden, sondern auch der gemein eydgenössiche Ruhe und Wohlstand darbey gäntzlich periclitiren[276], und eine völlige Zerrüthung in liebwerthem Vatterland vorstehen thut. Dahero wir aus wahrer Begird und Liebe zu gemeinen Eydgenossen Wohlfahrt billichen Anlass genohmen, euch unsere g. l. a.E. und P., gleichwie gegen Eüren und unseren g. l. a. E. und P. der Orthe Zürich, Bern, Luzern, Uri, Underwalden und Zug auch gleiches beschehen. Fründ-Angelegenlich zu ersuchen, das Ihr nach bekandter Eurer Prudentz[277] die Weitaussichtigkeit der sache reiflich überlegen und auch solche Mittel bedacht sein wollet, durch welche den haftenden Anstössen[278] ein Temperament[279] gegeben, dem antrohenden Übel vorgebogen, und die gemeine Ruhe und Friden wider hargestellt werden möchte. Pitten demnach den Allerhöchsten eyfrigist, das er die entstandenen Kriegs-Flammen nach seiner ohnermessenen Güte wider zu löschen, und euch sambt uns under seinem heiligsten Gnaden Schutz zu bewahren gnädigst geruhen wolle. Geben und in unser aller Namen mit unserer Collegen, des Hochgehrten wohledeln gestrengen P. Herren Landaman Johann Heinrich Zwicki[280] angebohrnem Insigill verwahret den 22. Julij 1712

Die Abgesande der lobl Orthen
Glarus, Basel, Freyburg
Solothurn, Schaffhausen, Appenzell,
Stadt St. Gallen und Biel dermahls
zu tagen in Arauw versamblet.

18. Kriegsanordnungen von Zürich und Bern.

- ORT/ZEITPUNKT: 21. JULI 1712

- QUELLE:
  DIE EIDGENÖSSISCHEN ABSCHIEDE AUS DEM ZEITRAUME VON 1681 BIS 1712. BAND 6, ABTHEILUNG 2.II, S. 2580 (STAATSARCHIV ZÜRICH).

1. Morgens 1 Uhr. General Frisching meldet aus Muri dem zürcherischen Commando in Maschwanden den gestrigen Zusammenstoss bei der Sinserbrüke, und verlangt einen sofortigen Einfall in das Zugergebiet.

2. Vormittags. Commandant und Kriegsräthe in Maschwanden berichten an Zürich, die bernische Armee zeige durch einen Officier an, die ganze Armee von Lucern, gegen 8000 Mann, sei gegen die Berner angerükt und stehe ihr im Angesicht; daher solle Zürich unverweilt einen Succurs von 2000 Mann abmarschieren lassen. Es seien nun alsobald vier Bataillone und zwei Compagnien nach Bremgarten beordert. Die Berner haben ihr Lager in Muri verbrannt und sich gegen Villmergen und Wohlen zurükgezogen. Zürich soll alle verfügbare Mannschaft bereit halten. In Unterlunkhofen haben die zürcherischen Soldaten aus Muthwillen mehrerer Häusser angestekt.

3. Zürich befiehlt seinen Truppencorps in Maschwanden, Wädensweil und Rüti, dem Feinde wo und wie immer Abbruch zu thun, und unter einander gute Verbindung zu halten. Wenn der Feind sich von der bernischen Armee wieder entfernt haben werde, solle das Hilfscorps aus Bremgarten zurückgezogen werden.

4. Die zürcherischen Gesandten in Aarau berichten dem Commando in Maschwanden, dass die Generale beider Armeen unverweilt zusammentreten und gemeinsame Rathschläge fassen, um einen entscheidenden Streich auszuführen.

19. Gesandtschaftsbericht der bernischen Gesandten aus Aarau.

- ORT/ZEITPUNKT:
  AARAU, 21. JULI 1712

- QUELLE:
  DIE EIDGENÖSSISCHEN ABSCHIEDE AUS DEM ZEITRAUME VON 1681 BIS 1712. BAND 6, ABTHEILUNG 2. II, S. 2581 (STAATSARCHIV BERN: TOGGENBURGBÜCHER D. 59.).

Mit Bezugnahme auf die Affaire bei der Sinserbrüke verlangten die Stände Zürich und Bern von Lucern zu wissen, wessen sie sich gegen diesen Ort inskünftig zu versehen haben. Die Gesandten von Lucern antworteten: eben dies sei ihr Elend und ihe Klage, dass ihre Unterthanen sich widerspenstig erzeigen und ihnen den Untergang androhen, ihren Herren (von Lucern), die sie nur Perruquenbuben namsen, nicht mehr folgen, sondern, wann selbige sie zum Frieden an- und vom Krieg abmahnen, auf sie schiessen würden, wozu sie die Länderbauern schlimmer Weise angeführt haben. Es sei der Stand Lucern in einem compassionswürdigen Zustand und sei er diesmal wegen der Rebellion der Bauern in grösserer Gefahr als bei dem vorigen Krieg. Sie können vor Gottes Angesicht in guten, wahren eidgenössischen Treuen versichern, dass alle Schreiben von der Obrigkeit her sie erinnerten, den Frieden quovis modo zu schliessen. Aller Respect sei von den Bauern hintangesetzt, diese halten alle Boten auf und plündern sie aus, so dass sie, die Gesandten, seit fünf Tagen ohne allen Bericht seien.

20. Bericht vom Kriegsgeschehen an der schwyzerisch-zürcherischen Grenze an den Kriegsrat.

- ORT/ZEITPUNKT:
  SCHINDELLEGI, 25. JULI 1712

- QUELLE:
  STASZ ARCHIV 1, AKTEN 1,
  449/14, 563

Hochgeachte wohledelgebohren gestrenge, fürsichtig undt wohlweise hochgeehrteste Herren Miträht, Officier undt getrüwe Liebe Mitlandtleüth.

Wir haben mit höchstem Bedauren, undt hertzbrechendem Schmertzen vernemmen müössen, wie dass iüngst in dem Feldt in dem Hofe gleich vor dem Angriff gegen die Hütten nit allein gegen dene Herrn Kriegsräthen von den gemeinen Soldaten aller Respect verlohren, seye nicht scheeren Betreüwungen den Angriff vorzuonemmen bezwungen[281], ia so gar den Herren Officiren allen Gehorsamb entzogen, grossen undt ohnverantwortlichen Übermuth gegen den unschuldigen Weibsbildern wider alles Natürliche, undt der Völkhern Rechte verüebet worden und sich wider die einnige Erkenntis, so an der Landsgemeindt mit trüen Eiden auf und angenommen worden, zuo grossem Spott, und bösem Exempel der Underthanen sich in währender Action theils auf das Plündern, theils gar in die Flucht aus dem Feldt nacher Haus begeben, undt also übrig ehrliche Leüth, welche für die heilige Religion undt das liebe Vatterland erlich gestritten, undt ihr Lib und Leben aufgesetzt, schandlich im stich gelassen, wordurch unser liebstes Vatterland wegen solch ohnvorsichtig erzwungenen Angriff in die höchste Noht undt Gefahr gesetzt.

Und wovon die ubrige lobl. Cath. Orth Ursach nemmen werden (und auch sogar die Kriegskosten von uns zu fordern) auf unser Orth zuo klagen undt alle Schuldt des erfolgenden Kriegs auf uns zuo werffen und, umb dz dieser Enden[282] der Angriff gegen Zürich als ein freyes Orth vorgenommen undt den also hierdurch des Kriegs-Füer desto hitziger angezündet worden.

Undt wir also nicht finden können, wie wir diesen so hert undt schweren uns bevorstehenden Krieg, in Betrachtung dess grossen Gelt und Proviantsmangels, dem wir auf kein Wis noch Weg zuo steurn uns im Standt befiden, werden erdauren und aushalten können. Wir haben dessetwegen bey solch beschaffenen Dingen nit underlassen sollen, so vill an uns ist, euch hochgehrtisten Herren Miräthen undt getreüwen Lieben Landtlüthen vätterlich undt wohlmeindtlich zuovermeinen, dass ich umb gottes undt Maria willen, mit gouter Vernunft undt Besonnenheit diese so wichtige undt schwer vatterlands Angelegenheit wohl zuo ponderieren[283], undt dahin bedenkehn sein, wie ihr dieser Enden Eüch auffüühren, undt in ein Defension[284] Standt setzen wollen, wir zweiflen auch nit es werden unsren lieben landtlüth ab dieser theils glükhlich theils unglükhlichen action vernünftig schliessen können, ds bey dergleichen verwirrung undt schwirigkeithen von gott dem allmächtigen kein glück zuo verhoffen, durch uneinigkeith undt zwietracht landt undt lüth zuogrundt gehen, die Religion undt Vatterlandt sambt wib undt kindt éüssester noth gesetzt werden muoss, also leben wir der guoten zuoversicht, es werde hiefüren bevordest den herren kriegsräth undt oficieren der gebührende respect undt gehorsam erzeigt undt laut landtsgemeind erkantniss alles dass ienige erstatten, was einen ehrlichen, und vatterlendischen bidermann gezimbt undt ansteht, undt bei ehr und eiden an der landtsgemeidt erkennt worden, undt die posten nit quittiren[285] undt also ohnveranwortlicher dingen nacher haus lauffen sondern selbige als ehrliche leuth zuo unserem allseitigen trost undt consolation[286] der lieben underthanen besetzt halten kein dergleichen misshandtlung mit mord und brandt gegen unschuldig wibspersohn mehr undernemmen und in gottes nahmen den ausgang dises kriegs mit gedult erwarten wollen. Wann aber wider alles verhoffen in dem alten unwesen undt ohngehorsame des unverantworlichen hinweglaufens undt verlassung der posten sollte continuert[287] werden, wollen wir nit verhalten[288] dass wir mither Zeit die landtgemeindt erkatnuss an den so halsstarrigen ungehorsammen flüchtlingen ernstlich zuo exerciren mit allem ernst trachten werden.

21. Brief von Anton Leodegar Keller an seinen Vater Jakob Leopold Keller.

- ORT/ZEITPUNKT:
  HOCHDORF, 25. JULI 1712

- QUELLE:
  ANZEIGER FÜR SCHWEIZERISCHE GESCHICHTE, VOL. 7 (1897), S. 232 FF.

Monsieur, tres cher er tres honnore Pere.

Ich bin nit im stand von heutiger schlacht ein relation zu schreiben, hab auch niemand dem sie dictieren könte.

Wir haben die Berner hinder den hegen, da sie mit aufgelegten rohren vf dem Boden lagen hervor geiagt, hernach ihre völlige armée so auf dem feld in Battaglia stunde, vnd zu gleicher zeith die in zwey rebberglin liegende ettlich hundert man angegriffen, aus den reben veriagt, die armee vor vns hehr geiagt wie ein herd schaff, also dass wohl sagen kan, dass wan wir ein paar 100 reüter gehabt hetten, wir sie alle in stukhen zerhauwen hetten. Indessen marchierte dise geschlagene getriebene armee gegen die höche, dahero von der verfolgung nachgelassen, vnd gesucht diese hoche, namlich ein waldlin bey einem rebberg zu gewinnen. So wir auch erhielten, aber das volkh dort nit behalten könten, weil es wegen vilen herum geflogenen Kuglen haltthun, vnd wolte grad hinauf höcher oder rukhwertss höcher, Biss entlich der feind sich resoluiert dorten yns anzugreifen, da wir entlich ein theil zu samen gebracht, so sich neben vns in gegenwarth vnd Beysin Herr Schultheissen ein zeit lang gewehret, hernach zu fliehen anfangte, vnd weil von meiner Corps ohngefehr auch diser vrsache, habe ich sie gehalten, ersehend aber eine andre sach, hab nachgeeylet, aber mein lebtag nichts spottlicheres gesehen, als das der stattfahnen Trager gethan;[289] weil ich disem nacheyle verlauft sich das Volkh völlig, also dass bey meiner rukhkehr alles weichend angetroffen, vnd die fahnen die letste; Ersiche anbey dass der Knutwihler fahnen Trager so fett ist, stark ermüdet war vnd kaum mehr schnauffen kunte, gantz allein der letste, reite ihm deshalben in alless feüwr zu, nim den fahnen aus seinen handen, Trage ihn glüklich zum Volkh, gib ihn einem wachtmeister von Knutwihl, wende mein pferd vm das Volkh anufzuhalten, das es nit weiters fliehe. Da kombt mir ein Bernerische Zukhererbs in ruggen, doch ohne Verlezung des Rukhgrats. Weil bisher noch reiten können. Zu Villmergen liesse mir, weis nit was, durch ein feldscherer, so eines fingers lang in rukhen stossen; ritte forth vnd kame um 10 Vhr hieher. Das Vbrig mit gelegenheit; andere marques, rencontres, Angriff der Länder vf dem rechten flügell, da sie gleich geflohen, hab nit zeit zu erzehlen. Bitte so bald möglich vm ein lettiere, dan morgens kaum in stand sein wird (auf) das pferd zu steigen. heut weil die wunden warm hat es sich noch thun lassen.

Widerum auf die schlacht zu kommen, mahnte ich immer sehr viel, vnd andere officier das Volkh nach, aber mehrtheil vergeben; die von Ländern, so vns zugeloffen, giengen forth; die Vnserigen stunden still, giengen noch hinder sich, noch für sich, sonsten kein worth; wie es aus gefallen. Leider glaub alles verlohren; denn in der nacht alles im heimgehen angetroffen; glaube mit den Herrn Brigadiers; Herr von Sonnenberg in der achsell starkh Blessiert; sie werden ralliren vnd einigen posto fassen können. Herr stukhhaubtman Keller, so gmach ist, ist zu geschwind gewesen mit den stukhen zu eylen. Indessen in dem durchreiten hab in Villmergen doch die Feldschlangen vf dem Boden liegend ohne laueten gesehen. Weis nit wie, noch warum. Wo mein Bruder,[290] herr Schultheis Schwyzer, herr Stattschreiber, Herr Bur[291] hinkommen, weis ich nit. Herr vnderzeughherr soll todt sein;[292] Herr Oberst Flekenstein wo nit todt in agonia, Tschupp blessiert, Jakob Bircher durchstochen. Herr Feld Caplan Hr. Dominic Plum am linkhen arm durchschossen. Förchte, dass die wunden nit gar leicht zu curieren; hiesiger Balbierer wird sie bäldigst besehen. Der frau mutter mein Gehorsam Kindtlichen respect vnd verbleibe

Mon tres Honnore Pere
Hochdorf den 25ten July 1712.
votre Tres obeissant fils
A. L. Keller.[293]

22. Gründliche Vorstellung / Auff was Weise die Friedens-Handlung zu Arau abgebrochen / und hingegen der Krieg in der Eydgnossschafft wieder auff ein Neues ist angefangen worden. Nebest einer Eigentlichen Beschreibung der den 25. Julii 1712. zwischen denen Berneren und den fünff Catholischen Orthen Lucern / Ury / Schweitz / Underwalden und Zug vorgangenen Villmerger-Schlacht / Darinn Di Bernische Armee durch Göttlichen Beystand nicht allein einen völligen Sieg über gedachter Orthen Völker erhalten / sondern auch Stuck[294] / Fähnen / Bagasche[295] / Munition und anders eroberet / wie es die darbey befindliche Verzeichnuss ausweisen thut.

■ Ort / Zeitpunkt:
Juli 1712

■ Quelle:
Zentralbibliothek Bern
Rar fol 1:41

<u>Gründliche Vorstellung, auff was Weise die Friedens-Handlung zu Arau ist abgebrochen, und hingegen der Krieg in der Eydgnossschafft wieder angefangen worden.</u>

Wiewol man eine zeithero der guten Hoffnung leben thäte, es wurde der liebe Frieden und ruhestand in unserem werthen Vatterland bäldest herstellet werden und ferneres Blutvergiessen unter den Eyds-Genossen vermitten bleiben, so lehret uns nunmehro die läydige Erfahrung, dass nicht nur ale friedliche Handlungen sich zerschlagen, sondern der Krieg mit grösserer macht als zuvor in der Eydgnossschafft fortgeführt wird. Es wäre aber die geschöpffte Fridens-Hoffnung nicht ohne Grund. Dann nachdeme die herren Ehren-gesandten etwelcher Loblicher Ohnpartheyischer Orthen immerhin besorgfältiger waren, wie die Widerharstellung eines ehrlichen, billichen und beständigen Friedens zum Stand gebracht werden möchte, haben selbige eine nochmalige allgemeine Tagsatzung[296] nacher Arburg und Olten angesehen, und nachgehends umb mehrer Kömmlichkeit[297] willen gemeinsamlich die Mahlstatt[298] nacher Arau zu verlegen gutbefunden, auch alldorten die Friedens-Handlung in sechs Wochen lang fortgesetzet, allen beschehenen Friedens-Vorschlägen geneigtes Gehör gegeben, und von Seithen beyder Hohen Ständen Zürich und Bern alles zumuthliche beygetragen worden, was immer einen guten und billichen Frieden hätte befürderen mögen, so seind endlichen di Sachen, durch ohnablässigen Fleiss, vielfaltige Sorg und Bemühun wohlermeldter Herren Gesandten, dahin gerathen, dass nach beschehenen verschiedenen Vor- und Gegen-Vorstellungen die Herren Gesandte Loblicher Interessierter Orthen über sich genommen, die entworffenen Friedens-Puncten ihren Herren und oberen zu beliebiger Genehmhaltung zu hinderbringen, und auff angesetzte Zeit sich samptlichen in Arau wieder einzufinden: Indeme aber von Seithen Underwalden die Friedens-Vorschläg durch eingesendte Schreiben rund und gäntzlich ausgeschlagen, Schweitz und Zug dann sonsten stillschweigend zurück blieben, als hatten die herren Gesandten der Loblichen Standen Zürich und Bern an einem: Denn Lutzern und Ury am andern Theil; Krafft von ihrem allseithigen Herren und Oberen erhaltenen G'wälten und Befelchen dero Genehmhaltung beabredeter Artickeln gegen einanderen eröffnet, folglichen solche in ein Friedens-Instrument verfassen lassen, allseitig dasselbe Montags den 18. Heumonat[299] in Gottes namen beliebet, mit Eigenhändigen Underschriften versehen, besieglet, darvon dann jedem Theil ein Doppel würcklichen zu Handen gestellt, und dessen Innhalt von den beyden Lobl. Ständen Zürich und Bern gutgeheissen und bekräfftiget worden; Allermassen bey so gestalten Sachen Dieselben auf solch vollführte Friedens-Handlung sich verlassen, und sonderlich da die Herren Gesandten von Lutzern und ury noch bey Beschluss derselben, und seithero so offt und viel mit ungemeinem harten Betheurungen, als vor Gottes Angesicht, bezeuget, dass es Ihrerseits dissfahls ehrlich und redlich zum Frieden gemeint, auch andere Gedanken darvon nicht fassen können.

Es hat sich aber wider all besseres Zutrauen, läyder! Begeben, dass eben in der Zeit, da den 19. des besagten Heumonats zu mehrerem Bestand dieses Friedens-Instruments von denen Hohen G'wälten der Orthen Lutzern und Ury, dessen Oberkeitliche Besiglung aussgebracht werden sollen, nicht allein auss der Statt Luzern an vollem Tage verschiedene Stuck und zugehörige Munition ab- und dem Feind zu Behelff wider die beyden Vorderen Ständ zugefähret worden, sondern auch selbigen Tags in Lutzernischen Landen der Lands-Sturm ergangen, viel volck zusammen gezogen, und des morndrigen Tags, als den 20. dito, mit denen Feindlichen Völckern von Schweitz, Underwalden und Zug, welche den abgeredten billichen Frieden anzunehmen geweigeret, sich vereinet, worben sich auch eint- und andere Lutzernische ansehenliche Stands-Persohnen, Hohe und andere Officierer selbsten mit einbefunden, und das bey der sogenannten Seiffer-Bruck gestandens Bernisches Detaschement von ohngefehr vierzehenhundert Mann, anch solch geschlossenem Frieden unversehens durch eine Macht biss in sechs tausend Mann, darunter auch Urnische Angehörige sich befunden, überfallen, in gedachter beyder Hohen Ständen Lande eingedrungen und geplündert, so dass, nachdeme durch hertzhafften Widerstand Dero Völcker dem Feind der weit mehrerer Verlurst zugefügt, sich diese in guter Ordnung umb etwas zurück gezogen, hiemit der Krieg von denen Fünf bemelten Catholischen Orthen auffs Neue angefangen worden.

So hat hier auff den 24. Heumon. E.E.W.W. Grosse Rahts-Versammlung in Bern einen nachdrucklichen Entschluss abgefasset, auch selbigen Männiglich durch ein gedrucktes Aussschreiben (worauss dieser Bericht meistentheils herkommet) folgenden Innhalts kund gemachet: Dass weilen diese auff Lutzernischer und Urnischer Seithen erscheinende Treulosigkeit, unwahrhafftes Vorgeben und Verrätherisches Verfahren, eine Raachschreyende, unverantwortliche, und fürnemmlich unter Eydgnossen allerdings unerhörte That, mithin wann Trew und Glauben unter solchen nicht mehr Platz finden solle, dass mit denselben ferners nicht zu handlen seye; Anbey alle ihre burgere und underthanen, Officierer und Soldaten kräfftigst ermahnend, dass gleichwie Sie an Sorgfalt, kostbaren Anstalten Mühe und Arbeit nichts ermanglen lassen wollten, was immer die anscheinende Gefahr von dem Lieben Vatterland abwenden, und dessen fürtere Wohlfahrer besteiffen möchte, also auch dieselbige in besten Treuwen behülfflich seyn würden, diese schwartze und Trewlose Verfahrnuss gebührender massen zu rächen, und zugleich tapffer und hertzhafft die von Ihren lieben Vor-Vorderen theurerworbene Geist und leibliche Freyheiten, Land und Leuthe under Göttlichem Gnaden-Beystand kräfftigst zu schützen, und von allem feindlichen Gewalt befreyen zu helffen; Massen Sie hierdurch vor GOTT und der gantzen Ehrbaren Welt bezeugen thund, dass Sie an dem etwan mehrers entstehenden Unheil und Schaden gantz keine Schuld tragen, sondern ihre Kriegsübungen Ihnen abgetrungen, und also denen Trewlosen Ursächeren alles daher Erfolgende zu verantworten überlassen werden.

<u>Die Eigentliche Beschreibung des blutigen Treffens bey Villmergen, Geschehen an St. Jacobs Tag, den 25. Heumonat 1712. Auss dem Läger bei Villmergen.</u>

Den 25. dieses Monats, als an St. Jacobs Tag, fienge man an Morgens umb halber acht biss zehen Uhr gegen dem Feind zu Canonieren, welcher unsere Vor-Truppen angreiffen wollen, wesswegen wir Uns ein wenig lincks gewendet, umb ein Theil der Feindlichen Armee, als welche uns auff

der Seithen gegen dem Holtz, bey dem Fluss Bünse auch anzugreifen getrachtet, zu observieren. Indem wir also beschäfftiget gewesen, und alle nöthige Anstalten vorgekehret, die zu einem hertzhafften Wiederstand uns Angriff erforderlich waren, kamen die Feinde auch rechts ab dem Hügel, darauff sie sehr vortheilhafftig postiert waren, gegen Ammetschweil in solcher Weiss herunder, dass wir ihnen gleich entgegen und im Gesicht gestanden, also wir uns genöthiget befanden, unsere Armee in der Form eines Triangels[300] in Schlacht Ordnung zu stellen. Ehe nun solches völlig geschehen ware, wurden wir von denen feindlichen Völckeren an drey unterschiedlichen Orthen so grimmig angegriffen, dass unsere Truppen alle ihre Kräfften anwenden müssten, den Feind an allen Orthen abzutreiben, welches doch in die Länge schier nicht möglich gewesen, sintemalen[301] die Feinde nicht nur an Macht uns weit überlegen, sondern auch auff dem bequemsten Erdreich ranschiert[302] waren, und den besagten Hügel und das daran stossende Holtz gleichsam zur Bedeckung hatten. Man fochte also beyderseiths sehr ernstlich und ohne Entscheid von 10. Uhren des Morgens biss auf den Abend umb 4. Uhr, zu welcher Zeit dann wir uns auss gutem Bedacht ein wenig zuruck gezogen, umb den Feind auss seinem Vortheil recht auff die Ebne zu locken; Da nun selbiger nach Wunsch avanciert[303], und wir zugleich mit einigen Compagnien Dragonern[304] von unseren Generalen und Obristen zu einem neuen Angriff tapffer angefrischet wurden, ist es zu einem solchen blutigen Gefecht kommen, dass endlichen nach gar kurtzer Zeit die Feinde mit grossem Verlurst und Hinderlassung etlicher Stucken das Schlachtfeld raumen, und sich mit der Flucht salvieren[305] müssen; dene wir zwar auff allen Seithen verfolgt, und noch viel niedergesäbelt und in das Wasser gesprengt, aber uns bey angehender Nacht zusammen gezogen, und nicht weit von der Wahlstatt[306] übernachtet.

Bey dieser Action haben wir auffs meiste 200. Mann Todte bekommen, under welchen auch nachfolgende Ehren-Persohnen begriffen sind:

Hr. General-Quartiermeister Tscharner.

Hr. von Feschi, Oberster über ein Bataillon.

Hr. Metral, Oberster über ein Bataillon.

Hr. Hauptmann Jenner, Dragoner-Hauptmann.

Hr. Lieutenant Langin, sampt etlichen anderen.

Blessierte[307] haben wir gegen 300. bekommen, worunter:

Hr. General Diessbach, welchem der lincke Arm zerquetscht.

Hr. General Saquonnè, ein wenig under der lincken Achslen verwundt.

Hr. Percher, an der lincken Schulter.

Hr. Stürler, am Kopff.

Die Hrn. Marette, Brellas, Bourgois, d'Opays, Mondis, und Obrist-Lieutenant Collonel, wurden am Hals verletzt.

Der Feinden sind wenigstens 2000. Todte auff der Wahlstatt geblieben, auch 5. bis 600. in obgedachtem Fluss Bünse ertruncken. Unter den Todten sind fürnehmstens:

Hr. Brigadier Pfeiffer von Lucern.

Hr. Schultheiss Schweitzers Sohn, auch von Lucern.

Hr. Crivelli von Ury, sampft vielen anderen vornehmen Officiereren, deren Nahmen uns noch zur Zeit nit bekandt sind.

Zu Villmergen haben die Feinde 300. Blessierte als Gefangene neben 40. Gesunden zuruck gelassen, welche man auch zu Kriegs-Gefangenen angenommen, und nacher Lentzburg geführt.

Unter diesen Letsteren befinden sich:
Hr. Major Fehr von Bütisholtz.
Hr. Hauptmann zur Gilgen.
Hr. Haupftmann Felgwer, von Underwalden.
Hr. Lieut. Arnold von Spiringen, von Ury.

Wir haben auch in diesem Treffen 3. Lucerner- 2. Zuger- 1. Urner- und 1. Underwaldner-Stuck nebst einer Feldschlangen[308] erobert, sampt dem so verrühmten Lands-Horn von Ury, mit seinem anhandenden Fahnen, von grossem Werth, welches alsobald nacher Bern gesendet worden. Uber dieses bekamen wir auch 8. Fähnen (darunter der Statt-Fahnen von Schweitz seyn solle) 5. Wägen mit Munition und Proviant, sampt aller Bagasche. Mit einem Wort, wir haben durch Gottes Beystand einen völligen Sieg erhalten.

Nach getreuer Aussag der gefangenen Feindlichen Officiers bestuhnde ihre Armee auss 18000 Mann, ohne die 2000. Frey-Aemptler, welche zu ihnen gestossen; Wir hingegen sind nur 9000. Mann starck gewesen. Alle die Unserigen waren, wie gesagt, durch die Gegenwart und Tapfferkeit Hrn. General Rahtsherr Frischings (worüber man sich wegen seines hohen Alters nicht wenig zu verwundern gehabt) und übriger Herren Officiers also tapffer und Heldenmüthig angefrischet[309] worden, dass ein Jeder gutwillig und mit Freuden sein Leben für die Ruh und Wohlfahrt des Vatterlands gewaget.

Die Dragoner an dem Feindlichen lincken Flügel hatten auch Wunder verübt, dann nachdem selbige von den Unserigen nach einer hartnäckigen Gegenwehr zuruck getrieben und in Confusion[310] gebracht worden, wurde der beste Theil von denselben in die Pfannen gehawen, ohne dass man einem eintzigen Quartier gegeben hätte. Solcher gestalten sind die trotzigen Feinde gäntzlich zerstrewet worden, und haben uns weit über das Schlachtfeld hinauss Raum lassen müssen.

Man sagt, die Feinde versammlen sich wiederumb bey Aesch, ob dem Hallwyller-See, welches nur 3. Stund von unserem Läger ist. Wir erwarten auffs längste biss Morgen die nothwendigen Kriegs- und Lebens-Mittel, sampt einem Zusatz von 5. biss 6000. Mann frischer Völckeren.

Hiemit hat uns der starcke GOTT ein heilsam und erfreuliches Mittel beschehret, dass wir den vor mehr als fünfftzig Jahren, an eben diesem Orth bey Villmergen, erlittenen Schaden[311], an unseren Feinden erholen, und die uns desswegen zugefügte Schmach ihnen wieder anheim stellen können.

23. Umständliche Relation der nahmhafften Schlacht und Blutigen Treffens / so auf Jacobs Tag den 25. Julij 1712 bey Villmergen vorgangen / zwischen der Armee Loblichen Stands Bern / under Commando der Hochg. Herren Venner Frisching / Herren zu Rümlingen / und Feld-Kriegs-Rath-Präsidenten / Hrn. Generalen von Diessbach / Und Herren General Lieutenant von Sacconay. Und der Armee der fünff alt Catholischen Orten / Lucern / Uri / Schweitz / Underwalden und Zug / under Anführung /

Hrn. Schultheissen Schweitzers von Lucern / Herr zu Buchenas als General / Herren Brigadiers Pfeiffer und Sonnenberg als General Lieutenanten.

- ORT/ZEITPUNKT:
  25. JULI 1712

- QUELLE:
  ZENTRALBIBLIOTHEK BERN,
  H XLIX 337:20

Der namhaffte und vollkommene Sieg, welchen uns der liebe Gott gestern verliehen, ist eine allzunachdenckliche und merckwürdige Begebenheit, dass ich underlassen sollte dem günstigen Leser, eine so genaue Erzehlung davon abzustatten, als ein Augen- und Ohren-Zeuge wie ich gewesen, thun kan. Solche Erzehlung recht anzugreiffen, muss ich sie von dem unglücklichen Gefecht be Seiss[312] her holen, weilen dasselbe fürnehmlich Ursach gewesen, dass wir das Feld-Lager zu Muri auffgehebt, und bey Villmergen und Wohlen geschlagen, wo wir in beständigem Allarm gestanden, weilen die Feinde von der Zeit an, da wir bey Seiss weichen müssen, ihre gantze Macht zusammen gezogen, uns auss dem Frey-Amt zu verjagen; Worzu sie fürnemlich durch Abschneidung der Zufuhr zu gelangen gedachten, und derowegen beständig auff den Hügeln um unser Lager herum streichen, ohne sich auff die Ebne zu wagen. Diese Bewegung dess Feindes gabe unser Generalität Anlass auff ein neues auffzubrechen, dess Vorhabens das alte Lager auff dem Meyen-Grüen zubeziehen. Man sendete also die Bagages samt den Stucken vorauss under genugsamer Escorte, und folgete die Armee in Schlacht-Ordnung biss nahe bey Villmergen nach, wo sie durch einen engen Pass zu marschieren hatte, und zwar im Gesicht der feindlichen Armee, welche sich doch nit beweget, biss dass unser Vortrab, und das Corps de Bataille oder der mittlere Gewalt-Hauffen bereits passiert war, da fiengen sie an auss zwey Stucken auff unsere Arriere Garde[313] oder Nachtrab zu feuren, doch ohne sonderlichen Schaden, obwohlen wir gantz bloss auff einem Hügel, so den obgemeldten engen Pass machte, stuhnden. Indessen marschierte der Feind hinder dieser Batterie in zween Reyen oder Colomnes dem Dorff Villmergen zu, so in der Tieffe ligt: Wir hatten aber gut befunden, so bald einiche von unsern Völckeren daselbst angelangt waren, mit einem Batallion drey oder vier enge Wege, durch welche der Feind an uns kommen könnte, zu besetzen, und also kam under Bedeckung dieses Batallions der gantze Nachtrab samt den Dragonern auch glücklich durch das Dorff: Endlich gabe man auch dem Bataillon Ordre nachzufolgen, welches es dann glücklich, und ohne Verlurst eines einigen Manns gethan. Also waren wir nun GottLob glücklich auss der Enge entrunnen, und marschierten durch ein schöne Ebene in guter Schlacht-Ordnung allgemach auff Meyen-Grüen zu. Wir waren aber kaum 5. oder 600. Schritt weit kommen, da uns der Feind, als sich die Ebne erweiterte, hart nachsetzte, und uns auss vier Stucken einiche Schüsse vorher schickte, so uns ungefehr ein halb dotzet Mann darnieder legten. Wie wir nun sahen dass es ihme so Ernst ware, schwungen wir auch rechts um, und kehrten ihme das Gesicht, gaben auch zugleich ein Salbe auss acht stucken, welches seine Schlacht-Ordnung ein wenig trennete. Es mochte dieses erste feindliche Corpus, dass so hart an uns ware, ohngefehr 6. biss 7000. starck seyn, und unsere Armee 8 biss 9000. Als man hierauff beyderseits noch einiche Canon-Schüsse gethan, sahen wir die Feinde auff eine sehr anständige Art, in einem Wald gegen uns anziehen, welches unserer Generalität Anlass geben ein gleiches zu befehlen, und da man nun auff achtzig Schritt nahe bey einander war, gaben die unserigen ein Salve so dem Feind viel Volck darnieder legte; Er antwortete seiner-seits alsobald, ohne jemand von den unserigen zu tödten oder zu verwunden: Da die unserigen den Feind durch ein verstellte Retirade auss dem Wald lockten, aber mit Zuthun unserer Dragonern wider hefftig an sie setzten, fienge der Feind an, uns den Rucken zu kehren, und wir ihn hitzig in dem Wald zu verfolgen, wo er einen sehr grossen und tieffen Weyer vor sich fand, in welchen sich viel der Feinden auss Verzweifflung sturtzten, noch mehr aber in einen weiters abgelegenen und von dem Regen angeloffenen grossen Bach, darinnen die Menge ertruncken. Der Leser mercke hier, dass sich diss allein auff unserem lincken Flügel begeben, dann der rechte beschäfftiget war ein anders eben so starckes Corpus der Feinden zu empfangen, als das erste gewesen, welches etwas zu spaht kommen, um zu gleicher Zeit mit dem ersten anzugreiffen. In dem wir also unser-seits den Feind verfolgeten, empfiengen wir einen Expressen von dem Hrn. General Sacconay, seinen Leuthen zu Hilff zukommen, welche sich von denen ab den Bergen auff sie anfallenden Feinden sehr hart gedrängt befanden; Hier fande unsere Generalität gut sich ein wenig zurück zuziehen, weilen die Gelegeneheit dess Erdreichs uns allzunachtheilig war; Indessen underliesse sie nicht die Völcker mit Worten und Wercken anzufrischen, und muss man hier insonderheit mit Ruhm Mshhrn. Venner Frischings gedencken, welchen man ueachtet seines hohen Alters, Mit welchem er dem König von Franckreich gleich kommet, Tag und Nacht hin und her gallopierend gesehen, die eint und anderen mit der Hand anführen, und gehört durch diese kurtze oaber bewegliche Red anfrischen: Lustig, meine Freunde, fasset gut Hertz: Verlasset mich nicht, ich wil euch nicht verlassen: Wir wollen bey einander leben und sterben. Auch muss man mit Warheit sagen, dass nächst Gott diesem Helden der Sieg zuzuschreiben; Dann auff seinen Antrieb, gaben unsere Soldaten so getrost Feuer under die Feinde, dass sie es nimmermehr ausszuhalten vermochten, biss ihr drittes Corpus, so wir von Sarmenstorff her anmarschieren sahen, zu ihnen gestossen. Dieses Corpus traff underwegens auff den nächsten Höhen auff unsere dorthin postierten Batallions, welche es gezwungen um einen Wald zuziehen, zu den Seinigen auff der Ebne zu gelangen, es wurde aber auch hier dermassen empfangen, dass es sich samt denen, mit welchen wir vorher im Gefecht gewesen, in den nächstgelegenen Wald zu werffen gezwungen ward, auss welchem sie samtlich ein hefftiges Feuer machten, also dass hier eigentlich das vierte und blutigste Gefecht vorgieng. Dann so hartnäckig wir ihn angriffen, so hartnäckig wehrete er sich auch, biss endlich zwey Compagnien den Hag durchbrochen, den Feind hertzhafft verjagt und verfolget, also dass er gäntzlich zerstreuet, und mit dem Degen in der Faust eine halbe Stunde weit verfolget worden. Bey der ersten Action nahme man ihnen vier Stuck, und hernach noch drey. Man eroberte auch acht Fahnen, zwey Urnerische Feld-Hörner mit Silber beschlagen, samt dem Kleid eines Hornbläsers und etlich hundert gefangenen. Seithero hat der Feind Bauren geschickt seine Todten zu begraben, welche sich über 2000. auff der Wahlstatt befunden, ohne die in der Büntz ersoffenen, so bey 14. bis 1500. belauffe. Unserseits zehlet man 206. Todte, und 401. Verwundte. Under diesen letsten sich auch Hr. General von Diessbach, welcher einen Schuss in dem lincken Arm; Und Hr. General von Sacconay, welcher mit zwey Kugeln durch die lincke Achsel geschossen ist, Hr. Hauptmann Stürler hat drey geringe Wunden an dem Haupt, an dem Arm und an dem Schenckel; Welche er empfangen, in dem er sich gewaget Hr. General von Diessbach das Leben zu retten; Welcher ihme dessen selbsten vor der samtlichen Generalität mit folgenden Worten Zeugnuss geben: ich habe die Freyheit und das Leben Herren Stürler zu dancken, der hat mich aus den Händen der Feinden errettet, indem er sich selbsten und sein eygenes Leben in Gefahr begeben. Betreffend die Stärcke unserer Armee, so ist selbige vor diesem Treffen bestandenin ohngefehr 8500. Mann, nunmehr aber haben wir nicht über 7000. Mann zum fechten geschickt, weilen ein guter Theil unserer Soldaten in dem Treffen ihre Rohr eintweders zersprengt oder verlohren. Dess Feindes Armee ist 18000. Mann starck gewesen, lauth Aussag dess Trommelschlägers, so durch Hr. Schuldtheiss Schweitzer von Lucern als Generalissimus hergesandt, die Erlaubnuss zu Begräbnuss der Todten zu erlangen.

Diese Schlacht ist geschehen an eben dem Ort, da wir vor 56. Jahren gegen denen von Lucern den Kürtzern gezogen. Diese Scharten aber dissmahlen wohl zehenfältig aussgewetzt worden, durch welche schmertzhaffte Niderlag der Feinden, Gott der Herr sie, wegen an uns verübten Bund- und Friedens-Bruch, härtiglich abstraffen wollen.

Dann diese Treulosigkeit ist so schwartz, dass man nicht zweiffelt es werde die gantze ehrbare Welt einen Abscheu darvor tragen, gleichwie sie hingegen durch die Conduite Lobl. Ständen Zürich und Bern erbauet seyn soll, als die lieber ihre Land und Leuth darauff setzen, dann ihre Hülff so augenscheinlich undertruckten Leuthen wie die Toggenburgen waren, versagen wollen. Einiche Brieffe melden dass von den Feinden biss 3000. auff der Wahlstatt geblieben, welches dann auch wahrscheinlich genug ist, weilen man schwerlich jemahls ein gleiches Metzgen wird gesehen haben als dieses ware, nach deme wir es einmahl recht angefangen. Der gefangenen sind nicht viel über 500. weilen in der Hitze des Gefechts niemand Quartier gegeben worden. Die Anzahl deren so in obgemeldtem Bach ertruncken, setzet man auff 1400. under welchen sich underschiedliche vornemme Officiers befunden, auff welchen unsere weltsche Soldaten viel Gold, Uhren und kostbahre Ringen erbeutet, samt einem Horn Blaser mit seinem Harschhorn so schöner seyn soll als das erstere, deme man sein Waaffen- oder Liberey-Röcklein aussgezogen, so man auch dem ersten auff Bern nachschicken wird. An diese Harschhörner hatte der gemeine Mann einen sonderlichen Glauben, und Krieges-Andacht, wie die Türcken an ihren Ross Schweiff, etc. Darbey dann merckwürdig ist, dass dieses Heiligthum in einem Bach versuncken, durch welchen unsere Leuthe vor ein paar Tagen gleichsam trockenes Fusses gegangen. Seith obigem verringert sich die Anzahl unser Todten anstatt sich zu vermehren; Und hat man gute Hoffnung, dass von den Verwundten wenigstens der halbe Theil auffkommen werden, weilen sie flissig verpfleget sind, da hingegen dieser Vortheil unsern Feinden auch abgehet.

Man hat in den Kleidern einicher vornemmen Officieren, so von dess Feindes Seiten auff der Wahlstatt geblieben, Brieffe funden, die Augenscheinlich zeigen, dass alle von ihnen geführte Friedens-Handlung ein eiteles Blend-Werck gewesen.

Hr. Hauptmann Lutz, so der Hohen Oberkeit zu Bern die erfreuliche Zeitung dieses Kriegs samt dem ersten Urner-Horn überbracht, hat von derselbigen einen guldenen Denck-Pfenning an einer Guldenen Ketten, sammethafft 200. Duplonen werth, zur Verehrung bekommen.

Hr. Schultheiss Schweitzer hat durch einen Trommel-Schläger Herren Venner Frisching die gefangene und Verwundte anbefehlen, und darbei vermelden lassen, er nemme ihre Niederlag mit Gedult an, und haben sie ihrerseits die Dapfferkeit unserer Trouppen, gleich wie wir der Ihrigen erfahren.

Die Nacht dess 25. lage die Armee auff der Wahlstatt still. Den 26. postierte sie sich ein wenig anderst, mit dem rechten Flügel auff Villmergen und dem Lincken auff Hendschicken stossend; Wo sie der Verstärckung erwarten wird, die sie nöhtig hat ihren Sieg zu verfolgen.

Alle unsere Todte Officiers liegen zu Lentzburg begraben.

Belauffet sich nach der von der Generalität an den Hohen Stand eingesandten Verzeichnus die Zahl unsrer Todt- und Blessirten wenig über 600. Mann, darunder jedoch zimlich viel Hohe und Niedere Officierer, die nicht gnug zubedauren. Da hingegen der Feind nach eingeloffenen sicheren Schreiben, in die 6000 Todte, Blessierte und Gefangene, und dabey seine meist und beste Officierer verlohren.

Folget die Verzeichnus der todt- und verwundten Bernerischen Officiereren und Soldaten.

Todte.
Hr. General-Quartier-Meister Tscharner.
Hr. Dragoner-Hauptmann Jenner.
Hr. Hauptmann von Pailli.
Hr. Hauptmann und Major von Fechi.
Hr. Hauptmann Metral.
Hr. Capitain Lieutenant Demiere.
Hr. Lieutenant Langin.
3. Andere, deren Nahmen unbekant.
5. Wachtmeister.
191. Soldaten.

Blessierte.
Hr. General von Diessbach, den lincken Arm und beym Ellbogen entzwey geschossen.
Hr. General Lieut. von Sacconnay, ist mit 2en Schussen an der lincken Schulter gequetschet; hat jedoch das Schulter-Blatt nicht gespalten.
Hr. Oberst Lieut. d'Arnex.
Hr. Hauptmann von Bercher.
Hr. Hauptmann Stürler.
Hr. Marel.
Hr. Prelat.
Hr. Bourgeois.
Hr. Lieut. Estopai.
Hr. Morsier.
3. andere Officirer, deren Namen unbekant.
5. Wachtmeister.
383. Soldaten.

Verzeichnis der feindlichen auf der Wahlstatt gelegenen Todten.
Hr. Brigadier Pfeiffer.
Hr. Oberst Fleckenstein.
Hr. Venner Fleckensteins Sohn.
Hr. Schultheiss Schweitzers Sohn, Lieutenant in der Königl. Frantzösis. Leibwacht. 2.

Hrn. Balthasar, beyde von Lucern.
Hrn. Obrist Redings von Lucern ältester Bruder.
Hr. Obrist Crivelli von Ury, gewesener Comandant zu Baden und verschiedene andere Ober-Officierer mehr.
3. Capuciner.
Uber 2000. Under-Officierer und Soldaten, darunter der erste Urnerische Hornblaser.

In dem Büntz-Bach und Weyer ertrunckene Feind.
Viel vornemme unbekante Officierer, darunter einer mit einem Scharlachenen mit guldenen Schnühren dick besetzten Rock angethan ware, bey welchem ein Welscher Soldat 34. zwofache Italiänische Dublonen, samt einer guldenen Sack-Uhr und kostbahren Diamant-Ring gefunden und erbeutet. Ein anderer aber gleich gekleideter Officierer 52. Italiänische Dublonen, samt anderen Köstlichkeiten auff sich gehabt.
Der zweite mit einem gelb und schwartzen Leib-Röckli angethane Horn-Blaser von Uri.
Uber 1000. Under-Officierer und gemeine Soldaten, meistens so genannte Ländler von Uri, Schweitz, Underwalden und Zug, darunter fast keiner ware, der nicht etliche Italiänische Dublonen bey sich gehabt.

In der Schlacht gefangene.
Hr. Major Fehr. Hr. Hauptmann zur Gilgen, beyde von Lucern.
Hr. Hauptmann Zelger von Underwalden.
Hr. Arnold von Spiringen, Urnerischer Landschreiber.

Verzeichnis der Todten und Verwundten Bernerischen Officiereren und Soldaten

	Todte				Blessirte			
	Hauptl.	Lieut.	Wachtm.	Sold.	Hauptl.	Lieut.	Wachtm.	Sold.
Dragoner Regiment	1. Jenner			11.				7.
Brigade Tscharner				49.	1. Von Halwyl.	1. Villomet.		65.
d'Eclepends.	1. Pally.	1. Langin	2.	29.		1.	1. Morsier	99.
de Regis.	1. Mestral.		2.	40.	2.	4.	4.	90.
Von Mülenen.		2.		21.		2.		71.
Bataillon d'Arnex.				11.	1. L.C. d'Arnex.			13.
Compagnie de Fechy	1. de Fechy	1. Demiere		7.				14.
Regiment de Petit Pierre		2.	1.	23.	1. M. Purij.			24.
Summa.	4.	6.	5.	191.	5.	8.	5.	383.
			Todte Summa	206.			Blessierte Summa	401
				607				

1 Capuciner von Schweitz, samt ohngefehr 40. Soldaten.

Nach der Schlacht hat man zu Villmergen 200. und zu Muri 300. von dem Feind hinderlassene Blessierte gefangen genommen.

Denne hat man vom Feind erobert.

7. Stuck, nemlich 3. von Lucern, darunter 1e. grosse Feld-Schlangen, welche man bey dem Wirthshauss zu Vilmergen vernaglet gefunden. 1 von Ury. 2. von Zug und 1. von Underwalden. 5. Munition-Wägen. 5. Fahnen und 3. Fahnen-Stecken, darunter der von dem abgerissen Panner von Lucern.

24. Aufrichtig und ausführliche Relation des herrlichen Sieges, welchen das bernische Kriegsvolk under dem Commando Herren Venner und Feld-Kriegs-Rath Präsidenten Frisching, Herren Generalen von Diesbach und übrigen Herren der Generalität wider die gesamte Macht der fünff Catholischen alten Orthen auf Jacobi den 25. Juli 1712 bey Vilmergen under göttlichem Gnaden-Beystand erhalten etc.

- ORT/ZEITPUNKT:
  BERN, 1712

- QUELLE:
  OECHSLI, WILHELM. QUELLENBUCH ZUR SCHWEIZERGESCHICHTE. KLEINE AUSGABE. ZWEITE VERMEHRTE UND VERBESSERTE AUFLAGE. ZÜRICH 1918. S. 398 BIS 407.

So bald nun den 25. der Tag anzubrechen beginnet, wurde der General-Marsch geschlagen, und die Armee in Schlacht-Ordnung gestellet. Gegen 5 Uhr geschahe der Aufbruch, um uns aus dem Kaht, darinn unsere Soldaten zwey Tag daher bis an die Knie gestanden und die Stuck und Plunderwägen sehr vertieffet waren, auf festen Grund zu ziehen und entweders das vortheilhaffte Läger zu Meyengrüen einzunemmen oder aber den Feind in das flache Feld zu locken, wohl wüssend, dass wir wegen bey uns habender Reuterey und unserem besser exercierten Volck dem Feind auf freyer Heid so sehr als er uns an der Zahl überlegen. Also wurde die Artillerey und Bagage under gnugsamen Begleit voraus geschicket, und das gantze Heer folgete in schönster Ordnung bis gen Vilmergen nach. Weilen wir aber daselbsten ein schlimmes Defilé und hohle Strass und zwar so zu reden, dem Feind under der Nasen zu passiren hatten und demnach zu beförchten ware, dass der Feind uns in die Arriere-Garde oder Nachhut fallen möchte, so wurden die Hügel und Zugäng mit gnugsamer Mannschaft besetzet. Hierauf passirte die Avant-Garde (Vortrab) und das Grosse des Kriegsheers, ohne dass der Feind sich im geringsten gereget. Als aber die Arriere-Garde und Nachhut den Durchzug nemmen sollte, fienge der Feind an, ob einer Höhe ob Vilmergen sich zu versammlen, auch auss zweyen auf einem gegen uns erhöheten Reb-Bergli gepflantzeten Stucken, aber ohn sonderlichen Schaden, auf uns zu feuren. Und kame darauf in zweyen under Favor diser Stucken formierten Colonnen und Reihen gegen gedachtes in der Tieffe ligendes Dorff hinunter gezogen. Jedennoch konnte er wegen dem auf den Zugängen postirten Battailon die Arrieregarde (Nachhut) nicht entamiren und antasten; gestalten selbige under sothaner[314] Bedeckung das Dorff und Defilé glücklich passieret, darauf auch gedachtes Battaillon in guter Ordnung nachgefolget und also die völlige Armee zwischen 9 à 10 Uhr Vormittag in das ebene Feld aussert Vilmergen mit geringem oder gar keinem Verlust zu stehen kommen.

In allem Anlangen wurde die Armee in dreyen Linien, die erste nächst am Dorff, die zweyte ein Mussqueten-Schuss weiters und die dritte wieder also, in Schlacht-Ordnung gestellet und darauff der Marsch gegen Meyengrün in sothaner Ordnung fortgesetzet. Wie wir nun etwan 5 à 600 Schritt marchiret und einen kleinen Halt gemachet, sahen wir den Feind von Vilmergen aus rechter Seits gegen den Berg marschiren und wurden mit zweyen Stucken, die er in dem Weg, so gegen den Berg gehet, gepflantzet widermalen ohn sonderlichen Schaden von ihme begrüsset, ermangleten auch unsererseits nicht, ihme mit 4 Stucken lustig und nachtrucklich Bescheid zu geben. Weilen aber dieser Platz unsrer Generalität nicht gefallen wollte, so mussten wir in voller Schlacht-Ordnung biss an einen fast über das gantze Feld gehenden Lebhag fortrucken: Allwo wir uns wieder stelleten und auf den gegen den Berg anziehenden Feind 8 Stuck losbrenneten, damit wenig ausrichten mochten und derowegen weiteres fort und biss an unsere Gräntz-March zu rucken beordert wurden.

Inzwischen hatten die Feind, ohne dass wir solches gewahret, sich in zwey Theil gesöndert und mit dem einten Theil unserem rechten Flügel in die Seiten zu gehen, die Höhe des Bergs biss an die unsre Hochwacht eingenommen, mit dem andren Theil aber lincker Seits uns unbewusst in einem Eichwald an einen Ecken des Felds gerucket; woselbsten sie sich gegen unsren lincken Flügel in Schlacht-Ordnung stellten und mit 4 Stucken auf uns wacker feureten, aber fast alles über uns hinaus schossen. Dahingegen unsere 8 Stuck, damit wir unaufhörlich auf sie donnerten, in des Feindes Schlacht-Ordnung nicht geringe Lucken macheten.

Dieses beidseitige Canoniren währete bis gegen 1 Uhr nach Mittag und stuhnde man lang im Zweiffel, ob es auch zu einer Schlacht kommen wurde. Zumahlen wir, wie gesagt, an unseren Gräntzen, die Feinde aber an den Frey-Amt-Marchen postieret waren.

Allein, da einerseits der feindliche, gegen unseren lincken Flügel postirte und von dem lucernischen Hrn. Schultheiss Schweitzer und Hrn. Brigadier Pfeiffer commandirte Hauffe nach allen den oberzehlten massen genommenen Mensuren und gemachten Anstalten in dem Werck begriffen ware, gedachten unsren lincken Flügel anzugreifen; anderseits aber unsre Hrn. Generalen wahrgenommen, dass des Feindes von Hrn. Brigadier Sonnenberg commandirte und rechter Seits auf der Höhe schwebende Corpo, ihren rechten Flügel in Zeiten zu entsetzen, noch allzu weit entfernet ware, da fasseten sie auf den Stutz den Entschluss, ohne ferneren Verzug auf den Feind loszugehen und ihm in der Ehr des Angriffs vorzukommen. Zu welchem Entschluss unsre Generalität desto eher geschritten, da sie gewahret, dass das auf unserem lincken Flügel andringende Corpo die zweyte Linien allbereit passiret und dass demnach, wann man länger wartete, wir von dem Feind gantz umbzogen werden dörfften.

Also gienge unser lincke Flügel zwischen Mittag und 1 Uhren under so klug- als tapfrer Anführung Hrn. General-Quartier-Meister May und Hrn. General-Majoren Manuel in schönster Ordnung auf den Feind muhtig los, welcher solchen mit gleich guter Ordnung gantz trutzig und grimmig entgegen trate. Und wie man etwann bey 100 Schritten auf einander gekommen, da wurden von unserm Volck zuerst die Flinten auf den Feind losgetrucket und dadurch ihme vil Volck gefället. Worauf der Feind uns mit seinem kleinen Geschütz zu antworten nicht underliesse, damit aber nicht einen eintzigen Mann verletzte.

Gleichwolen und weilen unser lincke Flügel von dem feindlichen à 6000 Mann starken Corpo, mit dem es angebunden, weit übermannet und daneben (en front et en flanc) vorwerts und and der Seiten chargiret wurde, so fienge unsre erste Linie ein wenig an zu wancken. Allein es wurde selbige durch die Dragoner alsobalden understützet und zugleich von Hrn. General-Major Manuel nach seiner bekanten Kriegs-Erfahrenheit die Schlacht-Ordnung so geschicklich verändert, dass wir also durch einen gemachten quart de Conversion und Schwenckung dem Feind den Vortheil seiner Stellung entrissen und ihm in beyde Flanquen gekommen. Welches dann, und weilen unsere dergestalten biss an 30, 40 Schritt mit den Bajonetten an den Rohren angeruckte zweyte und dritte Linien durch das hierauf gemachte schröckliche Feur under dem Feind eine grosse Niederlag angerichtet, verursachet, dass nach dem seine Decharge ohne sonderliche Würckung gethan und etwas Stand gehalten, den Rucken zu kehren angefangen. Da dann unsre Trouppes, so bald sie die feindlichen ersten Glieder sich umwenden gesehen, die Infaterey mit den Bajonetten an den Rohren und die Dragoner mit dem Säbel in der Faust under einem entsetzlichen Freuden-Gejauchts mit solcher Wutt auf den Feind eingestürmet, dass sie solchen völlig über einen Hauffen geworffen und mit grosser Blutstürtzung in den Eichwald getrieben. Allwo zwar der Feind hinder einem Haag wieder festen Fuss zu setzten gemeinet und auf unsere nachjagenden Leute ein starckes Feur gemacht; allein es waren unsere Soldaten dergestalten erhitzet, dass sie, ohne solches einmal zu achten den Haag alsofort durchbrochen, den Feind auseinander getrennet, über Hals und Kopf durch den Wald gejaget und deren eine grosse Zahl theils in einem allda befindlichen Weyer, theils aber in den morastigen, durch das lange Regen-Wetter gross angeloffenen oder viel mehr, nach dem sicheren Bericht, von dem Feind (zu unserem zwar angesehenen, aber seinem selbsteignen erfolgten Undergang) selbst aufgeschwellten Büntzer-Bach gesprenget; allwo man selbige theils bis under die Achsel im Morast steckend nidergemachet, theils aber darinn ersticket und ertruncken.

So bald aber die rechter Seits auf der Höhe stehenden Feind den Tantz auf unsrem lincken Flügel angehen und ihren rechten Flügel das Reissauss nemmen sahen, kamen sie mit grosser Eil den Berg hinunder durch Dintigen (allwo sie im Durchmarsch under anderem 7 Persohnen jung und alt in einem Hauss grausamlich ermordet) gezogen und stürmeten mit hefftiger Wutt, ihre Brüder zu retten und zu rächen, auf unseren rechten, von Hrn. General von Diesbach und Hrn. General-Lieutenant Sacconay commandierten Flügel vorwerts und auf der Seiten zu, welcher auch selbigen gantz feurig und unerschrocken entgegen gienge. Das Feur währete allda auf beiden Seiten eine gute halb Stund lang mit gleicher Hefftigkeit, und so lang stuhnde der Sieg in gleichem Gewicht. Allein indeme der Feind in den Höltzeren und hinder den Hägen stuhnde und also über unser unbedecket fechtendes Volck einen grossen Vorteil hatte, fienge endlich unser rechte Flügel an zu wancken. In solchem Zustand waren die Sachen auf unserem rechten Flügel, da wir auf dem lincken Flügel die völlige Victori schon in den Händen zu haben vermeinten. Unsere Soldaten kamen daselbst theils mit den eroberten 4 Stucken und etwelchen Fahnen frohlockend daher gezogen, theils waren noch in Nachsetz- und Nidermetzelung des flüchtigen Feindes, theils aber in Plünder- und Ausziehung der Todten begriffen, und die Officirer, welche das, was erfolget nicht unbillich befahreten, bemüheten sich vergeblich, den theils auf des Feindes Blut allzu erhitzeten, theils auf die Beut allzu erpichten Soldaten auf und in Ordnung zu behalten. Indem kame ein von Hrn. Sacconay abgefertigter Aide-Camp mit der Ordren an, dass unser lincke Flügel dem von dem Feind nothleidenden rechten Flügel zu Hilff kommen sollte; worauff auch die von dem Nachjagen zurück kommene Battaillons zwar dem rechten Flügel zum Succurs gegen den Feind anmarschiret. Allein, weilen der indessen von dem Feind je länger je mehr gedrängte Rechte Flügel auf die ihme zum Succurs aneilenden Battaillons sich zuruckwurffe, die übrigen Battaillons aber, solche zu understützen, noch nicht in Ordnung gestellet waren, zudem auch ein Theil der von dem linken Flügel in die Flucht gejagten und wieder zusamen gezogenen Feinden auf solchen wieder ansetzeten und das ihnen die Stirnen bietende wenig Volk zuruktrieben, als gerieche unser gantzes Kriegs-Heer in etwelche Unordnung und auf die Weich-Seite. Gleichwolen geschahe dieses Zuruckweichen ohne Deroute[315] und Zerstreuung nur Fuss für Fuss und gliche nicht so wol einer ernstlichen Flucht als aber einer Kriegs-List, den Feind aus seinem Vortheil ins freye Feld zu locken. Daher auch der Feind, dem Handel nicht trauend, uns rechtschaffen in den Rucken zu gehen und einzubrechen, es nicht wagen dörffen, sondern nur von ferne mit langsamen Schritten und geschlossenen Glideren, ganz behutsamlich nachgefolget und welches noch mehr ist, sein anfänglich hefftiges Feur nach und nach fast gar erlöschen lassen. Nichts desto minder waren unsre Soldaten weder durch der Hrn. Officireren kräfftiges Muht Einsprechen noch beherztes Exempel so bald nicht dahin zu bewegen, dass sie den Streit wider angetretten und dem Feind das Blaue im Aug gewisen hätten.

Mit einem Wort, es war an dem, des die im Anfang auf unserem lincken Flügel mit solcher Tapferkeit erhaltene schöne Victori uns gleichsam under den Händen entgehen sollte, und hatten die Hrn. Officirer selbst zu einem glücklichen Ausgang nun fast alle Hoffnung verloren. Hr. General von Diesbach und Hr. Gen. Lieut. von Sacconay mussten wegen empfangener schwerer Verwundung sich auf Lentzburg führen lassen. Jkr. General-Lieutenant Quartier-Meister Tscharner hatte, indem er neben Hrn. Brigade-Major Lutz, um etwan ein paar hundert Mann auszusuchen und gegen den Feind anzuführen, sich aus dem Geträng hervorgemacht, einen tödtlichen Schuss empfangen. Und es ware die Armee nun fast biss an den Haag gegen Hendschicken getrieben. Gleichwie nun die Officirer leicht erachteten, dass wo man das Volck diesen Zaun passiren liesse, alsdann die gäntzliche Flucht nicht mehr zu verwehren seyn wurde, so resolvierten sie sich einmühtig, zu Standbringung des Volckes allda alles äusserste vor die Hand zu nemmen und viel eher daselbsten für das Vatterland bis auf den letsten Bluts-Tropffen fechtend zu sterben, als einen Fussbreit weiter zu weichen. Zu dem End zogen die einten die Soldaten bey den Armen under beweglichstem Zusprechen gegen den Feind um; andere hatten zusamt denen hierzu beorderten Dragonern sich vor die Armee gesetzet und dräueten die Weitersweichenden niderzumachen.

Auch hat der liebe Gott diese heldenmässige Resolution und Unerschrockenheit unser Hrn. Officireren dergestalten gesegnet, dass, nachdeme etliche der tapfersten Soldaten sich bewegen lassen, sich gegen den Feind umzuwenden und auf ihn Feuer zu geben, das gantze Heer, gleich als wann ihnen ein frischer Muht vom Himmel herab zugefallen, dem Feind wider die Stirne gebotten und wiewohl eben nicht in bester Ordnung, doch mit solchem Nachtruck auf ihne losgegangen, dass der Feind, als der nun in der Ebene stehend seinen ersten Vortheil verlohren, unser hefftiges Feur nicht aushalten mögen; insonderheit da man einiche Trouppes in den Höltzeren und auf der Höhe rechter Seits auf ihne anrucken lassen und demnach ihne vorwerts und auf der Seite (en front et en flanc) angegriffen.

Also flohe der Feind mit Hinderlassung viler Todten und einichen Stucken dem Berg, von dar er hergekommen, zu, um sich allda mit seinem dritten Hauffen, welchen wir von weitem auf den Bergen gegen Sarmistorff auf uns aneilen sahen, zu vereinigen. Indem aber wir auf die nächsten Höhen zwey Bataillons gestellet hatten, so wurde dieser feindliche Hauffen von denselbigen dergestalten empfangen, dass er in die Ebene hinunder und an uns zu kommen, den Kehr um einen Wald zu nemmen gezwungen wurde. Allein er wurd auf dieser Seiten ebenso unfreundlich, als auf der anderen beschehen, bewillkommet und demnach genöthiget, sich auf die Höhe in den Tann-Wald am Herrliberg zuruckzuziehen, allwo er sich postiret und ein hefftiges Feuer auf uns gemachet, folglich die vierdte und allerblutigste Action an- und vorgegangen. Der Feind wehrete sich daselbsten als in seiner letsten Retraiten und Zuflucht sehr hartnäckig, und wann einer fiele, trate gleich ein anderer in die Lucken. Unsere siegreiche und durch die verzweiffelte Gegenwehr eines so offtmahls geflüchteten Feindes nur desto ergrimmtere Trouppen aber fielen solchen von allen Seiten mit immer anwachsender Furi an. Endlich und nachdeme unsre Hrn. Generalen mit einichen herbey geruckten Stucken in den Wald hinein spielen lassen, drangen zwo Compagnien mit den Bajonetten an den Rohren durch den Zaun und jagten den Feind recht Löuenmühtig aus dem Wald heraus; worauf er gantz und gar zerstreuet, mit dem Degen im Rucken, eine gute Halbstund weit verfolget und endlich, da man ihne nicht mehr ereilen mochte, aber noch dem Berg nachlauffen sahe, zu guter Letze von unser andren Postierung mit etliche Salven sowohl aus denen dreyen aus Lentzburg uns zugeführten grossen Canonen als auch denen gehabten 8 Feld-Stücklinen begleitet wurde. Inmassen dass, dachdeme der Sieg bald auf die eint, bald auf die andre Seiten sich geschwencket, wir gegen 6 Uhr Abends und hiemit nach einem 5 à 6 stündigen harten Gefecht, von dem Anfang mit dem kleinen Geschütz an zu rechnen, die endliche und völlige Victori erhalten; da wir denn dem lieben Gott für den uns durch seinen Gnaden-Beystand verlihenen herrlichen Sieg die schuldige Dancksagung auf der Wahlstatt abzustatten nicht ermanglet.

Verzeichnuss der todt- und verwundeten bernischen Officirerern und Soldaten.

Todte:
Hr. General-Lieut. Quartiermeister Tscharner.
Hr. Dragoner-Hauptmann Jenner.
Hr. Major von Fechi.
Hr. Hauptmann von Pailli.
Hr. Hauptmann Metral.
Hr. Lieutenant Langin.
Hr. Under-Lieutenant Demiere.
Hr. Chalande Lieut. von Neuenburg.
Hr. Metal Lieut. von Neuenburg.
Hr. Fendrich Kohli.
5 Wachtmeister
191 Soldaten

Blessierte:
Hr. Gen. von Diesbach, den lincken Arm ob dem Ellbogen entzwey geschossen.
Hr. Gen. Lieut. von Sacconay ist mit zweyen Schüssen an der lincken Schulter gequetschet, hat jedoch das Schulterblatt nicht gespalten.
Hr. Oberst-Lieut. von Bercher, gefährlich.
Hr. Oberst-Lieut. Darnay, an den Wunden gestorben.
Hr. Major Damond, leichtlich.
Hr. Hauptmann Stürler, an 3 en Orten leichtlich.
Hr. Hauptmann Müller, leichtlich.
Hr. Hauptmann von Hallweil, leichtlich.
Hr. Hauptmann Aegerter.
Hr. Puri, Aide-Major.
Hr. Morsier, Aide-Major.
Hr. Claver, Dragoner-Lieut.
Hr de Prelat, Hr. Murel, Hr. Bourgeois, Hr. Küentzi, Hr. Etopey, Hr. Vuillement (Lieut.)

5 Wachtmeister
383 Soldaten.
Verzeichnis der feindlichen auf der Wahlstatt gelegenen Toten:
Hr. Brigadier Pfeiffer,
Hr. Oberst Fleckenstein,
Hr. Venner Fleckensteins Sohn,
Hr. Schultheiss Schweitzers Sohn, Lieutenant in der Königl. frantzösischen Leibwacht.
Zwey Hrn. Balthasare, beyde von Luzern.
Hrn. Obrist Redings von Lutern ältester Bruder.
Hr. Oberst Crivelli von Uri, gewesener Commandant zu Baden, und verschiedene andere Officirer mehr, darunter nach erhaltenem gewissen Bericht 8 Rahtsherren von Lucern.
3 Capuciner,
2100 Under-Officirer und Soldaten, darunter der erste urnerische Hornblaser.

In dem Büntz-Bach und Weyer ertrunckene Feind:
Viel vornemme unbekannte Officirer, darunder einer mit einem scharlachenen, mit guldenen Schnüren dickbesetzten Rock angethan ware, bey welchem ein Welscher Soldat 34 zwofache Italiänische Dublonen samt einer guldenen Sack-Uhr und kostbaren Diamant-Ring gefunden und erbeutet.
Ein anderer, aber gleich gekleideter Officirer 52 Italiänische doppelte Dublonen samt anderen Köstlichkeiten auf sich gehabt.
Der zweite mit einem gelb und schwartzen Leib-Röckli und Pantzer-Hembd angethane Hornblaser von Uri.
1100 Under-Officirer und gemeine Soldaten, meistens sogenante Ländler von Uri, Schweitz, Underwalden und Zug, darunder fast keiner ware, der nicht et-

liche Italiänische Dublonen bey sich gehabt.

In der Schlacht Gefangene:
Hr. Major Fehr.
Hr. Hauptmann zur Lilgen, von Lucern.
Hr. Hauptmann Zelger von Unterwalden.
Hr. Arnold von Spiringen, Urnerischer Landschreiber.
1 Capuciner von Schweitz samt ohngefehr 40 Soldaten.
Nach der Schlacht hat man zu Vilmergen 200 und zu Muri 500 von dem Feind hinderlassene Blessirte gefangen genommen und hat man gewisse Nachricht, dass er in die 2000 Blessirte davon geschleppet.
Denne hat man von dem Feind erobert:
7 Stuck, nemlich 3 von Lucern, darunter 1 grosse Feld-Schlangen, welche man bey dem Wirtshaus zu Vilmergen vernaglet gefunden; 1 von Uri, 2 von Zug und 1 von Unterwalden.
5 Munitions-Wägen.
5 Fahnen und 3 Fahnenstangen, darunter die von dem abgerissenen Panner von Lucern.
Beyde mit Silber beschlagene uralte Urner-Hörner. Welcher Hörneren die Urner sich, Lermen zu blasen, das Volck in dem Land zum Krieg zu versamlen, in den Streit aufzumuntern und hingegen den Feind zu schrecken, sich bedienen.

Nachdem aber wir mit Mund und Hertzen erkennen und bekennen, dass unser in allwegen so preis- als denckwürdige Sieg das eigene und sichtbare Werk der unsre friedfertige Redlichkeit schützenden und des Feindes friedbrüchige Treulosigkeit rächenden Hand des allgewaltigen Gottes seye; so will sich auch gebühren, dass wir derjenigen, deren Er der Herr der Heerscharen zu Ausführung seines so grossen Wercks sich bedienet, wohlverdientes Lob nicht gar verschweigen, obwohlen eines jeden dabey begangene ruhmliche Thaten nach würden aufzuzeichnen und an ihren vollen Tag zu stellen zuviel Raum erforderen wurde. Sagen demnach überhauptlich, dass wir diesen trefflichen Sieg nächst Gott der unerschrockenen Tapferkeit und klugen Anführung unserer Hrn. Generalen, wie auch der behertzten und guten Conduiten aller übrigen hohen und niederen Offizireren vornemlich zu dancken; gestalten unser commandirende Hr. General von Diessbach, wie nicht weniger Hr. General-Lieutenant von Sacconay und Hr. Generalt-Major Manuel bey diesem misslich und langwierigen Treffen unsterbliche Proben ihres durch den Eiffer für des Vatterlands Ehr und Heil geschärfeten Helden-Muhts und Kriegs-Erfahrenheit abgeleget. Wobey aber auch die zween ersteren Herren schwere Wunden als köstliche Ehren-Mahl an ihrem Leib davon getragen, deren aber, ohnerachtet der einte, nemlich Hr. General von Diesbach nicht eher von dem Treffen weichen wollen, bis dass durch hefftige Verblutung die Kräfften ihme fast gantz vergangen; darüber Er auch dem Feind in die Hände geraten wäre, wann Hr. Cap. Stürler ihne nicht mit eigener Lebens-Gefahr und Empfang dreyer Wunden gerettet; der zweyte aber, nemlich Hr. Gen.-Lieut. von Sacconay nach empfangener seiner ersten Wunden, sobald solche verbunden, wieder zu Pferd gesessen und die Völcker mit frischem Muht wieder an den Feind geführet.

Nichts ist aber würdiger der Nachwelt zu ewigem Ruhm-Andenken aufgezeichnet zu werden, als die unvergleichliche Aufführung und an einem so hochalten Herren recht verwunderliche Standhaftigkeit, die Herr Venner und Feld-Kriegs-raht-Präsident Frisching an diesem grossen Tag hervorblicken lassen; gestalten dieser bald 75 jährige Herr, durch seine ungemeine Liebe des Vatterlands understützet, denen etliche Tag zuvor ausgestandenen schweren Fatiguen und Abmattungen unerachte, nicht nur am Tag des Treffens vom anbrechenden Morgen bis in die spahte Nacht beständig zu Pferd gesessen, sonder allenthalben mitten im grössten Feür mit stäts gleichem Gesicht und lachendem Muht sich befunden und von Anfang der Schlacht bis zum Ende die Soldaten mit diesen und dergleichen Worten: «Gut Hertz meine Kinder! Folged mir, ich will euch den Weg zu Ehr und Sieg weisen. Lasset uns mit einander leben und sterben.» (etc.) angefrischet; auch nach deme Hr. Gen. von Diesbach und Herr Gen. Lieut. von Sacconay, wegen ihren empfangenen harten Wunden aus dem Streit entweichen müssen, das übernommene Commando mit so grosser Kriegsverständigkeit als Intrepidität verführet. Inmassen dass dieser Herr der von wegen seinen trefflichen Tugenden nicht minder als wegen seines Ehrwürdigen Alters von männiglichen höchstens geliebet und verehret wird, durch sein heroisches Zusprechen sowohl als durch sein behertztes Exempel und kluge Anführung insonderheit zu Steur- und Hemmung der allgemeinen Unordnung und Zuruckweichen, darein unser Kriegs-Heer gerahten ware, fast das meiste beygetragen und demnach zu Behauptung des endlichen Sigs eine der vornemsten Ursachen gewesen. Mit einem Wort, es haben alle unsre hohe und nidere Officirer, kaum einer ausgenommen, bey disem harten Stand ihre Pflicht mehr als wohl geleistet. Doch muss man auch unsren gemeinen Kriegs-Leuten das gute Lob zulegen, dass sie bey einem so heissen Satz einen weit standhaffteren Muht erwiesen als von kaum über drei Monat auf den Füssen stehenden Trouppen immer zu verhoffen ware, auch sich, wo nicht den allerbehertztesten alten Soldaten gleich, dennoch also verhalten, dass sie das alte kriegerische Schweitzerblut nicht verlaugnet und keine ebenso neuen Trouppen und Militz von einich andrer Nation es ihnen so leicht nachthun solten.

Es ist aber die feindliche Armee nach seithero von hohen Orten erhaltenem Bericht aus 4000 von Lucern, 1200 von Uri, 1200 von Schweitz, 800 von Underwalden, 1000 von Zug, 2500 aus den Freyen Aemteren und hiemit aus 10700 Mann bestanden, nach anderen und gemeinsten Berichten aber zwischen 12 à 15000 Mann starck gewesen. Dahingegen unsre Armee durch die eingerissenen Kranckheiten und in Hoffnung des unfehlbaren Friedens von Lucern und Uri beschehenen vielen Heimlassungen bis auf 8000 zu fechten taugliche Mann reduciret und geschmolzen ware.

25. Schutzbrief für Landamman Joseph Frantz Erler und Altlandamman Gilg Christoffel Schorno für die Friedensverhandlungen in Aarau.

■ ORT/ZEITPUNKT:
SCHWYZ, 28. JULI 1712

■ QUELLE:
TRANSKRIPTION DOKUMENT:
STASZ ARCHIV 1, AKTEN 1,
449/14, 574

Wir Landtamman Räth undt gemeine Landtlüht zuo Schweytz an einer Landtsgemeindt auf dem Rathhaus beyeinandren versambt verkhunden hiermit, demenach wir unentpährlich ja höchstnothwendig befunden auf die dem 25sten July bey Villmergen zwüschen den 5 lobl Catholischen Orthen undt dem Standt Bern unserseiths unglücklich vorbeigegangen feindtliche action undt harten treffens. Zuo rettung des Catholischen wesens mit undt nebet den 5 lobl. Catholischen orthen in ein fördersamben bestmöglichsten friden ein zuolassen, undt unser herren Ehrengesandten zuo dessen beschleünigung nacher Lucern old Arauw old wo die lobl. Catholischen orth friden werden, abzuoschicken. Als heben wir, nach dem uns von unsern lieben mitlandtlüthen aus dem Feldt in den Höfen ire einhelige meinung schriftlichen Einkommen, mit demselben uns auch einhelig erklärt und erkennt unser vorgeachte herren miträth. lit. Herr Haubtmann Joseph Frantz Erler Regierender, undt herr hl. Gilg Christoffel Schorno Alt Landtamann mit besigleter instruction und befelch zuo bevorstehender Fridensbehandlung nacher Arauw abzuoschicken, mit dem ausdruklichen befelch, dass seye bey ihrem vatterlands Eydt, ihr bestes und möglichstes beitragen sollen: wenn aber seye beide herren Ehrendeputierte sich höchlichen beschwärt ein so hochwichtiges geschäfft alleine zuo übernemmen, sosehr man möchte mither Zeit ihnen alle Schuld wann der friden nit nach wunsch und begehren ausfallen sollte, imputieren, undt also seye undt dero nachkommenden deswegen in grösste gefahr ihrer Ehren hab und guots leibs undt lebens gesetzt werden dörffen, auch wider alles dz so hieraus schedliches old unbeliebiges ervolgen möchte vor gott undt der Ehrbahren welt protestiert. also haben wir diesen beiden kesren hochgeehrten herren von dessetwegen allen oberkeithlichen Schutz, schirb und rettung aller ihrer Ehren, hab guots libs undt lebes hirmit zu gesagt dergestalten, dass ihren desetwegen nichts unguotes es? möge der friden von den lobl. 5 Catholischen orthen laut aufhebender instruction angenommen werden, wie es wolle zuogesuocht werden, sondern seye alligklichen von desswegen wohl entschuldiget sein, auch um ihre ehren bestermassen geschirmbt werden sollen. zuo verkundt dessen haben wir ihnen disen unserern Erkentnis mit unseren landts gewohntem secret insigill verwahrt zuostellen und über geben lassen den 28 ten July 1712

Landschriber Frischherz

26. Capitulation I. Von Lobl. Stand Zürich / Mit Loblichen Ständen Von Schweitz und Zug. II. In Namen beyder Lobl. Ständen Zürich und Bern / Mit der Statt Rapperschwil. III. Accord bey Ubergab Wesen und Gaster / Mit dem Lobl. Stand Zürich.

- ORT/ZEITPUNKT:
BLYKENSTORFF, 28. JULI 1712;
WÄDENSCHWEIL/SPIZENWIESEN,
1. AUGUST 1712;
UTZNACH, 31. JULI 1712

- QUELLE:
ZENTRALBIBLIOTHEK BERN,
H XLIX 337:21

Verglichs-Puncten, zwischen dem Lobl. Stand Zürich, und dem Lobl. Stand Zug.

Nachdem ein Lobl. Stand Zürich bekantermaassen bewogen worden, dero

Waaffen wider die Lobl. Cantons, so den Frieden nicht angenommen, zu gebrauchen, und vermittelst glücklicher Successen dero Trouppen auff die Aaberen zu campiren kommen, hat ein Lobl. Canton Zug durch dero Abgeordnete, Uns um Einstellung der Hostilitäten ersucht, wesswegen Wir auff nachgesetzte Conditionen und Ratification Unsern Gn. HHrn. willfährig entsprochen.

1. Sollte ein Lobl. Stand Zug ihre Trouppen, Officiers und Soldaten, wo sie immer wider beyde Lobl. Ständ Zürich und Bern in Waaffen stehen, von nun an, bey Verliehrung ihres Burger- und Land-Rechts, auch Leibs und Guts wider Heimberuffen, und die Waaffen bey gegen wärtigen Troublen nicht mehr gebrauchen.

2. Die Posten und Päss zu Blyckenstorff, samt dero Brugg, und Walterschweil, wie auch die obere Brugg uber die Lorzen, item die Seisser-Brugg, samt dem Tretrenchement, biss zu erfolgendem allgemeinem Frieden in der Eydgnossschafft, Uns überlassen, welche hernach wider abgetretten werden sollen, indessen aber Lobl. Stand Zug diese Brugg zum Handel und Wandel, nach Belieben sich wol bedienen können. Item den Posten bey der Sillbrugg, samt dem Schätzlein.

3. Sollen Hr. Obrist Meunier, samt allen von Zürichern und Bernerischen Armeen gefangen Officiers und Soldaten, anch Bezahlung ihrer Zehrung jedoch ohne einige Rantzion auff freyen Fuss gestellt werden.

4. Keinen Pass, denen, so wider beyde Lobl. Ständ Zürich und Bern, feindthätlich sich erzeigen, durch den Lobl. Stand Zug geben.

5. Das lange Futter für die Pferd geben, so lang biss alles verglichen.

6. Und zu Erfüllung alles obverglichnen sind von Lobl. Stand Zug neun ehrliche Bürg-Männer begehrt und accordiert worden.

Dessen zu Urkund sind zwey gleichlautende Schrifften aussgefertiget, und einer Seits im Namen der Hohen Generalitet Lobl. Stands Zürich, von Hrn. Oberst Feld- und Kriegs-Raht Mathias Landolt, und Hrn. Feld-Oberst Herinrich Bodmer. Anderseits aber im Namen der Statt und Amts, Burger und Landleuthen Lobl. Stands Zug, von ihren underschriebenen Landschreiberen eygenhändig underzeichnet, und mit Ehrengedachter Hrn. anerbohrnem Ehren-Pitschafft, und Lobl. Statt und Amts Zug gewohntem Einsigel verwahret worden.

Geben zu Blykenstorff, den 28. Julij 1712.
   Matthias Landolt. Heinrich Bodmer.
   Statt und Amt Zug
   Beat zur Lauben, von Zug.
   Wolfgang Vogt, von Zug.
   Frantz Hegling. Landschreiber zu Zug.
   N. Krüel major, von Bar.
   Joseph Meyenberg, von Aegeri.

Waaffen-Stillstands-Verglich, biss auff den künfftigen allgemeinen Eydgnössischen Frieden zwischen Lobl. Stand Zürich und Lobl. Stand Schweitz.

Nachdem ein Hochlobl. Stand Zürich auss bekanten Ursachen bewogen worden, dero Waaffen wieder die Lobl. Canton, so den, zu Arau projectierten Frieden nicht angenommen, zugebrauchen, hat ein Lobl. Canton Schweitz durch dero HHrn. Deputierte uns die Einstellung der Hostilitäten Freund-Eydgnössisch vortragen lassen, derowegen wir auf folgende Conditionen uns miteinanderen Freund-Eydgnössisch dahin verglichen.

1. Erklären sich HHrn. Ehren-Deputierte von Schweitz im Namen ihrer Gn. HHrn. und Oberen, dass, was vorhin von

samtlichen Lobl. Orten in der Friedens-Handlung mit den Lobl. 5. Catholischen Orten durch ihre HHrn. Ehren-Gesandte zu Arau projectiert, und von einigen ratificiert worden, durch ihre dermahlen zu besagtem Arau habende Herren Ehren-Gesandte genähm zuhalten und ratificieren, und was auch ferner mit obbedeuten Lobl. 5. Cathol. Orten daselbst möchte gahandlet werden, von denenselben sich nich zusöndern.

2. Zu Bescheinung ihrer aufrichtigen Begierd zu dem Frieden erklären sie sich alle Ihre an den Gräntzen und zu Rapperschweil auch bey der Armee under den Waaffen stehende Trouppen von nun an abzuführen, und an keinem anderen Ort wieder beyde Lobl. Ständ feindlich gebrauchen zu lassen.

3. Niemandem durch ihr Land und Bottmässigkeit feindlich wieder beyde Lobl. Ständ zu agiren, Pass zugeben.

4. Bey dieserem heutigen Nachmittag um 4. Uhren die Päss und Posten in der Schindellegi, Hurden und dem Hurderfeld samt dem Schloss Pfäffikon, (jedoch dieses letztere mit Vorbehalt Ihr fürstl. Gnaden zu Einsidlen habenden Rechten) abzutretten, und unseren Trouppen zu besetzen übergeben. Was die Einquartierung der Trouppen und Darreichung der Victualien und langen Futters betrifft, so hat man sich dahin verglichen, dass selbige so viel möglich ohne Beschwärung dess Landmanns und um leidenliche Bezahlung eingerichtet und abgefolget werde.

5. Mit der Ratification dess Instrumtents versprchen sein 3. ehrliche Pfand-Männer auszuliefern, welche Lobl. Stand Schweitz zuernamsen und zu ordnen überlassen wird.

6. Rapperschweil betreffende, erklären sich Ehrengedachte HHrn. Deputierte dahin ihre Guarnison auss selbigem abzuzuhen, auch niemanden weder Zusatz noch andere Zufuhr duch Ihr Land dahin zubringen in keinerley Weiss zugestatten, sondern solches von Unsern Trouppen besetzen zulassen, darüber sie aber, um sich mit übrigen von anderen Lobl. Orten darinn ligenden Commendanten, Trouppen und Burgerschafft, Freund-Eydgnössisch zu gleichem bereden zu können, biss auf Morgens zu Mittag um 12. Uhren einen Anstand und Termin verlanget, welcher ihnen dahin verwilliget worden, dass zwaren biss zu bemelter Zeit die Feindthätlichkeiten sollen eingestellt, nach selbiger aber, falls die von übrigen Lobl. Orten darinn in Besatzung liegende Commandanten und Burgerschafft sich nicht zu gleichem verstehen wollten, sie ihre darinn habende Trouppen ohnverweilet auszeuhen und weder der Statt noch Garnison auf einicherley Weiss Assistentz zuleisten, oder Vorschub zuthun, Unser Seits aber die Feindthätlichkeiten mit allem Gewalt möge fortgesetzet werden, und also ein Lobl. Stand Schweitz sich hierinn ihrer nicht beladen und sie von dieserem Tractat gäntzlich aussgeschlossen seyen.

7. Sollen die Violationen und Beschädigungen so von einer und anderen Seitehen von 3. Monaten haro biss zu erfolgter Ruptur beschehen, durch beyderseits abgeordnete Commissarios in Freundlichkeiten ersucht werden, und dem leidenden Theil Satisfaction geschehen, auch zugleich wegen die Zeithero sich beyderseits begebenden Beschwerlichkeiten durch gemelte Commissarios ein freundlicher Vergleich vermittlet werden. Hergegen versichern Wir die Kriegs-Räthe von Zürich zu Wädenschweil versammlet, dass auch Unserseits gleich bey Einraumung dieser Pässen alle Hostilitäten und Feindthätlichkeiten, so wol gegen Lobl. Ort

Schweitz, als allen desselben Angehörigen von unseren Gräntzen sollen eingestellt seyn, und auf hören, und niemanden in einicherley Weiss weder an Leib noch Gut, Gewalt zugefügt werden.

Es soll auch männiglicher, so wol Geist- als Weltlicher, bey ihren so wol leib- als geistlichen Freyheiten und Rechten, auf freyer ungehinderter Religions-Uebung kräfftiglich beschirmt, und darbey in kein Weiss noch Weg perturbiert, zumahlen einem jeden freyer Handel und Wandel ungehinderter Pass und Repass mit Leib und Gut gestattet werden.

Sollte sich auch die Statt Rapperschweil biss auf angesetzte Zeit erklären, unsere Besatzung einzunehmen, so erklären wir uns dargegen, sie bey ihrer freyen ohngehinderten Religions-Uebung, sowol als übrigen geist- und leiblichen Freyheiten, Recht- und Gerechtigkeiten, kräfftigest zu schützen und selbige darinn nicht perturbieren zulassen.

Uber dieses alles, wie Articulatim bedeutet, versprechen die Herren Ehren-Deputierte von Lobl. Canton Schweitz biss diesen Nachmittag um 4. Uhren die Ratification und völlige Einraumung der Pässen, Schindellegi, Hurden und dess Hurder-Felds, samt dem Schloss Pfäffikon, alles in gegenwärtigem Stand, aussert Artillerie, Munition, Wehr und Waaffen zuübergeben, die völlige Ratification aber von Stands und Lands wegen bis Morgen zu Mittag um 12. Uhren gleichmässig einzulieffern, wir aber versichern, dass weder von bemeldten Orte auss noch sonsten jemand der Ihrigen, von den Unsrigen offendiert, lädiert, noch in einicherley Weiss beschädiget werden: Zumahlen dieser gantze Tractat auf den zu Arau tractierenden Friedens-Schluss beruhen solle.

Dessen zu wahrer Bestättigung haben von Seithen der HHrn. Kriegs-Räthen Lobl. Stands Zürich die Hochgeachten HHrn. Herr Statthalter und Commendant Andreas Meyer und Herr Zunftmeister und alt Landvogt Leonhard Grütert, von Seiten Lobl. Stands Schweitz aber dessen Hrn. Ehren-Deputierte, die Hochg. HHrn. Herr Oberst Joseph Anthoni Reding von Biberegg, Ritter und Amts Statthalter, und Herr Frantz Domcan Bättschard, Quartier-Hauptmann und dess Raths, dieses Instrument eigenhändig underschrieben und mit Ihren Ehren-Insiglen bekräfftiget, darvon zwey gleichlautende aufgerichtet, jedem Theil eines zu Hand gestellt, welcher Ratification von beyderseits Hohen Oberkeiten fürderlichst soll eingeholt, und solche auf den morndrigen Nachmittag um 12. Uhren in dem Schloss Wädenschweil gegen einanderen extradiert werden.

Actum im Schloss Wädenschweil den 1. August 1712.
(L.S.) Andreas Meyer
(L.S.) J. A. Reding.
(L.S.) Leonhard Grütert.
(L.S.) F.D. Bättschard.

Capitulation, so der Statt Rapperschwil den 1. Augusti 1712. im Namen beyder Lobl. Ständen, Zürich und Bern zugestanden worden.

1. Sol die Statt bey ihrer Römischen Catholischen Religion ungehinderet auch ohne Eintrag ihrer Geistlichen und Kirchen-Güteren, Clösteren, Pfründen und Collaturen gelassen werden.

2. Soll ihro ihre Rent-Gülten, und was sonsten im Raht und Privat-Häusern zu finden, gelassen, was aber in dem Zeughause sich befindt, zur Defension der Statt, jedoch nach der Disposition dess jeweiligen, von beyden Hoch-Lobl. Ständen dahin geordneten Commendanten ver-

bleiben, das Schloss aber samt allem was darinn, den vorigen Schirm-Orten gehörig, beyden Hoch-Lobl. Ständen zustehen.

3. Soll sie bey dem Bunds-Brieff von 1464. erhalten, und bey übrigen Freyheiten, alten Uebungen, auch Statt-Recht und Amts-Verwaltungen gelassen, und was ihro seither so wol 1532. und nachgehends biss anjetzo gewalthätig aufgetrungen worden, ihro zu keinem Praejudiz dienen, und darauss kein Appelatz gezogen werden.

4. Dass die Ihrigen in Statt und Hoff nicht sollen mögen zu anderwärtigen Kriegen gebraucht, sondern allein in ihrem Bezirck wie vor Altem her zur Defension Statt und Lands angehalten werden.

5. Dass der Einzug ohne Beschädigung der Ihrigen beschehen, und durch gute haltende Kriegs-Ordre kein Hauss beraubet werden solle.

6. Die Besatzung soll ohne ihren Nachtheil erhalten werden, doch sollen die Burger derselben das nöthige Quartier, Feur und Liecht anschaffen, indessen sie die jetzige Statt und Fortifications-Gebäue in guten Ehren erhalten, zu Schantzen aber weder mit Arbei, Frohnen, noch in ander Weg nicht bemüssiget werden.

Zu vestem Urkund dessen, sind zwey gleichlautende Intrumenta auffgerichtet, von beyden Partheyen underschrieben, und mit gewohlichen Pitschafften bekräfftiget worden.

Geben im Feld-Läger auff Spizenwiesen, den 1. Aug. 1712.

(L.S.) Schultheiss, Klein und Gross Raht, Samt der Burgerschafft.

Auff Vernemmen, dass die Statt im Capitulieren begriffen, hat sich die Besatzung über Halss und Kopff über die Brugg hinauss darvon gemacht, die Helffte darvon war bereits vorher darauss gezogen, und mit dem Land-Volck auss den Höfen ergäntzt. Zu einem Commendanten ist geordnet worden, Hr. Obrist-Lieutenant Werdmüller.

Accord, bey Ubergab Wesen und Gaster, etc.

Nachdeme ein Hochl. Stand Zürich so wol, als ein Wol-Weiser Raht im Land Toggenburg, auss Hochweisen Ursachen bewegt worden, mit grosser Kriegs-Macht, zu Erhaltung ihrer eignen Sicherheit, an die Gasterischen Gräntzen zu ziehen, mit der Resolution, selbige gütlich, oder mit Gewalt in Besitz zunemmen, als haben samtliche Hrn. Vorgesetzte der Vogtey Wesen, Gaster, und aller derselben Dependentzen, sich folgender Capitulation underzogen, und solche bey guten Treuen zu halten, versprochen.

1. Dass gemeldte Vogtey, Wesen, Gaster, und alle dero Dependentzen, so wol als das Fürstlich Stifft Schennis, und alle Kirchen, Clöster, als Particularen bey der Cathol. Religion, auch alle dero Geist- und Weltlichen Freyheiten unbetrübet und unbeschädiget verbleiben.

2. Dass besagte Landschafft und deroselben Gericht bey dero Freyheiten, Richteren und Räthen, und allem guten Herkommen gelassen, und darbey geschützet und geschirmet werden.

3. Die Mannschafft bey Hauss zu lassen, und keines Wegs gegen Jemanden zu gebrauchen.

4. Alle Obergewehr auffgezeichnet, und zu Handen und Disposition dess Commendanten nach Ankunfft der Trouppen an dem eint oder anderen Ort gelieferet, mit dem Versprechen, dass nach dem Frieden ihnen solche ordentlich zugestellt, jedoch denen Hrn. Officieren und Beamteten die Pistolen gelassen werden.

5. Solle auch das Gemeine- und Particular-Wesen unbeschädiget und unvergrieffen bleiben, auch auff widerigen Fahl den geschadigten billichermässige Satisfaction geschaffet, und jedem das, was er zu unerm Gebrauch und Futerung aussgibet, mit bahrem Gelt bezahlt werden.

6. Solle dem Hrn. Commendanten der freye, jedoch förderliche Abzug mit den Seinigen gestattet werden.

7. Ein General Amnistie gegen allen Landleuthen um alles, was mit Worten als sonsten biss dato bescheen, bewilliget, vorbehalten die jenige, welche sich von andern Orthen dahin geflülchtet, und nicht Landleuth sind, darinnen nicht begriffen seyen.

8. Sollen zwey beliebige Geysel bey den Züricherischen Trouppen verbleiben, und dessen Ansehen das Land mit so viel Garnison, als die benöhtigte Sicherheit erforderet, besetzt werden. Dessen zu Vesthaltung sind drey gleichlautende Instrument aussgefertiget, und von beyden Theilen mit Hand und Püttschafften verwahrt worden.
Utznach, den 31. Julij, 1712.
Hans Jacob Hess.
Joh. Jacob Keller.
Gerold Escher.
Nicolaus Rüdlinger.
Joh. Melchior Streiff,
    Pannerherr zu Wesen.
Johannes Glauss, von Schennis,
    Verordneter im Namen Gasters.
Zugerische Pfand-Herren,
    welche zu Zürich beym Storchen einquartiert sind.
Von Zug
    Hr. Heinrich Ludwig Muos,
        dess Rahts Statthauptmann.
    Hr. Hauptm. Brandenberger.
    Hr. Lieuten. Wolffgang Reiser.
Von Egeri.
    Hr. Panner-Hauptm. Thomas.
    Hr. Fprsprech
        Johann Christian Heeggeler.
Von Menzingen.
    Hr. Kilchmeyer Frantz Zehender.
    Hr. Joh. Peter Wäber.
Von Baar.
    Hr. Hauptm. Langen-Egger.
    Hr. Fürsprech Jacob Hog.

27. Instrumentum Pacis. Das ist Friedens-Schluss zwischen beyden Loblichen Evangelischen Vor-Orten Zürich und Bern an einem, und den fünff Lobl. Catholischen Orten Lucern, Uri, Schweitz, Unterwalden und Zug an dem anderen Theil. Wie solcher ersten Mahl den 18. Julii 1712 allein von beyden Löbl. Orten Lucern und Uri angenomen: Hernach aber dn 9. und 11. Augusti von allen Lobl. Catholischen Orten ins gesambt geschlossen, auffgesetzt und underschrieben; Auch allerseits Hoch Oberkeitlich Ratificiert und versiegelt worden. Welcher künfftighin der Land-Frieden heissen und seyn soll.

- ORT/ZEITPUNKT:
AARAU, 18. JULI, 9. UND 11. AUGUST 1712

- QUELLE:
DIE EIDGENÖSSISCHEN ABSCHIEDE AUS DEM ZEITRAUME VON 1681 BIS

1712. BAND 6, ABTHEILUNG 2.II,
S. 2330–2337
(STAATSARCHIV BERN)

In dem Namen der Allerheiligsten ohnzertrennten Dreifaltigkeit Gottes des Vaters, Sohns und Heiligen Geistes, Amen.

Zu wissen kund und offenbar sei hiemit Männiglich, alsdann sich zu allgemeinen Bedauren begeben, dass zwischen denen loblichen Orten der Eidgenossenschaft, als nämlich Zürich un Bern an einem, dann Lucern, Uri, Schwyz, Unterwalten ob und nid dem Kernwald und Zug sammt dem äussern Amt an dem anderen Theil einche Misshell, Irrung und Zweispalt von toggenburgischen Landsbeschwerden und daherigen Klägten wegen erwachsen, und selbige mit dem Lauf der Zeit solche Weiterung gewonnen, dass endlich auch Gottes gerechter Verhängnis man nicht allein im Toggenburg und den abt-st.-gallischen Landen, sondern auch in den gemeinen Herrschaften, sonderbar aber der Grafschaft Baden und den Freien Ämtern zu krieglichen Verfassungen, ja wirklichen Thätlichkeiten selbsten gegen einander gerathen; dass daraufhin beide lobliche Orte Zürich und Bern sich benöthiget befunden, nicht allein der Grafschaft Baden sammt den Freien Ämtern und der Städten Baden, Mellingen, Bremgarten etc. sich zu bemächtigen, sondern auch des Thurgeus und Rheinthals zu versichern, derowegen dann die übrigen loblichen Städte und Orte der Eidgenossenschaft, als Glarus, Basel Freiburg, Solothurn, Schaffhausen, Appenzell, Stadt St. Gallen und Biel aus wahrer Sorgfalt für die Erhaltung gemein lieben Vaterlands und den von unsern Altvordern theuer erworbenen Freiheiten veranlasset worden, eine allgemeine Zusammenkunft aller loblichen dreizehen und zugewandter Orte der Eidgenossenschaft nach Aarburg und Olten auszuschreiben, hernach aber gemeinsamlich besser befunden um allseitig mehrerer Kommlichkeit willen die Malstatt nach Aarau zu verlegen, allwo sich aller loblicher eidgenössischer Orte Herren Ehrengesandte einbefunden, durch welcher ohnermüdeten Fleiss, Arbeit und Sorgfalt die Sachen endlich so weit gebracht worden, dass entzwischen den loblichen Orten Zürich und Bern an einem, dann Lucern und Uri an dem andern Theil den 18. Juli 1712 wirklichen ein Frieden abgeredt und verglichen, in ein Instrument verfasst, von derselben Herren Ehrengesandten kraft von ihren Herren und Oberen empfangener Gewalten allseitig unterschrieben und mit dero Pitschaften verwahrt worden, welchen verbrieften Frieden aber damalen die loblichen Orte Schwyz, Unterwalden und Zug nicht annehmen wollen; derowegen dann die Sachen endlich dahin gekommen, dass man in noch mehrere Thätlichkeiten und liedige Kriegsübungen gegen einander zerfallen; bis dass endlich der sammtlicher loblicher dreizehen und zugewandter Orten der Eidgenossenschaft Herren Ehrengesandte sich wiederum in Aarau frischerdingen zusammengethan, und nach Eröffnung ihrer von dero allseitigen hohen Gewalten zum Friedensschluss empfangener Vollmachten, durch ihre angewandte ohngemeine Besorgfältigung, Eifer und Beflissenheit unter Mitwirkung des Segens des Allerhöchsten, sothane Missverständnis und Zwietracht völlig erörtert, entscheiden, betragen und, Gott gebe, zu einem immerwährenden Frieden und Vergleich verordnet worden, wie von Puncten zu Puncten folget, und waren die Gesandten: von Zürich Herr Johann Jakob Escher, Burgermeister und Herr Johann Jakob Ulrich, Statthalter und des Raths; von

Bern Herr Samuel Friesching, Herr zu Rümlingen, Venner; Herr Christoph Steiger, Sekelmeister wälscher Landen und Herr Abraham Tscharner, alle drei des Raths; von Lucern Herr Johann Martin Schwytzer, Herr zu Bunas, Schultheiss und Venner, Herr Lorenz Franz von Fleckenstein, Amts-Statthalter und Stadtvenner und Herr Oberst Carls Antoni am Rhein, des Raths; von Uri Herr Carls Alphons Bessler, neu-Landammann und Pannerherr, Herr Landshauptmann Joseph Antoni Püntiner, Oberster und alt-Landammann und Herr Sebastian Jauch, Landschreiber; von Schwyz Herr Hauptmann Joseph Franz Ehrler, neu-Landammann und Herr gilg Christoph Schorno, alt-Landammann; von Unterwalden ob dem Wald Herr cunrad von Flüh, Landammann und Herr Niklaus im Feld, alt-Landammann und Pannerherr; nid dem Kernwald Herr Sebastian Remigi Kaiser, Landammann und Landshauptmann und Herr Hauptmann Ignatius Stultz, alt-Landammann; von Zug Herr Beat Jakob zur Lauben von Thurn und Gestellenburg, Herr zu Hembrunn und Angliken, Ritter und alt-Landammann, Herr Hauptmann Wolfgang Damian Müller, Sekelmeister, Herr Hauptmann Christian Hermann und Herr Gall Lätter von Ägeri, desgleichen Herr Heggeli, alt-Ammann zu Menzingen, alle des Raths; von Glarus Herr Johann Heinrich Zwicki, Landammann und Herr Jakob Gallati, Statthalter und des Raths; von Basel Herr Johann Balthasar Burkhardt, Burgermeister und Herr Christoph Burkhardt, Deputat des Raths; von Freiburg Herr Franz Philipp von Lanten genannt Heid, herr zu Cugy, Omont und Vesir, Schultheiss, Ritter, und Herr Franz Niklaus vonderweid, des Raths; von solothurn Herr Baron Friedrich von roll, Herr zu Emmenholz, Stadtvenner, Ritter, und Herr Johann Jakob Joseph Glutz, Ritter, Sekelmeister, beide des Raths; von Schaffhausen Herr Michael Senn, Burgermeister und Herr Melchior von Pfisteren, Statthalter und des Raths; von Appenzell Herr Paulus Suter, Landammann innern, und Herr Lorenz Tanner, Landammann äussern Rhodens; von Stadt St. Gallen Herr Christoph Hochreutiner, Stadtschreiber, J.U. Doctor und des Raths; von Biel Herr Peter Haas, Stadtvenner und des Raths.

Erstens solle den beiden loblichen Orten Zürich und Bern verbleiben die ganze Grafschaft Baden sammt allen darin liegenden und dazu gehörigen Städten, Orten, Land und Leuten, worunter die Stadt Bremgarten gleichfalls gemeint und begriffen ist, zusammt allen anderen landsherrlichen Rechten und Gerechtigkeiten, auch aller Zugehörd, nichts ausgenommen noch vorbehalten. Ferners solle in den freien Ämtern von nun an eine Landmarch-Ligne gezogen werden von Lunkhofen an bis auf Fahrwangen, also dass, was unterhar dieser Ligne, den beiden loblichen Orten Zürich und Bern allein, mit vorbehalt loblichen Orts Glaurs habenden Rechtens verbleiben, was aber ob dieser ermelter March-Ligne, den regierenden loblichen Orten zudienen, in Meinung, dass diese March-Ligne nur die Hoheit oder Landmarch bedeuten, übrigens aber einem Jeden sein Recht und Gerechtigkeit, Zins, Zehenden, Weidgang, Zusammentracteten, Waldungen, oder was andere Nuzungen sein möchten, in einen Weg wie zuvor bleiben sollen, wanngleich er durch die Landmarch-Ligne gesöndert wurde. Desgleichen sollen die Burger der STadt Stein, so ennet der Rheinbrugg wohnen, sammt ihrem Gemeindebann und was darin begriffen von der thurgauischen Regierung und Landsherrlichkeit gesöndern sein und zu der Stadt Stein gehören, mit Vorbehalt loblicher Städte Bern, Freiburg und Solothurn habender Rechten. Hiebei aber versprechen beide lobliche Orte Zürich und Bern, die Katholischen in diesen erzählten Städten und Landen bei einer vollkommenen freien Übung ihrer Religion; desgleichen auch die darin sich befindenden Stifte und Klöster bei ihren Hab und Gütern, Recht und Gerechtigkeiten, Einkünften, Zins und Zehenden, nicht minder auch die inn- und äusserem Gerechtigkeiten, Einkünften, Zins und Zehenden, nicht minder auch die inn- und äusseren Gerichtsherren und Particulares bei ihren habenden Rechten verbleiben zu lassen, zu schüzen und zu schirmen, auch die Stadt und burgerschaft zu Baden also mildiglich anzusehen, dass sie sich derselben Gnaden zu befreuen haben werden. Gleichfalls erklären sich beide lobliche Stände Zürich und Bern, der Collegiatstift St. Verena zu Zurzach zu ihrer Wiederbestllung ledig fallender Propstei, Decanat, Custorei und Chorherreien sammt anderen dazu gehörigen geistlichen mindern Stellen je eine Vacanz aus der loblichen fünf katholischen Orten Burgern und Landleuten, die andere Vacanz aber aus allen loblichen eidgenössischen Orten oder dero Angehörigen alternative und so fortan unter gleicher Abwechslung zu ergänzen, und es bei dem vor diesem bestimmten Regali verbleiben zu lassen. Mithin auch den loblichen fünf katholischen Orten sowohl als allen der Eidgenossenschaft An- und Zugehörigen künftig, wie vorhin beschehen, freier Handel und Wandel, in Kraft der Bünden jederweilen den freien Pass und Repass, auch Zu- und Durchfuhr aller Sach- und Waaren ohne neuerliche Beschwerde und Auflage durch die abgetretene Land zu gestatten; gleich dann auch beide lobliche Orte Zürich und Bern das Reciprocum sich vorbehalten, mit der ferneren Erläuterung, dass diejenigen, welche de dato innert zweier Jahren Frist mit ihrem Hab und gut aus obigen Landen hinweg nicht aber ausser die Eidgenossenschaft ziehen wollten, keinen Abzug zu bezahlen schuldig seien; diejenigen aber, welche nach dieser Zeit in ein ander Ort, es sei in oder aussert der Eidgenossenschaft hinziehen wurden, den geziemenden Abzug erlegen sollen; Alles in dem Verstand, dass loblichen Orts Glarus an obige Land und Leute habende Rechte bestermassen reservirt sein sollen, wie vorgemeldet. Dann so solle auch zum Anderen beiden loblichen Ständen Zürich und Bern überlassen bleiben, jedoch mit Vorbehalt loblichen Orts Glarus habenden Rechtens, die Stadt Rapperswyl sammt der Brugg, Hof und Zoll und übriger Zugehörd nach Inhalt der den ersten Augusti dies Jahrs von beiden loblichen Ständen Zürich und Bern mit Schultheiss und Rath zu Rapperswyl geschlossener Capitulation, wie auch das gegenüberstehende Dorf Hurden und von Mitten desselben annoch ein District in allweg dreitausend bekannten und üblichen Schuhen weiters hinaus, mit der Erläuterung, dass ermeltes Hurden und Einwohner bei ihrer freien und ohngehinderten katholischen Religionsübung, geist- und weltlichen Freiheiten, Recht und Gerechtigkeiten, Hab und Gut ohngehindert ruhig verbleiben, geschützt und geschirmt werden, denen dann auch ihr Recht und Nuzniessung, so sie auf dem schwyzerischen Territorio dermalen haben, fürbass zuständig verbleiben solle; dabei auch verglichen worden, dass zu ermeltem Hurden keine Fortificationes oder Schanzen gegen einander gemacht werden sollen, und die neu aufgeworfenen geschleift werden, um die vertrauliche Nachbarschaft wiederum desto steifer einzurichten und zu behalten. Item so soll auch Drittens loblicher Stand Bern in die Mitregierung im Thurgeu, Rheinthal, Sargans und übrigem Bezirk der Freien Ämtern aufgenommen sein, also dass selbiger von nun an daselbstige Bevogtigungen auf loblichen Stands Zürich Ausbedienung anzutreten haben solle. Und weil beide loblichen Orte Zürich und Bern das Thurgeu und Rheinthal zu gemeinsamer Regierung mit denjenigen loblichen Orten, welche selbige vorher beherrscht, wiederum abtreten werden, mit Beding, dass vorharo sowohl der Religion als der Regierung halber die gebührende Parität wirklichen zu Werk gerichtet werde, als ist Viertens hierum abgeredet, verglichen und geschlossen, dass künftige Streitigkeiten in den gemeinen Herrschaften zu vermeiden und eine gerechte und friedsame Regierung zu führen, die Evangelischen gleich wie die Katholischen der Religion und Gottesdiensts halber und was selbigem anhanget, in den gemeinen Herrschaften, in welchen beide Religionen sich befinden, in einem ganz gleichen Rechten stehen und was jeder von beiden Religionen zu derselben Übung in particulari zugehöret, derselben verbleiben, und sie dessen ohnverweigerlich zu geniessen haben. So sollen auch in hohen Regalien, item wann es um allgemeine Regierungs-, Policei-, Lands- und Kriegsordnung zu thun, künftighin die Majora nichts entscheiden, sondern wo darüber ohngleiche Meinungen wären, sollen, gleichwie in denen die Religion ansehenden Geschäften, derethalb der eine Theil vermeinte, dass es die Religion nicht berühre, der andere Theil aber es für eine Religionssache dargibet, weder von den mehreren loblichen regierenden Orten, noch viel weniger von den nachgesezten Landvögten nichts decidiert oder darüber gesprochen, sondern damit bis auf aller regierender Orte Zusammenkunft gewartet und alsdann durch gleiche Säze beider Religionen zu güt- oder rechtlichem Austrag geschritten werden. In allen anderen Sachen aber sollen die regierenden Orte wie hiebevor handeln, erkennen, richten und urtheilen, und ein Mehr ein Mehr sein und verbleiben. Und gleichwie man zugibt, dass die katholische Geistlichkeit sammt allem, was ihren Gottesdienst und Kirchenzucht betrifft, item die Ehesachen und was dem foro matrimoniali anhanget, vor dem bekannten Richter ihrer Religion beurtheilet werden, eben also sollen auch die evangelischen Pfarrer und Seelsorger sammt allem was derselben Gottesdienst und Kirchenzucht betrifft, darunter auch die Bestll- und Haltung der Schulen begriffen, gleich der Judicatur über die Ehesachen, dem Richter ihrer Religion, namlich der Stadt Zürich auch allein unterworfen sein; die Schulmeister aber in allen andern Sachen aussert was die Institution und Religionsdocirung betrifft, dem weltlichen Richter unterworfen bleiben. Auch wo die eine oder andere Religion verlangte, dass die Schule gesöndert wurde, oder aber eine neue aufrichten wollte, solle solches derselben auf eingenen Kosten zu thun bewilliget sein. Es solle auch kein Theil an des andern Religions-Ceremonien und Gebräuchen oder was immer seiner Glaubensbekenntnis nicht gemäss ist, insonderheit auch nicht zu Haltung des anderen Theils Fest- und Feiertagen verbunden sein, und gleichwie die Katholischen in ihrem Gottsdienst, Ceremonien und Processionen nicht gehindert, beschimpft noch beleidigt werden, ebenso also sollen auch die Evangelischen in ihrem Gottesdienst, Kirchengebräuschen und Ceremonien nicht gehindert, beschimpft noch beleidiget werden. Ingleichen sollen die Landvögte und Unterthanen ihrer Glaubensbekenntnis gemäss jederweilen befriediget werden. Dannethin so war auch angesehen und geordnet, dass zu Verhütung besorglicher Ohnordnung für das Künftige die Kirche zu Verrichtung des Gottesdienst an Sonntagen von denen, die selbige zuerst gebrauchen, denen so der anderen Religion sind, vom Frühling bis in den Herbst um 8 Uhren und vom Herbst bis in den Frühling spätest um 9 Uhren überlassen, es wäre dann Sache, dass sie sich unter einander mit beidseitigem Belieben an eint oder anderen Ort einer andern Stunde verglichen hätten und dabei verbleiben wollen; jedem theil auch zu Verrichtung des Ordinari- und Extra-Ordinari-Gottesdienst durch die Wochen derselben Gebrauch ohngehindert gestattet werden; zu solchem End wo man keine eigenen Kirchenschlüssel und Messmer hat, und derer begehrt wurden, solche dem begehrenden Theil zudienen sollen, jedoch also, dass alsdann die Chor und Altär aus gemeinem Kirchengut mit so weniger Einahme der Weite als möglich beschlossen, auch den Evangelischen an solchen Orten, wo sie mit keinen eigenen Taufsteinen versehen, selbe zu eigenem Gebrauch in die Kirche hinzuzusezen ohne einiche Hindernis gestattet werden, zugleich auch jeder Religion ein besonderer proportionirter Kirchhof, ihre Todten nach ihrer Religionsmanier und Übung zu begraben, verwilliget sein solle. In Fernerem ist auch abgeredt und verglichen, dass wo der einen oder anderen Religion Zugethane ihren Gottesdienst in einer eigenen Kirchen zu verrichten, eine neue bauen wollten, dannzumalen solches in eigenem Kosten beschehen solle, doch dass sie sich alsdann selbiger Kirchen allein bedienen und zu der gemeinsamlich gehabten den Zugang aufgeben, mithin aber um das dazuverlassende Recht sich mit der anderen Religion vergleichen mögen. Dafern auch ein- oder anderseitige Religionsgenossen eine gemeine besizende Kirche in eigenen Kosten vergrössern wollten, solle solches ihnen ohngehindert gestattet werden; jedoch dass der Bau also geführt, dass so viel möglich in Zeit des Bauens kein Theil an seiner Religionsübung verhindert, auch der Katholischen Altäre und Sacristeien nichts benachtheiliget werden; also auch, wann die Evangelischen um besserer Kommlichkeit willen eine nächst gelegene Kirche darin ihre Religion geübt und besuchen wollten, solle ihnen solches ohngehindert zugelassen sein. Denjenigen Kirchhörenen, wo nur allein der evangelische Gottesdienst geübt wird, sollen dieselben Kirchengüter, sie mögen bestehen, worin sie immer wollen, denselben zu eigener Verwaltung allein übergeben und überlassen werden; da hingegen den Katholischen auch an den Orten, wo der katholische Gottesdienst allein geübt wird, gleichmässig die Verwaltung ihrer Kirchengüter auch allein übergeben und überlassen sein solle. Die Kirchengüter aber in den Orten, da selbige annoch ohnvertheilt und allwo beide Religionen in Übung sind, solle die Natur solcher Kirchengüter erforscht und die Spend- oder Almosengüter nach Marchzahl der Leute jeder Religion getheilt, demnach aus den übrigen Kirchengütern das, was zu dem Geläute und Kirchengebäuen von Nöthen, bestimmt, in zwei gleiche Theile getheilt, davon jeder Religion einer zur Verwaltung gugestellet und die unter diesem Titul sich ergebenden Umkosten zu gleichen Theilen beigetragen, da Capital wohl mögen vermehret aber nicht vermindert werden; von dem übrigen aber solle jedem Theil das, was er zu Verrichtung seines

Gottesdienstes bis dahin genossen, fürbas gefolget und zu dessen Verwlatung übergeben werden, und die Gemeindsgenossen von der einen und andern Religion zu der Andern Gottesdienst und Erhaltung für das künftige nichts mehr beizusteuren schuldig sein. Es sollen auch die Herren Collatores derjenigen Pfründen, wo die Pfarrer dem Züricher Synodo einverleibt, aus drei tauglichen Subjectis, so ihnen von dahero vorgeschlagen werden, eines daraus zu erwählen haben, anbei aber auch die Pfarrhäuser gebührend in Ehren zu halten sich angelegen seil lassen. Ferners so ist man auch übereinkommen, dass die Verlassenschaft der in gemeinen deutschen Herrschaften absterbenden verpfründeten Herren Geistlichen des Abzugs frei sein solle. Und weil das rheinthalische Landmandat nicht allein eint und andere Ohnordnung in sich haltet, sondern auch die Religion einmischen thut, als hat man auch für nöthig angesehen, dass dasselbig verbessert werden solle. Mithin dann auch der Landsfrieden von Anno 1531 aufgehebt, todt und absein, dagegen aber die diesmalige Befriedigung künftighin der Landsfrieden heissen und die Landvögte sowohl als alle geist- und weltliche Gerichtsherren und Collatores zu diesem neuen Landsfrieden verpflichtet und verbunden sein sollen. Damit dann auch in Verwaltung der Justiz die Ohnparteilichkeit desto besser Plaz finden möge, so sollen die Ehrenstellen, Ämter und oberkeitliche Bedienungen von nun an aus beiden Religionen bestellt werden, also dass gleichwie der Landschreiber im Thurgeu katholischer Religion bleibt, hargegen jederzeit der Landammann evangelischer Religion sein. Es solle auch fürohin die Landschreiberei des Rheinthals beständig durch einen evangelischen Landschreiber bestellt und versehen werden; der nächste Beamtete auf ihn aber katholischer Religion und den loblichen katholischen regierenden Orten selbigen zu bestellen überlassen werden, von der Qualität, wie der evangelische Beamtete in dem Sarganserland sein wird und wie die sämmtlich regierenden Orte deshalber übereinkommen werden, und obgedeute Landschreiber- und Landammannstellen je zu zehen Jahren um abgeändert werden und jedes Mal an eines katholischen abgehenden Landschreibers Statt wiederum ein katholischer und vice versa an eines evangelischen abgehenden auch wiederum ein evangelischer bestellt, und also auch mit den nächsten auf sie folgenden Oberbeamten verfahren werden, die Wahl aber, so sie einen katholischen zu betreffen hat, den katholischen, wo es aber ein Evangelischer sein soll, den evangelischen Orten gebühren solle. So ist auch gutbefunden und beabredet worden, dass künftighin bei allen haltenden gemeinen Tagleistungen in Religions- und Standssachen allwegen ein evangelischer und ein katholischer Protocollist zugleich in die Session admittirt, deroselben führende Protocolle jeweilen gegen einander gehalten und conformirt, folglich dann das also Verglichene in gemeinen Sessionen abgelesen werden solle. Übrige, sowohl Civil- als Militärbedienungen, als da sind Untervögte, Landrichter, Weibel, Landgerichtsdiener, item Redner, Land- und Quartierhauptleute, Hauptleute jeder Religion ohne Unterschied gleich viel bestellt werden; dabei es der Redner halber die Meinung hat, dass zu denen diesmals vier Katholischen zu Frauenfeld annoch zwei Evangelische hinzugethan, auf das Absterben zweier Katholischer aber es fürbass bei der Zahl der vier Redner, als zweier Evangelischer und zweier Katholischer, gelassen werden solle. Ferners solle auch in den niedern

Gerichten, wo man von beiden Religionen unter einander wohnt, mit Besezung der Ammann- und Richterstellen also verfahren werden, dass an den Orten, wo zwei Drittel der einten Religion, die Richterstellen auch mit zwei Drittel Richtern von selbiger Religion bestellt, wo aber die Mannschaft geringer als zwei Drittel, so solle dannzumal das Gericht halb von den Evangelischen und halb von den Katholischen besezt und allwegen ohne Unterschied der grössern oder wenigern Mannschaft mit der Ammann- oder vordersten Richterstelle alternirt werden. So sollen auch die Waisen mit Vögten ihrer Religion besorget, die Fremdlinge ohne aller regierender Orten Consens nicht zu Landskindern, noch die Landskinder derer Orten, wo sie nicht Burgern oder Gemeindsgenossen sind, wider den Willen des mehrerern Theils der Gemeindsgenossen weder zu Burgern oder Gemeindsgenossen noch Beisassen angenommen werden, auch weder die Landvögte noch Gerichtsherren selbige unter dem Vorwand des halben Mehrs noch solnsten einichermassen dazu nicht nöthigen mögen. Dann die Käufe in Todtenhände betreffende, so sollen solche Niemand als den regierenden Orten für sich, doch so zugelassen sein, dass die übrigen mitregierenden Orte um den Consens gebührend ersucht werden. Die heimlichen Kläger und Kundschaften sollen fürohin abgestellt sein, die Unterthanen mit strenger Regierung nicht beschwert, noch mi ohnmässigen Kanzlei- oder andern beschwerlichen Késten belästiget, sondern in allen Dingen mit ihnen mild und väterlich verfahren werden. Wann dannethin lobliche regierende Orte (welches aber Gott ewig wende) in Krieg gegen einander zerfielen, so solle kein Theil, er mache gleich die Majora aus oder nicht, mögen die gemeinen Unterthanen mahnen, sondern diese sich neutral halten und keintwederem Theil weder Volk, Geld, Munition oder Proviant geben oder einich andern Vorschub thun, anders als mit Gebet zu Gott zu deroselben Wiedervereinund Befriedigung. Weiters ist hiedurch versehen, dass in den gemeinen Herrschaften Männiglich, Geist- und Weltlichen verboten sein solle, einiche Fortificationswerke, sie seien klein oder gross, regular oder nicht, unter was Prätext es immer sein möchte, zu bauen ohne Consens aller loblicher regierender Orte. Die Maleficanten von beiden Religionen sollen in kein Weis noch Weg zu Änderung der Religion angehalten, sondern wann einer unter währendem Process einen Seelsorger seiner Religion zu seinem Trost begehrte, ihm solches in Beisein eines Beamteten gestattet werden; wann aber der Process ihm allbereit gemacht, solle der Seelsorger, so er begehrt, den ohngehinderten Zugang zu ihm, dem Maleficanten, ohne Beisein eines Beamteten haben und von ihm bis zu der Richtstatt begleitet werden mögen. Zu desto sicherer Verhütung dann aller Ohnbeliebigkeiten und reizenden Anlässen, solle künftighin alles verhasste Schmüzen und Schmähen von Geist- und Weltlichen in und aussert der Kirchen, mund- und schriftlich, bei höchster Ohngnad verboten und abgestraft werden; auch solle bei gemeinen und sonderbaren Zusammenkünften, es sei im Reden, Schreiben und dergleichen die eine Religion evangelisch und die andere katholisch gennennet und betitelt werden. Übrigens dann solle auch in Justizsachen, Succession, Erbschaften und Collocationen die Einten gleich den Anderen ohne Unterschied der Religion gehalten und angesehen, auch bei den Lehensverleihungen Keinem der Religion halber etwas zugemuthet werden. Fünftens sollen in diesem

Frieden kräftigst mitbegriffen sein nicht nur alle unsere Eid- und Bundsgenossen, Schirm- und Zugewandte insgemein, sondern auch in das besondere alle die, so dem eint oder anderen Theil mit Rath und That Hilfe geleistet. Sechstens erklären sich sammtliche interessirte Orte, alle diejenigen einer wahren Amnistia geniessen zu lassen, welche sich währender Zeit dieser Ohnruhen mit beschehenem oder unterlassenem Zuzug ald sonsten gegen dem eint oder andern Theil verfehlt haben möchten, auch diejenige, welche sich an beide lobliche Stände zu ergeben genöthigt gesehen und sich unter derselben Schuz ergeben oder ergeben wollen und aber wiederum an ihre vorige Obrigkeiten gewiesen worden, denen solle hierum nichts zugesucht werden, noch sich einichermassen gegen Jemanden zu entgelten haben. Siebentes sollen die Kriegsgefangen allerseits auf Erlag der Azungskösten[316] gegen einander ausgewechselt werden, und weil beide lobliche Stände einen merklichen Überschuss an der Zahl und Qualität haben, erklären sie sich selbige ohne Ranzion[317] nach beschehener Bezahlung der Azungskosten den V löblichen Orten zu Bezeigung eidgenössischer Freundschaft nach publicirtem Frieden auf freien Fuss zu stellen, da dannzumalen auch aller Orten loblicher Eidgenossenschaft der eid- und bundsgenössische freie Handel und Wandel wieder hergestellt und offen sein solle und was vor dem Krieg in eint- ald anderem Orts Botmässigkeit für Waaren, Anforderungen, Schulden und Gegenschulden und dergleichen gewesen und gelegen sind, ohnverhindert jedem Theil wiederum angedeihen und verabfolgt werden. Wann auch Achtens der Herr Abt, Decan und Convent zu St. Gallen des Toggenburgs halber und seiner aberoberten Landen wegen mit beiden loblichen Ständen nicht Frieden machen wurde, so erklären sich sammtliche lobliche eidgenössische und zugewandte Orte insgesammt und sonders, dass sie weder directe noch indirecte zu Erhaltung gemeineidgenössischer Ruhe und Wohlstand weder jetzt noch in das Künftige bis zu erfolgendem Frieden sich derselben anders nicht als in Güte annehmen noch beladen wollen, und gleich wie beide lobliche Stände sich förderlich angelegen sein lassen werden, selbiges Geschäft mit Herren Prälaten und Convent ohnverzogenlich beizulegen, also wollen auch die V loblichen katholischen Orte sich allen Fleisses angelegen sein lassen, diesen Frieden best ihrens Vermögens in Güte zu befördern, damit die allgemeine Ruhe und Wohlstand in gemein liebem Vaterland wiederum hergestellt werde. Neuntens solle zu sonderem Respect Ihro Excellenz des französischen Herren Ambassadoren und der loblichen ohninteressirten Orten, wie auch aus Liebe zum Frieden von den Kösten unter den diesmals pacificirten Orten nichts mehr geredt werden. Zehentens erklären sich auch obvermeldte sammtliche lobliche Orte, dass alle bis dahin in den gemeinen Herrschaften unter einander ohnausgetragen geschwebte Sachen und alle diesörtige Verdriesslichkeiten hin, todt und ab sein auch wahre eidgenössische Liebe und Freundschaft wieder hergestellt und beständig fortgepflanzt werden solle. Schliesslichen sollen sobald die von loblichen fünf Orten per expressons verlangte Ratification dieser Tractaten eingelangt und extradirt sein wird, alle Feindthätlichkeiten, als Contributionen und anders Widriges aufgehebt und die Völker in eigene Lande zurückgezogen werden.

Zu mehrerer Bekräftigung Alles obstehenden haben Herren Ehren Gesandten loblicher interessirter Orte gegenwärtiges Friedensinstrument kraft habender obangezogener Vollmachten zu seinem vollkommenen Stand gebracht und übrigens sich die loblichen XIII und zugewandte Orte der Eidgenossenschaft freundeidgenössisch erklärt, die zusammen habenden Bünde aufrichtig und getreulich unter und gegen einander zu beobachten und zu halten; urkundlich und weil ihnen sammt und sonders ein beharrlicher Friede ganz billich angelegen ist, solches mit allseitigen Stands-Einsiegeln verwahrt und gegeben den 18. Heumonat und neun und eilften Augstmonat im Jahr nach der gnadenreichen Geburt Christi Unsers einigen Erlösers gezählt Eintausend Siebenhundert und zwölf Jahre.[318]

28. Ratification Lobl. Stands Zürich.

- ORT/ZEITPUNKT:
  12. AUGUST 1712

- QUELLE:
  ZENTRALBIBLIOTHEK BERN,
  H XLIX 337:7

Wir Burgermeister Klein und Grosse Räthe der Statt Zürich Urkunden hiermit offentlich; Demenach Wir von Unseren fürgeliebten Mit-Räthen, und zu Arauw subsistirenden Herren Ehren-Gesandten, durch Uberschickung dess von denenselben und denen Herren Ehren-Gesandten der Loblichen Ständen, Lucern, Ury, Schweitz, Underwalden, Ob- und Nid dem Kernwald un Zug, zusamt des Usseren Amt, Anderseits, Eigenhändig underschriebenen und besigleten, unter dem 18. Julij vormahls, und den 9. und 11. diss datirten Instruments, berichtet sind, auff was Weiss zwischen Uns, und denen V. Catholischen Lobl. Orthen der Fried durch Gottes Gnad, Krafft Unseren Herren Ehren-Gesandten ertheilter Vollmacht völlig beschlossen worden seye; So thun Wir hiemit angezogenes Friedens-Instrument vom 18. Julij und 9. und 11. diss, von Unsers Orths wegen in best- und kräfftigster Form ratificiren, ratificiren und bestätigen solches in allen seinen Puncten und Articeln; Also und dergestalten, dass Wir uns für Uns und Unsere Nachkommenden für jetzt und zu allen Zeiten, deme getrulich nachzukommen, obzuhalten, verpflichten; Zu dessen Urkund Wir Unserer Statt Zürich Secret-Insigel hierauff offentlich haben trucken lassen, so geben ist Freytags den 12. Augusti Anno 1712.

L.S.

29. Huldigungsbrief von Rapperswyl an die Stände Zürich und Bern.

- ORT/ZEITPUNKT:
  RAPPERSWIL, 13. AUGUST 1712

- QUELLE:
  DIE EIDGENÖSSISCHEN ABSCHIEDE
  AUS DEM ZEITRAUME VON 1681
  BIS 1712. BAND 6, ABTHEILUNG 2.II,
  S. 2342–2343
  (STAATSARCHIV ZÜRICH)

Wir Schultheiss, klein und grosse Rath mit sammt gemeinen Burgern und unseren Zugehörigen allhier zu Rapperswyl thun kund und zu wissen Allen, so diesen Brief sehen oder hören lesen, und bekennen offentlich hiemit: Nachdem die hochgeachteten, hoch- und wohledelgebornen, gestrengen, ehr- und nothfeste, vornehm hoch- und wohlweisen gnädigen Herren beider Städte und hoher Stände Zürich und Bern bei Anlass der toggenburgischen Unruhe mit den V katholischen Orten Lucern, Uri, Schwyz, Unterwalden ob und nid dem Kernwald und Zug, die sich dem Herren Prälaten zu St. Gallen anhängig gemacht, leider! in Krieg gerathen und dardurch bemüssiget sich befunden, sich unserer Stadt Rapperswyl zu bemächtigen, deswegen hoch ermeldte beide Stände mit ihrem Kriegsvolk für unsere besagte Stadt Rapperswyl gezogen, vor selbiger Posto gefasset, Alles zu einem ernsthaften Angriff fertig gemacht, und darauf unsere Stadt aufgefordert, worüber wir Schultheiss, klein und grosse Rath und die Burger sammt unserigen Zugehörigen durch einige zu genannter beider hochloblichen Ständen ihrer Kriegsräthen in deroselben Feldlager abgeordnet zur Vorkommung unseres mehreren Schadens, Verderbens und völligen Untergangs mit selbigen uns in eine Capitulation eingelassen, bei derer Inhalt wir durchaus verbleiben, als haben wir unsere Stadt, Schloss und Hof Rapperswyl mit allen den Rechten, so die vorige lobliche Schirmort an unserer Stadt laut Briefs von Anno 1464 gehabt, (jedoch mit Einschluss der Rechte, welche kraft ermeldten Briefs ein hochloblicher Stand Glarus als unser schon vormalig Schuz- und Schirmherren gehabt) an sie erlassen, worauf sie mehr gedachte beide hochlobliche Stände nicht allein obbemerkte Capitulation insgemein frischerdingen gutgeheissen und ratificirt, sondern auch den darinnen angezogenen Schirmbrief von Anno 1464 vor sich und ihre Nachkommende, auch alle die ihrige in kräftigster Form bestätet und zufolg desselben sie beide hohe Stände desselbern sie beide hohe Stände (wie vorhin die drei alten Schirmorte Uri, Schwyz und Unterwalden) erklärt, uns von Rapperswyl alles seines Inhalts nun und zu künftigen Zeiten ohne einige Einrede frei und lediglich geniessen zu lassen. Darauf dann wir Schultheiss, klein und grosse Rath und alle Burger zu Raperswyl sammt allen denen so in den Hof old sonst zu und gehören, vor uns und unsere Erben und ewige Nachkommende zu ihnen denen vorgesagten beiden hohen Ständen Zürich und Bern und ihren ewigen Nachkommenden leiblich und gelehrte Eide zu Gott geschworen, unsere Stadt und die Burg zu Rapperswyl zu allen ihren Nöthen und Sachen ihnen offen und gewärtig sein zu lassen, so oft und dik das ihnen nothdürftig und zu Schulden kommen wird, ihren Nuzen und Ehre zu fürdern, den Schaden zu warnen und zu wenden, ihnen beholfen und mit aller Gerechtigkeit gehorsam und gewärtig zu sein, wie selbige die vorigen Schirmorte an uns, unserer Stadt, Burg und den unsrigen kraft Briefs von Anno 1464 gehabt haben, ohne alle Gefahr. Wir von Rapperswyl, alle unsere Nachkommenden sollen uns auch hinfüro weder mit Gelübden, Eiden noch Briefen zu Niemand verbinden, noch thuen, dann mit gutem Wissen, Gunst und Willen der beiden Stände und ihrer Nachkommenden, in kein weis noch Weg. Es ist auch hierinnen eigentlich beredt, dass Niemand von jedem Theil den anderen soll verhften oder verbieten, als nur den rechten Gülten oder bürgen, der ihme um seine Ansprache gelobt und verheissen hat, und soll auch Jedermann von dem Andern Recht nehmen an den Enden und Orten, wo der ansprächig gesessen ist, oder dahin er gehört, daselbst man dann dem Kläger ohnverzogenlich richten und das Recht gestatten solle, ohne alle Gefahr. Und ob es sich in künftigen Zeiten fügete, dass die beiden hochloblichen Stände in Misshelligkeit kommen sollten, das Gott ewiglich abwende, derselben Misshelligkeit sollen wir von Rapperswyl nichts annehmen, noch darinnen einem Theil wider den anderen beholfen sein, in kein Weis noch Weg. Wäre auch, dass die obgenannten hohen Stände gemeinlich oder eines absonderlich mit uns von Rapperswyl einst zu Stössen und Misshellung kämen oder wir mit ihnen (das auch gott lang wende), darum sollen wir sammtlichen oder die, so den Stoss mit uns haben, oder wir mit ihnen zu tagen kommen, innert den nächsten vierzehn Tagen, so dass erfordert wird, in ihrer Stadt Baden im Ergeu und jedere Partei zwei ehrbare Männer darzu sezen und dieselbe sich mit ihren Eiden dazu verbinden, die Sache in der Minne oder zu den Rechten, wann die Minne nicht Plaz finden möchte, auszusprechen, ohne alle Gefahr. Wäre aber, dass sich die vier gleich theilten und nicht eins wurden, dann sollen sie bei denselben ihren Eiden einen gemeinen Mann, der sie in den Sachen schiedlich und gemein bedunkt, aus ihren Städten oder der Stadt Rapperswyl ohnverzogenlich zu ihnen erkiesen und nehmen, und welchen sie von obgenannten Orten also erwählen, derselbe solle von seinen Herren und Obern alsobald angewiesen werden, sich der Sachen in seinem Eid zu verbinden und dieselbe fürderlich auszusprechen, wie vorgeschrieben steht, ohne alle Gefahr. Und hierauf so haben sie beide hohe Stände Zürich und Bern uns obgenannten von Rapperswyl unsere Stadtrechte, Freiheiten, Ehehaften und guten Gewohnheiten, was und wie wir die von Alter und bishero gebracht haben bis auf den Tag, als zu ihnen wir kommen sind, heiter vor- und ausgelassen, dabei zu bleiben, jetzt und zu künftigen Zeiten, doch ihnen, allen den ihrigen und ihren Nachkommen an allen ihren Gerichten, Rechten, Freiheiten, Ehehaften, Gewaltsamen und guten Gewohnheiten jetzt und in zukünftigen Zeiten oh ne all' ihren Schaden, alles mit guten Treuen und ohne alle Gefahr. Wir von Rapperswyl sollen auch alle, besonders was Mann oder Knaben, die ob vierzehn Jahre alt oder älter sind, je zu fünf Jahren, oder wann wir dessen von ihnen gemeinlich oder sonderlich erfordert werden, die vorgeschriebenen Eide Erneuern und Alles das, so dieser Brief ausweist und vermag, ihnen geloben und schwören, wahr undstät zu halten, getreulich und ohne alle Gefahr.

Dessen zu wahrem festen Urkund haben wir Eingangs besagte Schultheiss, klein und gross Rath der Stadt Rapperswyl unseres gewohnliches Stadt Secret-Insiegel offentlich henken lassen an dieser Brief, der geben ist den dreizehnden Tag Augusti, von der gnadenreichen Geburt Christi Jesu des Eintausend Siebenhundert und zwölften Jahrs.[319]

30. Ratification des Standes Bern.

- ORT/ZEITPUNKT:
  BERN, 13. AUGUST 1712

- QUELLE:
  DIE EIDGENÖSSISCHEN ABSCHIEDE AUS DEM ZEITRAUME VON 1681 BIS 1712. BAND 6, ABTHEILUNG 2.II, S. 2338 (STAATSARCHIV LUZERN)

Wir Schultheiss, kleine und grosse Räth der Stadt Bern thun kund hiemit, demnach zwischen unseren G. L. A. E.[320] Loblichen Stands Zürich und uns an einem;

denne unseren G. L. A. E. Loblicher Ständen Lucern, Uri, Schwyz, Unterwalden und Zug am andern Theil, aus ursprünglichem Anlass toggenburgischer Landsbeschwerden einiche unbeliebte Misshelligkeiten, ja gar kriegliche Verfassungen und Thätlichkeiten erwachsen, zu welcher gänzlicher Abhebung und Wiederherstellung allseitig sowohl erprossener freundeidgenössischer Wohlverständniss unsere Ehrengesandten mit und neben den Herren Ehrengesandten übriger loblicher eidgenössischer Orten sich in aarau einbefunden und nach vielfältigen Vor- und Gegenvorstellungen zwischen loblicher Ständen Zürich und Bern, denne Lucern und Uri Herren Ehrengesandten unterm 18. nächsthingerukten Heumonats ein Friedensinstrument kraft obrigkeitlich eingeholt- und ertheilter Gewälten aufgerichtet, unterschrieben und mit dero Petschaften versehen; seithero aber gethanes Friedensinstrument auf Gutfinden sammtlicher Herren Ehrengesandten aller loblicher dreizehen und zugewandter Orten der Eidgenossenschaft aus erheblichen Ursachen noch durch einen Beibrief, datirt den neunten dies in fernerem verglichen worden; dass daraufhin und nach vernommenem Inhalt besagter zweiter Friedensinstrumenten vom achtzehenden Julii nächsthin und neunten dies laufenden Monats, sowohl als aller darin begriffenen Puncten wir unsers Orts diesörtigen Vergleich und also beide obige Friedensinstrument ihres ganzen Inhalts für uns und alle unsere Nachkommenden völliglich beliebet, angenommen und bestätiget haben wollen, also dass denselben jetzt und zu allen künftigen Zeiten getrulich nachgelebt, darwider in kein Weis noch Weg gehandelt, sondern solchen ohnwidersprechlich in alle Weg genug gethan werden solle. In Kraft gegenwärtiger Ratification und Genehmhaltung, zu dem End mit unserem gewohnten Stadtinsigel verwahrt und geben den dreizehenden Tag Augstmonats des Siebenzehenhundert und zwölften Jahrs.[321]

31. Abermahliges Schreiben an eine hoch-löbliche Reichs-Versammlung zu Regenspurg / Von beeden löblichen Städten Zürich und Bern die Toggenburgische Sache betreffend.

- ORT / ZEITPUNKT:
  24. AUGUST 1712

- QUELLE:
  ZENTRALBIBLIOTHEK BERN,
  H. VARIA FOL 46

Hochwürdige, Hochgebohrne, Hoch-Wohlgebohrne, Wohl-Edel-Gebohrne, Gestrenge, auch Edle, Beste, und Hochgelehrte, Gnädige, Grossgünstige, und Hochgeehrte Herren,

Denenselben seyen unsere gutwillige Dienste anvor.

Gleichwie wir die Freyheit genommen, Euer Hochwürden, Excellenzien, und deren Herren jüngstermahlen unsere besondere Anliegenheit wegen der toggenburgischen Misshell pro Informatione zu eröffnen, und anbey des mehrern zu bedeuten, in was bedauerliche Weitläufftigkeit selbige von Seiten des Herrn Praelaten von St. Gallen verführet worden; also können wir auch dissmahlen uns nicht enthalten, Euer Hochwürden, Excellenzien, und denen Herren wohlmeynliche Participation zu ertheilen, welchergestalten der Allerhöchste durch seinen Himmlischen Gnaden-Beystand die Sachen dahin verleithet, dass zwischen denen Catholischen V. Löbl. Orthen, Lucern, Ury, Schwitz, Underwalden und Zug, welche eben dieses Toggenburgische Streits-Geschäffts wegen, dem Herren Abten von St. Gallen kräfftiglich zu Hülffe gestanden, und dahero mit uns in Kriegliche Thätlichkeiten verfallen waren, nunmehro wiederumb ein ehrlicher Frieden beabredet und würcklichen geschlossen worden.

Es waren aber unsere Fried liebende Gedancken in fernerem dahin gerichtet, dass auch ein vollständiger Frieden mit ihme, Herrn Praelaten von St. Gallen, verglichen werden möchte; Wir müssen aber sowol aus einem von Ihro Kayserl. Majestät an uns abgelassenen gnädigsten Schreiben, als auch aus zweyen uns zum Vorschein kommenen Kayserl. Commissions-Decretis, sonderlich dem vom 30. Junii nechsthin zu unserem höchsten Bedauern ersehen, wie so gar friedhässige Leuthe sich nicht gescheuet, allerdings ohngründliche Informationen, und wie heiter gezeiget werden kann, erdichtete Facta von Unsausszustreuen, und zwaren, ob sollten wir bald aus diesem, bald aus jenem Vorwand in der Graffschafft Toggenburg, in denen übrigen Fürstlichen St. Gallischen und andern angräntzenden frembden Landschafften weithinausgehende Empörungen und Gewaltthätigkeiten unternommen, und unsere Eydgnossen selbstgefähliche Motus erwecket haben; Derowegen dann wir uns die Ehre geben, Euer Hochwürden, Excellenzien, und denen Herren der Sachen wahre und gründliche Bewandtnuss geziemender massen, jedoch lediglich pro informatione vorzustellen, benanntlichen dass:

Gleichwie von uns entfernet, dass wir gegen denen benachbarten hohen Reichs-Ständen das geringste Widrige vorzunehmen uns jemahlen in Sinn kommen lassen, sondern diese gemein-erspriessliche liebe Nachbarschafft in besten Erbvereinigtem Vertrauen zu unterhalten jederzeit getrachtet, und immerhin dahin trachten werden; Also wir uns auch des Lands Toggenburg so gerechter Dingen angenommen, und beladen, als Welt-bekannt ist, mit was harten und ohnerträglichen Beschwehrden selbiges von vielen Jahren daher von denen Fürst. St. Gallischen Beambten beträngt und verfolget worden, und waren wir nach dem Exempel unserer Standes-Vorderen solches zu thun umb so mehrers befugt, indeme wir von Zürich in Anno 1538. die Vorstellung des Toggenburgischen Land-Friedens vermitteln helffen; wir von Bern dann bereits in Anno 1463. auf Anhalten der damahln in unserer Haupt-Stadt erschienenen Partheyen durch ausgefällte Urtheil das Land-Recht in vollkommene Krafft gebracht, führnehmlich aber, da bei diesen letzten Zeiten der List und Gewalt zu Unterdruckung der Toggenburgischen Freyheiten beyder Religionen, welche mit der Wohlfahrt gesambter Löbl. Eydgnossschafft auf das genaueste verknüpffet, so angewachsen, dass sie gleichsam auf den Spitzen gäntzlichen Untergangs gestanden, derowegen dann die Einwohnere des Lands Toggenburg solche ihre Beschwehrde Anno 1702. an beyde ihre Mitverlandrechtete Löbl. Orthe Schwitz und Glaruss zubringen, und dieselbe umb Hülffe und Recht angelegentlich zu ersuchen nothgedrungen waren; Weilen aber der Herr Praelat zu St. Gallen das sogenannte Landleuthen-Land-Frecht von Anno 1440. nicht angosciren wollen, sondern anfänglich völlig widersprochen, hernach aber aus Uberzeugung der Mitverlandrechteten Orthen Schwitz und Glaruss selbsten ein solches zwar zugestanden, denenselben aber einen gantz widrigen Verstand andichten wollen; Als hätte er wider die bedeutete beyde Löbl. Orth, Schwitz und Glaruss, selbsten erstlichen vor die Löbl. Stände Zürich, Bern, Lucern und Solothurn, hernach aber für die Löbl. Eydgnossische Orth Recht vorgeschlagen, dieselbigen instantissime darum ersucht, und hiemit, wie er wol wüste, dass es Fug und Recht wäre, das Geschäfft an uns und übrige Eydgnossen gebracht, wie solches alles die Eydgnössische Abschiede heiter mitgeben; Also dass wir in diss Geschäfft, darinn die Toggenburger eine dritte Parthey machten, als Mit-Richtere einzutretten, krafft Bünden uns verpflichtet befunden haben; Wir hätten auch wol erwünschen mögen, dass durch so vielfältige Versuch-Mittel, so wir zu gedeylicher und friedlicher Hinlegung dieses Streit-Geschäffts vorgekehrt, insonderheit durch die Anno 1706. incaminirte Mediation, welche anderseits hinderrucks unser abrumpirt worden, wir zu solchen heylsamen Zweck hätten gelangen können wir haben aber höchst betauerlich erfahren müssen, dass selbiges bald durch diesen, bald durch jenen Weg dermassen herumb getrieben worden, und also wol vorsehen mögen, dass darunter anders nichts, als gantz gefährliche – den Ruhe-Stand Löbl. Eydgnossschafft zerstöhrende Absichten verborgen lägen; Derohalben dann wir aus obhabenden theuren Pflichten und vermög Eydgnössischer Bünden bewogen worden, diesen so härtiglich-bedrangten Toggenburgeren beyder Religionen, ohne Unterschied, auf ihr so sehnliches Anruffen unsere würckliche Hülffe zu leisten, und dieselben vor dem angedrohten völligen Ruin retten zu helffen. Worbey zu des Gegentheils gröster Uberzeugung sich geöussert, was zu Zerstöhrung der Stadt St. Gallen und anderer benachbarter Orthen von geraumer Zeit daher in dem Closter zu besagtem St. Gallen für gefährliche und ohnverantwortliche Anschläge beabredet und geschmiedet worden, Sachen, welche da klärlich erweisen, dass das jenige, so krafft Brieffs von Anno 1469. Item, des Abschieds von Anno 1599. des Land-Friedens von Anno 1531. und Vermög Rappersweyler Abschieds wider uns produciret werden will, mit keinem Grund dahin aussgelegt werden kann, dass nemlich wir uns des Lands Toggenburg nichts anzunehmen haben sollten, massen alle sothane Anzüge sich darauf gründen, dass es bey obangezogenen Land-Leuthen-Land-Recht, welches der Herr Abt, wie obverdeut, auf alle ersinnliche Weise zu untergraben gesuchet, sein Verbleiben haben solle. Zu deme der Rappersweyler Abschied von uns niemahlen erkannt noch angenommen worden.

Wir können auch nicht begreiffen, mit was Rechten der Herr Praelat nunmehro, da er das Eydgnössische Recht und Justiz nach jeweiliger Ubung bey seinen Mit-Eydgnossen verlanget – und erhalten hat, darvon decliniert, und einen anderen Judicem, und zwar incompetentem zu Regenspurg suchen will; wie dann der Westphälische Frieden Artic. 6. solche incompetenz heiter dargiebet. «Indeme Ihr. Kayserl. Majestät und die hohen Reichs-Stände die Eydgnossen nicht nur von der subjection und dicasteriis des Reichs frey zu seyn erkennet, sondern annoch declariret, dass die gantze Eydgnossschafft, die Stadt Basel, und andere der Eydgnossschaft verbundene Stand und übrige Eydgnossische Cantonen in possessione vel quasi vollkommene Freyheit und exemption vom Reich und keines dessen Gerichten oder

Richteren unterworffen seyen.» Und weilen sich dissfalls auf ein vorgehendes Decret bezogen wird, als haben wir gutbefunden, selbiges abschrifftlich beyzulegen, wie No. 1 mitführen thut.

Weiters so ist auch unverborgen, dass Herr Praelat von St. Gallen nur ein Titular-Reichs-Fürst ist, gleich anderen in der Eydgnossschaft, als die Herren Aebte von Einsideln, Pfeffers und Mury, item, die Herrn Bischöffe von Wallis und Chur, sich befinden, etc. Nicht minder ist bekannt, dass er Herr Praelat von St. Gallen weder Votum noch Sessionem in einigem Reichs-Crayss – viel weniger in den Comitiis zu Regenspurg, wol aber hingegen solche in den Eydgnossischen Zusammenkünfften habe, woraus dann heiter folgt, dass derselbe kein immediat – membrum Imperii, sondern ein Eydgnoss seye; Zudeme die Aebtische Lande jederzeit vom Heil. Röm. Reich selbsten als Eydgnossische und nicht als Reichs-Territoria angesehen worden; Derowegen dann er, Herr Praelat von St. Gallen, Anno 1648. an die Schwedische Satisfactions-Gelder der fünff Millionen Reichsthaleren, gleich aber andere Reichs-Glieder thun müssen, auch nichts gestreuret. Ja es wird sich erfinden, dass die Herrn Aebte von St. Gallen seith mehr als 200. Jahren an einige Reichs-Anlagen und Beschwerden weder Heller noch Pfenning contribuiret, ob gleichwohlen selbige vor diesem zu Zeiten darumb belanget und ersuchet worden, und eben der dissmahlige über dergleichen an ihm beschehene Zumuthungen jeweilen einwendet, er seye ein Eyd- und nicht ein Reichs-Genoss; Dessentwegen auch zu Abhebung dieser Reichs-Steuren die Eydgnossen umb Hülffe und Schutz angelanget, gestalten auch zu verschiedenen mahlen, als Ausgangs des 14. und Anfangs des 15. Seculi, auch seithero von Eydgnossischen Tag-Satzungen an die Reichs-Versamblungen geschrieben, und von den Herrn Aebten nichts praestiret worden, darbei auch die hohen Reichs-Stände acquiesciret.

Dannethin so ist auch wol wahrzunehmen, dass Herr Praelat von St. Gallen wegen Toggenburg und seiner alten Landschafften in die zwischen der Cron Franckreich und einer Löbl. Eydgnossschaft bestehende Bündnuss und ewigen Frieden eingetretten, und noch würcklich sich darinnen befindet, so gar, dass Toggenburg von Franckreich annoch einen Antheil Friedens-Gelder zu beziehen hat; welches die Reichs-Stände nicht würden nachgegeben haben, wann je Toggenburg und die Aebtische Lande jemahls für Reichs-Territoria wären gehalten worden; Gestalten dann solches in der mit weyland Kayser Maximiliano, glorwürdigsten andenckens, Anno 1511. auffgerichteten Erb-Verein zu ersehen, welche da meldet: «dass zwar selbige durch den Herren Ertz-Hertzogen Sigmund zu Oesterreich gemachet, allein auch acht Orth der Eydgnossschaft, nemlich, Zürich, Bern, Lucern, Ury, Schwitz, Underwalden, Zug und Glrauss, bestehend, und aber wir die Stadt Basel, Freyburg, Solothurn, Schaffhaussen, mit den genannten acht Orten in ewiger Bündnuss stehen, und Oerter obberührter Eydgnossschaft worden, auch wir N.N. Abt des Gotteshauses zu St. Gallen und das Land Appenzell, mit unseren Städten, Schlössern, Land und Leuthen, mit den obgenannten zwölff Orthen seitheren in ewig Burger-Recht, Land-Recht und Verwandschafft kommen sind, ist auf unsers, kaysers Maximiliani und Ertz-Hertzogen Carlns, als Ertz-Hertzog zu Oesterreich sonder Bewillung abgeredt und beschlossen: dass die gedachten von Basel, Freyburg, Solothurn, Schaffhaussen, und das

Gotteshauss und Stadt St. Gallen, und Land Appenzell, sie allsamentlich und sonderlich in allen und jeglichen vor- und nachgeschriebenen Puncten und Articklen, nicht minder noch anders, dann ob sie in dem obgemelden ewigen Bericht und Erb-Vereinung mit ausgedruckten Worten gesetzt und begriffen gewesen wären nun hinfühto auch gemeint, gehalten, beschlossen und vergriffen sind und werden sollen, ohne einig Eintrag, Gefährde und Widerred.»

Und wie diss die einige Verbalia des Tractats, als ist darauss gnugsam abzunehmen, dass weyland Kayser Maximilianus den Abt von St. Gallen sambt seinen Leuthen und Landen, gleichwie Appenzell, so das XIII. Orth der Eydgnossschafft dem Corpori Helvetico einverleibt angesehen. So ist auch auch ein gleiches enthalten in dem Anno 1499. mit weyland Kayser Maximiliano gemachten sogenannten Basslerischen Vertrag, in welchen der Abt Gerhard von St. Gallen, als ein Eydgnossischer Verwandter, eingeschlossen worden.

Weiters, gleich wie in allen andern Sachen, also auch in dem allgemeinen Eydgnössischen Schirm-Wesen Anno 1647. zu Wyll in den St. Gallischen alten Landen auffgerichtet, hernach Anno 1668. und nachfolgends offtermahlen bestättiget, befindet sich Herr Abt von St. Gallen wegen seiner Eydgnossischen Landen, gleich wie Lucern angeleget, auch die angelegte Mannschafft öffters sowol gegen die Reichs- als Frantzössischen Völker mit übrigen Eydgnossen gebraucht und conjugiret worden.

Uber diss alles so verhoffen wir, die beyden Stände, Euer Hochwürden, Excellenzien und die Herren, werden grossgünstig betrachten, dass gleichwie die Frantzösische reünionen dem Heil. Röm. Reich empfindlich vorkommen, also nicht minder auch uns schwer fallen würde, wann wider den klahren Innhalt des Westphälischen Friedens Artic. 6. und wider einen ruhigen – mehr als 200. jährigen durch des Schwäbischen Crayses silentium bestättigten Posses Artic. 8 habeantur &c. mit dergleichen reünionen beunruhiget werden sollten, und also leicht zu erachten, was für bedenckliche und gefährliche Nachfolge einer freyen Eydgnossschaft dardurch zugezogen würde.

Wir setzen ausser Zweiffel, dass eben aus denen Gründen dasjenige, so in der projectirten Kayserl. Whal-Capitulation Artic. X. wegen der dem Reich angehöriger under veräusserter auch verpfändeten Herrschafften, Lehen und Gütern Nachforschungen und redintegration, sonderlich in Italien und in der Schweitz, anfänglich eingerucket ware, bey deren völliger Auffrichtung, in so viel es die Schweitz berühren wollen, widerum aussgethan worden.

Solchemnach nun, so gereichet zu unserem nicht geringen Verwunderen, dass Herr Praelat von St. Gallen dermahlen das toggenburgische Lehen so hochgelten zu machen sich unterstehet, als welches wir in gegenwärtigen Handel im geringsten weder berühret, noch zu berühren gedencken, sondern in seinem Werth stehen lassen; Derowegen dann wir zu verdeuen nicht unterlassen können, dass die vorigen Herren Aebte, dessen zu keinen Zeiten sich also praevaliret, indeme, wann solches Lehen einen Schirm nach sich ziehen sollte, selbiges directe wider des Herrn Abten Landrecht, und wider den Schirm-Grieff Anno 1451. mit denen Löbl. Orten, Zürich, Lucern, Schwitz, und Glaruss auffgerichtet, darinnen er sich Eydlich verbunden, keinen anderen Schutz und Schirm, als bey denen Orthen zu nehmen, streiten thäte; Zu deme die feuda Imperii weder Statum noch Subditum, und also consequenter nichts machen mögen, es seye dann zu Erkäntnuss des Lehens zur Zeit einigen Kriegs die Gebühr zubezahlen; Allermassen diese toggenburgische und, den beyden Ständen biss dato gantz unbekante Lehenschafft wegen dero Natur und Qualitäten unter feuda degenerantia (wie die Rechts-Gelehrten selbige nennen) gezehlet werden könten; Sintermahlen laut Schirm-Brieffs und Land-Rechtens alle Praestanda einer Löbl. Eydgnossschaft, deren keine aber dem Heil. räm. Reich zufliessen thun; Wie sollte nun Ihro Kayserl. Majestät oder die hohen Reichs-Stände, weilen keine reciprocirliche Pflichten in dieser Lehenschafft anzutreffen, mit Recht zu einigen Schirm beruffen und angehalten werden können. Und gleich wie obbedeuter massen bey allen diesen Sachen, und unser der beyden Ständen Vornehmen Ihro Kayserl. Majestät und dem Heil. Röm. Reich nichts benommen wird; also geleben wir der getrösten Hoffnung, Euer Hochwürden, Excellenzien, und die Herren werden auf gegenwärtige Informations-Gründe, welche mit ehesten noch mehrers extendiret werden wollen, gutmüthigst reflectiren, solchemnach alle etwan widrig-empfangene Impressions sincken lassen, folglichen dann den Herrn Praelaten zu billichem Vergleich an uns weisen, und nicht zugeben, dass wir in so gerechter Sache beunruhiget, noch weniger aber die gute nachbarliche nun über 200. Jahr gewaltete Wohlverständnuss unterbrochen werden, sondern wir bey unseren Landsherrlichen Rechten und Feyheiten ohnalteriret verbleiben mögen.

Euer Hochwürden, Excellenzien und der Herren anerbohrne aequanimität will uns sothaner willfähriger Entsprechung, darum wir Selbige freunddienstlichen ersuchen thun, umb so mehrers versichern, weilen wir uns zu getrösten wissen, Denenselben durch unser bisheriges Verhalten zu widrigen den geringsten Anlass nicht gereicht zu haben, zumahlen auch vergewissern thun, dass wir uns immerhin die fernere geflissene Beobachtung der Vertrag-mässigen Pflichten bestens angelegen seyn lassen werden. Euer Hochwürden, Excellenzien und die Herren schliesslichen zu Geniessung aller erspriesslicher Glückseligkeiten dem Himmlischen Obschirm getreulich empfehlende. Geben, und in unser – der beyden Ständen Nahmen mit under – der Stadt Bern Secret-Insiegel verwahret, den 24. Augusti 1712.

Euer Hochwürden, Excellenzien und der Herren
Dienst-willige Burgermeister, Schultheiss, klein- und grosse Räthe der Städten Zürich und Bern.

Denen Hochwürdigen, Hochgebohren, Hoch-Wohlgebohrnen, Wohl-Edelgebohrnen, Gestrengen, auch Edlen, Vesten und Hochgelehrten Herren N.N. des Heil. Röm. Reichs Churfürsten, Fürsten und Ständen, bey gegenwärtigem Reichs-Tag zu Regenspurg anwesenden herren räthen, Bottschaffteren und Gesandten, unseren Gnädigen Grossgünstigen und Hochgeehrten Herren. Regenspurg.

32. Gemeineidgenössische Tagsatzung.
(soweit es den Krieg betrifft)

- ORT/ZEITPUNKT:
  BADEN, 4. SEPTEMBER BIS
  1. OKTOBER 1712.

- ORT/ZEITPUNKT:
  DIE EIDGENÖSSISCHEN ABSCHIEDE
  AUS DEM ZEITRAUME VON 1712
  BIS 1743. BAND 7, ABTHEILUNG I,
  S. 1 (STAATSARCHIV ZÜRICH).

Gesandte: Zürich. Johann Jakob Escher, Bürgermeister; Johann Jakob Ulrich, Statthalter. Bern. Samuel Frisching, Venner; Christoph Steiger, Seckelmeister welscher Lande, beide des Raths. Lucern. Johann Martin Schwyzer, Schultheiss und Stadtvenner; Karl Anton Amrhyn, des Raths. Uri. Karl Alphons Bessler, Landammann und Pannerherr; Jost Anton Schmid, Alt-Landammann. Schwyz. Joseph Franz Erler, Landammann; Johann dominic Bettschart, Pannerherr und Alt-Landammann. Obwalden. Konrad von Flüe, Landammann. Nidwalden. Anton Maria Zelger, Landammann und Pannerherr; Joseph Ignaz Stulz. Zug. Johann Baptist Trinkler, Landshauptmann und des Raths zu Menzingen; Christoph Andermann, Stadtammann. Glarus. Johann Heinrich Zwicki, Landammann; Jakob Gallatin, Statthalter. Basel. Johann Balthasar Burckhard, Bürgermeister; Christoph Burckhardt, Deputat und des Raths. Freiburg. (niemand). Solothurn. (niemand). Schaffhausen. Heinrich Ott. Bürgermeister; Melchior von Pfistern, Statthalter. Appenzell-Innerrhoden. Paul Sutter, Landammann. Ausserrhoden. Lorenz Tanner, Landammann. Abt St. Gallen. Georg Wilhelm Rink von Baldenstein, Landhofmeister; Joseph Anton Püntiner von Braunberg, fürstlicher Rath und Canzler. Stadt St. Gallen. Christoph Hochrütiner. J.U.D. Stadtschreiber. Biel. Peter Haas, Venner und des Raths.

Zürich, Bern, Lucern, Uri, Schwyz, Unterwalden und Zug.
Diese Tagsatzung wurde von den uninteressierten Orten (Glarus, Basel, Freiburg, Solothurn, Schaffhausen, Appenzell, Stadt St. Gallen und Biel ausgeschrieben. – Die eidgenössische Begrüssung findet Statt. a. Es wird beliebt, dass der Landschreiber Schindler in Sachen, welche blos die Rechnungen der Landvögte und die landvögtlichen Geschäfte betreffen, die Session bediene; in Standes- und Religionssachen sollen die Schreiber beider Religionen laut Friedensschluss gebraucht werden. § 1. b. Ein Ehrenausschuss vergleicht beide in ein Friedensinstrument zusammengezogene Frieden mit den Originalien, und nachdem dieselben mit einander gleichlautend erfunden worden, wird das Instrument der Expedition übergeben. § 3. c. Lucern spricht die Hoffnung aus, man werde es für das ihm während des Kriegs zu Mellingen weggenommene Salz entschädigen. § 4.

Die VIII alten Orte nebst Appenzell Inner- und Ausserrhoden.
d. Es wird eine dem Friedensinstrument conforme Publication des Landsfriedens verfasst; diese soll gedruckt in die Vogteien, in welchen beiderlei Religionen sind, geschickt und daselbst aller Orten verlesen werden. Sollten sich unter den Genossen beider Religionen Anstösse zeigen, so sollen sich dieselben bei der zu diesem Zwecke bestellten Commission mel-

den, welche aus zwei Mitgliedern besteht, aus dem Landvogt und aus einem Herrn der andern Religion. Haben diese einen Anstand, so haben sie an die Orte zu recurieren. Bei dieser Gelegenheit eröffnen die Gesandtschaften der katholischen Orte, welche den Frieden in Aarau geschlossen, dass, wenn auch kein besonderer Artikel dem neuen Friedensinstrument in Betreff des Drittmannsrechtes beigefügt sei und dessen blos in einem Artikel gedacht werde, sie die Sache so verstehen, dass dieser Vorbehalt der Rechte des Drittmanns auf alle und jede Artikel des Friedens sich erstrecke; denn sie hätten weder Befehl noch Gewalt gehabt, dem Drittmann sein Recht zu nehmen. Die Gesandten der katholischen Orte, welche beim Friedensschlusse in Aarau nicht zugegen waren, lassen es bei dem bereits beschlossenen Frieden bewenden. Obwaldens Gesandter nimmt die Sache ad referendum. Zürich und Bern haben keine anderen Gedanken, als dass es beim «heitern» Buchstaben des Friedensschlusses sein Verbleiben haben soll. Die Gesandtschaften von Glarus und von Appenzell beider Rhoden leben der Hoffnung, dass «weil zu Aarau von gesammten Orten die Erklärung gegeben worden sei, dass dieser Frieden den Rechten ihrer Herren und Obern unabbrüchig sein soll, im Friedensinstrumente vorgesehen sein werde, dass ihnen an ihren Rechten und an ihrem Range der Regierung der gemeinen Vogteien kein Abbruch geschehen werde; sonst könnten sie dazu nicht Hand geben.» Die Gesandtschaften von Zürich un Bern erklären, dass sie niemald den Gedanken gehabt hätten, beiden Orten an ihren Rechten etwas zu derogieren, und lassen es lediglich beim Frieden bewenden. Die Gesandten von Glarus und Appenzell beharren auf ihrem Verlangen. § 5.

(…)

Die XIII Orte (mit Aussnahme von Freiburg und solothurn) und die zugewandten.

i. Die Gesandtschaften der uninteressierten Orte sind instruiert, dahin zu wirken, dass der Friede, wie mit den V katholischen Orten, so auch mit dem Fürsten von ST. Gallen zu Stande komme, und zu diesem Zwecke sind sie beauftragt, alle ersinnlichen gütlichen Mittel anzuwenden. Die Gesandtschaften von Zürich und Bern erklären, wie ihre Stände vor dem Kriege alles angewendet hätten, was zur Erhaltung des eidgenössischen Ruhestandes gedeihlich hätte sein können, so verdanken sie jetzt die Bemühungen der uninteressierten Orte. Sie sind instruiert, wenn man eidgenössisch und als Eidgenossen tractieren wolle, alles beizutragen, was zu einem billigen und gerechten Frieden gedeihlich sein könne; den geschlossenen Frieden würden sie aufrichtig zu halten bedacht sein. Die Gesandten der V katholischen Orte, erklären, dass sie ihre Neigung zum Frieden durch die That geziegt hätten, und wollen zu einem billigen und gerechten Frieden alle Mittel anwenden. Die Gesandtschaft des Abts von St. Gallen lässt sich dahin vernehmen, «dass sie auf das Ausschreiben geantwortet, und obwohl Ihr fürstlichen Gnaden nicht wissen, warum sie so hart tractiert worden wären, werden selbige jedoch alles das thun, was billig und recht und sowohl ihren, als gemeiner Eidgenossenschaft Rechten unanstössig sei, gestalten Sie sich bereits in Aarau schriftlich erklärt haben, dahin Sie sich beziehen. Wann aber die löbl. uninteressierten Orte unanstösslichere Mittel würden vorschlagen können, werden Sie dieselbigen gern vernehmen, könnten aber weder zu dem Mehreren

noch Mindern Hand geben ohne Ratihabition Ihro kaiserlichen Majestät, an welche Sie alles communiciert habe, was Ihro widerfahren sei. Im Uebrigen, wenn Ihr fürstlichen Gnaden eidgenössisch tractiert worden wäre und noch tractiert würde, werden Sie, wie bis dahin, sich noch fürbass eidgenössisch aufführen.» § 12.
(...)

33. Conferenzen der katholischen Gesandtschaften.
(soweit es den Krieg betrifft)

- ORT/ZEITPUNKT:
  BADEN, 4. SEPTEMBER BIS
  1. OKTOBER 1712.

- QUELLE:
  DIE EIDGENÖSSISCHEN ABSCHIEDE
  AUS DEM ZEITRAUME VON 1712
  BIS 1743. BAND 7, ABTHEILUNG I,
  S. 4 (STAATSARCHIV LUZERN).

Die V katholischen Orte.
a. Die Gesandschaft Lucerns stellt die Nothwendigkeit vor, dass für die Zukunft grössere Einigkeit unter den Orten hergestellt werde, und weist auf einen früheren Vorgang hin, bei welchem die üblen folgen der Uneinigkeit zu Tage getreten seien. Lucern nämlich habe «gleich in den zwei ersten Tagen 11000 Mann in den Waffen gehabt; man habe aber acht Wochen oder mehr gewartet, bis man es gethan habe; daran aber sei nichts schuldig gewesen, als die Uneinigkeit.» Ferner eröffnet es, dass es einige Unterthanen in Verhaft habe, welche von Leuten aus den anderen Orten «ausgewiesen» (aufgewiegelt) worden seien, und frägt an, wie es sich diesen gegenüber verhalten solle. Es wird gerathen, gegen sie, als Verführte, milde zu verfahren, damit die Gemüther besänftigt würden; den Aufwieglern hingegen solle man den verdienten Lohn geben, weil die bünde verbieten, einem Stande die Seinigen aufzuwiegeln, bei den Geistlichen dahin zu wirken, dass sie die Leute zum Gehorsam weisen und nicht aufwiegeln; den Leuten in den Orten sollten die eidgenössischen Bünde von Zeit zu Zeit vorgelesen werden, damit sie wissen, was sie zu thun oder zu lassen hätten. § 1.

(...)

Die V katholischen Orte nebst dem Abt von St. Gallen.
e. Es wird zur Sprache gebracht, wie man sich verhalten wolle, wenn Zürich und Bern das Toggenburgergeschäft vorbringen. die Gesandten finden, dass die Sache sehr bedenklich sei, und dass man daher «gewahrsam» gehen und vernehmen müsse, was an sie gelangen werde. Der Canzler des Abtes eröffnet, dass die kaiserliche Majestät nicht wolle, dass der Abt das Geringste weder von seinem Lande und seinen Leuten, noch von seinen Rechten nachgeben soll, wesswegen der Abt nichts thun könne ohne des Kaisers Ratihabitation. «Das churfürstliche Collegium und das städtische seien ganz wider einander, massen das städtische sich vertheilt und jeder Theil seinen Religionsgenossen beigefallen; daher Ihr kaiserliche Majestät allen Fürsten des Reichs vorstellen lasse, dass ein löbl. Eidgenossenschaft in einen solchen Stand zerfallen, dass er solche auf gegenwärtigem Fuss nicht lassen könne; berufe sich aber auf die Schriften, so Herr Landhofmeister Rinkh mit sich bringen werde.» § 5.

(...)

34. Conferenzen der evangelischen Städte und Orte.
(soweit es den Krieg betrifft)

- ORT/ZEITPUNKT:
  BADEN, 4. SEPTEMBER BIS
  1. OKTOBER 1712.

- QUELLE:
  DIE EIDGENÖSSISCHEN ABSCHIEDE
  AUS DEM ZEITRAUME VON 1712
  BIS 1743. BAND 7, ABTHEILUNG I,
  S. 6 (STAATSARCHIV ZÜRICH).

a. Der 17. November wird zu einem Feiertag für die reformierte Eidgenossenschaft bestimmt, an welchem Gott gedankt werden sollte für die Beschirmung unsers Vaterlandes und für die nunmehrige Erlösung seiner nothleidenden Kirche aus der Hand ihrer Verfolger. Schaffhausen nimmt die Ansetzung dieses Tages ad referendum, da sein Martinimarkt auf diesen Tag fällt. § 1.

35. Conferenz zur Vermittlung des Friedens mit dem Abt von St. Gallen.
(soweit es den Krieg betrifft)

- ORT/ZEITPUNKT:
  BADEN, UNMITTELBAR NACH DER GEMEINEIDGENÖSSISCHEN TAGSATZUNG IN BADEN, IM SEPTEMBER BIS 1. OKTOBER 1712.

- QUELLE:
  DIE EIDGENÖSSISCHEN ABSCHIEDE
  AUS DEM ZEITRAUME VON 1712
  BIS 1743. BAND 7, ABTHEILUNG I,
  S. 9 (STAATSARCHIV ZÜRICH).

Gesandte: dieselben, welche auf der gemeineidgenössischen Tagsatzung.

a. die Verhandlungen beginnen mit den Erklärungen der uninteressirten Orte, Zürichs und Berns, der V katholischen Orte und der Gesandtschaft des Abtes, wie dieselben im gemeineidgenössischen Abschiede, lit i. niedergelegt sind. § 1. b. Die uninteressirten Orte laden durch ein freundeidgenössisches Schreiben Freiburg und Solothurn zur Theilnahme an der Vermittlung ein. Beide Stände lehnen diese Einladung unter Angabe der Beweggründe ab. § 2.

Glarus, Basel, Schaffhausen, Stadt St. Gallen, Biel.

c. Diese Stände setzen die Mediation fort. Die fürstlich sanctgallischen Gesandten holen bei ihrem Fürsten die erforderliche Vollmacht ein. Der glarnerische Gesandte eröffnet dieselbe. Sie lautet dahin, dass zwar der Fürst sehr den Frieden wünsche und sich gefallen lasse, dass «man sich mittelbar einschlagen möchte», hingegen dass in Sachen nicht anders gehandelt werden könne, als auf Ratihabition des Fürsten und des Capitels. Der fürstliche Gesandte habe aber beiseits eröffnet, die Ratihabition könne folgen oder nicht. Die Erklärung des äbtischen Gesandten wird Zürich und Bern durch den glarnerischen Gesandten hinterbracht mit dem Bemerken, dass die Gesandten bereit seien, sich auf deren Verlangen wieder zu versammeln. § 3.

Zürich, Bern, Glarus, Basel, Schaffhausen, Stadt St. Gallen und Biel.

d. Die Gesandten der uninteressirten Orte eröffnen denen von Zürich und Bern die Erklärungen des Canzlers Püntiner. Die letztern verlangen Püntiners schriftliche Vollmacht zu sehen und sind erbietig, die ihrige vorzuweisen; sie fordern die Gesandten der uninteressierten Orte auf, Vorschläge zu machen, und schlagen zu diesem Zwecke vor, einen Ausschuss aufzustellen, von katholischer Seite in der Person des Statthalters Jakob Gallati von Glarus, von evangelischer Seite den Bürgermeister Johann Balthasar Burckhardt von Basel. Dieser Vorschlag wird beliebt. Die Session verlangt, ehe sie zu Vorschlägen schreitet, die Vollmachten beider Theile zu sehen. Die zürcherischen und bernerischen, sowie die sanctgallischen Gesandten legen die ihrigen vor; in der letztern heisst es unter Anderem: dass sie sich auf das jüngstens in Aarau schriftlich und mündlich Erklärte beziehen sollen. Diester Zusatz wird von der Session so angesehen, als mache er eine Mediation unmöglich. Nachdem den fürstlichen sanctgallischen Gesandten diess durch Gallati notificiert worden, lassen sie diesen Passus weg, setzen hingegen da, wo die Ratification des Abts und des Capitels vorbehalten ist, hinzu, dass hiezu auch des Kaisers und des Reiches Genehmigung unentbehrlich sei. Dieser Zusatz wird für unannehmbar gehalten. Als man dem Canzler Püntiner, der in die Sitzung berufen wurde, die Bedenken wegen dieses Zusatzes eröffnet hatte, liess er sich dahin vernehmen, dass die Gesandten berücksichtigen möchten, in wie grosse Impegno sein Fürst schon von alten Zeiten her und gerade in gegenwärtiger Zeit dem Kaiser gegenüber stehe. Wenn man wüsste, was gerade noch während dieser Tagsatzung von allerhöchstem Orte eingekommen sei, so würde man sich nicht wundern, warum sein Herr sich nicht anders entschliessen könne. Sie, die beiden fürstlichen Gesandten, hätten sich entschlossen, von dem, was sie zu Aarau den 19. Juli schriftlich eingegeben, zu abstrahieren.

Püntiner fügte dem bei, «was sich doch zu verwundern sei, dass man ihrerseits sage, sie haben auch Schuldigkeit jemanden, der eben mehr an Toggenburg zu sprechen habe, als die zwei löbl. Stände Zürich und Bern, Rechenschaft zu geben, was nämlich sie derzeit handeln?» Ihrer Meinung nach sollte man die alte Landschaft, und das Toggenburg und, was ihnen daselbst abgenommen worden, restituieren. «Obgleich man alsdann den Toggenburgern mehr oder minder Freiheit geben thäte, würde schon weniger auf anderes zu sehen, sondern von Mitteln zu reden sein.» Er behauptet, dass der Fuss, auf welchen beide Stände sich stellen, für die Eidgenossenschaft weit präjudicierlicher, gefährlicher und schädlicher sei, als das Reservat des Fürstabtes. Da nun die Vollmacht der fürstlichen Gesandten für ganz variabel und der der beiden Stände ungleich befunden wird, lassen die uninteressierten Orte dem Abschied inserieren, dass sie keinen «satten Fuss» für Friedensvorschläge zu haben glauben. – Gegen Abend eröffnet Statthalter Gallati aus Auftrag der fürstlichen Gesandten, die Session möchte beide Stände dahin vermögen, dass dieselben sich in eine freundliche Mediation nach Siegel und Briefen wegen des Toggenburgs, um welches es allein zu thun sei, einlassen möchten; sei aber dies nicht genehm, so ersuchen sie um Dilation, ihren Fürsten berichten und ersuchen zu können, «nähere Gewalt» beim Kaiser einzuholen. Wenn dieselbe eingekommen sei, möge Glarus dann Tag und Ort zur Vermittlung ansetzen. Die Gesandten von Zürich und Bern erwidern auf die Notification dieser Vorschläge, dass ihnen nichts anderes übrig bleibe, als der Sachen Bewandtnis ihren Oberen zu hinterbringen. Darauf lassen die fürstlichen Gesandten durch Gallati eröffnen, dass es ihnen lieb wäre, wenn die uninteressierten Orte ihnen «ein Attestatum rathsweise in Schrift ertheilten,» dass sie ihre Vollmacht ohne Ratihabition des Kaisers eingeben möchten, «alsdann (sie) allezeit selbige immerhin vor Dero kaiserlichen Majestät, oder wo sie nur wollten, rathsweise erholen könnten.» Nachdem die uninteressierten Orte dies schriftlich zu geben verweigert hatten (mündlich es zu geben, machten sie sich anheischig), erklärten die fürstlichen Gesandten schriftlich, dass, weil man die Reservation des Kaisers und des Reiches nicht annehmen wolle, auch sie der Sachen Bewandtnis ihrem Fürsten zu Handen des Kaisers und des Reiches hinterbringen wollen (30. September). Auf diese Erklärung hin senden die Gesandten Zürichs und Berns folgendes Schreiben ein: … «Sinteweilen beide Herren von St. Gallen durch Vorweisung erforderlicher Vollmachten währender dieser Tagsatzung weder legitimiert, noch legitimieren können, obgleich sie darumb dem Herrn Prälaten geschrieben zu haben versicheret, und die Herren Ehrengesandten beider löbl. Stände geduldig darauf gewartet, als können dieselbe sich aus Mangel dieser ihrer Qualität mit ihnen weder schrift- noch mündlich einlassen anders, als mit Privatpersonen. Doch diene ihnen für ein und alle Mahl, dass es in obschwebendem Streit weder umb Ihr Kaiserliche Majestät, noch das h. römische Reich zu thun seye, und dass beide Ständ sich niemahlen zu Sinn kommen lassen, weder allerhöchst gedachter kaiserlichen Majestät, noch dem h. römischen Reiche das Wenigste zu benemmen, zumahlen auch ohnverborgen, was billichen Respects beide Ständ hohen Potentaten und insonderheit Ihro Kaiserlichen Majestät jederzeit getragen und fürbas tragen werden. Geben in Baden den 1. Oct. 1712.» § 4.

36. Eine wahrhaffte Beschreibung / wie es in der Action auf der Bellen und anderen nechstgelegnen Orthen mehr / hergegangen, so geschehen den 22. Heumonat / 1712.

- ORT/ZEITPUNKT:
  1712

- QUELLE:
  ZENTRALBIBLIOTHEK BERN
  RAR FOL 1:33

1. Ein neüwes Liedlein wil ich singen,
   Dem Allerhöchsten Gott zu Ehr,
   Der für uns that vom Himmel ringen,
   Verschafft gut Gegenwehr,
   Da sich dann hat erwahret,
   Dass der alt wahre Gott,
   Die Seinen nicht in Gfahre,
   Lasst stecken nach in Noth.

2. Es traf z'erst Toggenburg Sach an,
   Allwo ward queller mancher Mann.
   Von den geistlichen Aebte genant,
   Wie es in der welt wol bekant.
   Zürich und Bern halff disen Armen,
   Und thet sich ihrer sehr erbarmen.
   Zwar meinte man der Frid wer g'macht,
   Dess man sich keines Kriegs mehr g'acht.

3. Allein im sibenzehenhundertsten Jahr.
   Und zwölffe darzu, sag ich fürwahr,
   Am Papistischen Mariae Magdlena Fäst,
   Kamen in dreytausend böse Gäst.

Von dem Ort Schwyze überall,
Und ihren Helfferen grosser Zahl.
Woltind einnemmen d'Herrschaffe Wedeschwyl,
Mit grossem G'walt in aller Yl.

4. Sie sahend vil auf disen Tag,
Nach ihrer eignen Leuthen Sag.
Meintend, wie dass alt Heiden Volck,
Dise Heiligin auss der Wolck,
Werd sie machen triumphieren,
Und sie mit dem Siege zieren.
Wie dass ja die Heiden thaten,
Die ihr arme Götter batten.

5. Hingegen traute Zürich seinem Gott,
Sein Glaub halff ihm in solcher Noth.
Es ist Ihm sehr wol g'lungen,
Dass es mit Freud hat g'sungen.
Dem Allerhöchsten ein Dancklied,
Dass er ihm hat gegeben Sieg.
Wie ich jez weiter sagen sol,
Mein Hertz ist billich danckens voll.

6. Dann horchet auf ihr jung und alt,
Ich sag wahrhafftig und einfalt,
Dass dise böse Schweitzer Bauren,
An dem Morgen vor drey-Uhren.
Kommen sind mit allem wüten,
Es möcht eim das Herze blüten.
Wie sie z'erst umgangen sind,
Dise rauen bösen Feind.

7. Da sie auf das Bergli kammen,
Wie wir dass alssbald vernammen.
Sie ermordet, muss ich sagen:
Fromme Leuth von alten Tagen.
Die sich nicht mehr köntend wehren,
Thetend sie wie Hünd verzehren.
Arme Weiber und junge Kind,
Metzgete diss Schweitzer-g'sind.

8. Dass war ja ein Schand und Spott,
Vor dem grossen wahren Gott.
Dass sie also hattend ghandlet,
Und das Krieges-Recht verwandlet
In ein gross Unmenschlichkeit,
Darum sie billich verschreyt,
Dass sie ghandlet wie die Buben,
So selbst fallend in die Gruben.

9. Nun zogens in sehr stoltzem Sinn,
Wol zwüschen beyden Schantzen hin,
Bym Dörfli Hüten und der Bällen,
Liessends hören ihre Schällen,
Dann die Capuciner und Pfaffen
Vor ihnen har wie heidnisch Affen,
Sungind starck ihr Litaneyen,
Mit vil Gebrüll, und lautem Schreyen.

10. Doch schoss man auf sie auss den Schanzen,
Machte sie eilends fort schwanzen,
Da sie weiters zogen hin,
Auf den Sägel in dem Grimm
Sie schickend etlich hundert auss,
Raubend und plünderend manches Hauss,
Es kamend schier zur neuen Kirchen,
Schon drey Compagneyen hin geschlichen.

11. Der rothe Fahnen, und zwen ander,
Stundend da stoltz bey einander,
Aber Gott nahm ihn das Hertz,
So ich hör ohn allen Schertz,
Dass als nur vier und zwanzig Mannen
Von blauen Reutern dahar kamen,
Thetend sy vor ihnen fliehen,
Und sich wider zurück ziehen.

12. Drauf thet man ihnen starck nachjagen,
Sie flohend als wölltends verzagen,
Liessend Kess und Anckenballen,
So sie g'raubet wider fallen,
Flohind zu dem Segel gar.

Da Ihr gross Hauss versammlet war,
Dort giengs schiessen und stechen an,
So sie kostet manchen Mann.

13. Dann z'un Reuteren nach gestossen,
Zweyhundert zufuss unverdrossen,
Die mit Ihn thetend Widerstand,
Dass der Feind nit kam ins Land,
Es warind Papisten, allmahl zähen,
Oder mehr, darff ich versähen,
Wo ein Züricher gewesen sey,
Gott ist uns gestanden bey.

14. Mäntzingen und Aegeri wolt auch nachkommen,
Hand aber nichts als Schand gewonnen,
Als die mit Leid bald gsehen an,
Dass Ihr Anschlag den Krebsgang gnonn,
Und dass von der Neuen Kirchen,
Die Schweitzer Bauren z'ruck gewichen,
Habend auch hier nit lang gewartet
Sonst het man ihnen erst recht kartet.

15. Dieser Feind führt ein Wyl ein Gschrey,
Und brülete als wann er Meister sey,
Aber sein Freud währt nit lang,
Es ward Ihm allzeit wider bang,
Da auch die Reuterey verstercket,
Und es auch der Feind vermercket,
Machte er bald den Ryss auss,
Ab Blauw und Roth Ruter Ihme grausst.

16. Und wolt nit mehr halten Stand,
Flohe auss dem Sägel Land,
Es flohend auch gar durch die Sill,
Hatind weder Maass nach Zill,
Ein Lust war es zusehen an,
Wie sie geflohen sind darvon,
Diss war aber Gottes Krafft,
Der sein Volck hat gemacht sighafft.

17. Diss hat den Feind sehr verdrossen,
Hette es gern wider grochen,
Lauffte darauf mit der Schällen,
Auf die Schanze auf der Bällen,
Griffe da dieselbe an,
Wie es g'sehen mancher Mann.
Aber Gott halff da bald wider,
Dass der Feind ward glegt darnider.

18. Der Feind hielt zwahr ein Hinderhut,
So zu erst mit grossem Wut
Die Wäberrüti thate drängen,
Und dortum auf d'Brustwehr rännen,
Und darnach zusammen stossen,
Dess sie aber nit lang gnossen,
Dann die Schantze auf der bällen,
Thet Ihn zuletst auch übel Schällen,

19. Doch allda ihr grosser Hauff,
Lusse zu erst grimmig drauff,
Allein die inn- und bey der Schantz,
Wehrten sich in disem Dantz,
Dass sie dieselb nicht mögen gwünnen,
Die Päbstlich ehre that zerünnen,
Man that einandren braf zusprechen,
Die Schantz wolt man nit lassen brächen.

20. So bald auch d'Reuterey diss vernommen,
Roth und Blauw, ist sie eilends kommen,
Zu hülff über Laubegg herein wallen,
Darab den Feinden s'Hertz sehr gfallen,
Als sie thatend Trompeten hören,
Wolt es ihnen den Sack verzehren,
Rüssten einanderen man solt fliehen,
Und auss dem Zürichland wegziehen,

21. Aber alss hat Gott gethan,
Der sein Volck nit stecken lan,
Sie liessind auch Zürich zur Beuth-
Pfaff, Rahtsherren und drey Haubt-leuth,

Der Gemeinen, ohne die Verwundten,
Ueber zweyhundert sind gefunden,
Zürich hingegen hat Gott gonnen,
Dass Ihme schier niemand umkommen.

22. Der Feind hate zwar vermeinet,
Wie es sich hernach erscheinet,
Er woll können Posten fassen,
Wyl s Volck schier alles in d'Ernd
 heim glassen,
Und d'Herrschafft und das Land
 aussreuten,
Auch da machen grosse Beuthen,
Aber Gott halff dem kleinen Hauff,
Dass der Gross müsste weichen auss.

23. Der kleine Hauffen unverdrossen,
Hat braf los brennt und gschossen,
Die vilen Feind sie nit erschrecket,
Gott hat sie allzeit gestercket,
Dass sie sehr geflohen sind,
Dise rauen bösen Feind,
Aber als hat Gott gethan,
Der sein Volck nit stecken lan.

24. Indess Kiregs Räth und General,
Mit allen woll zufriden war,
Es angerühmt dem hochen Gwalt,
Der sich gefreut in solcher Gstalt,
Dass man den Feind ausshin
 geschlagen,
Und als mit ihm thun wagen,
Darum sey allein Gott zdancken,
Der die seinen nit lan wancken.

25. Quartier Haubtmanns Compagney,
Thate auch ihr best darbey,
Haubtmann frölich in der Schantz,
Halffe die auch bhalten gantz,
Haubtmann Meyers ebenfahl,
Sich wol ghalten überall,
Haubtmann Kelers von Oringen,
Auch d'Frey Compangey, thet braf
 beyspringen.

26. Burger und Landleuth die darbey
 sind gsyn,
Gross Ehr hand sie geleget eyn,
Haubtmann Kilchsperger und Hünj
 darneben,
Fürs Vatterland dapfer auf gopfert
 Ihr Leben,
Reuter, Soldaten und Officiers,
Sich wol ghalten haben hier,
Aber alles hat Gott gethan,
Der sein Volck nit stecken lan.

27. Major Escher allenthalben,
Machte gar gute Anstalten,
Und that jedermann zusprechen,
Man solt sich am Feind Braf rächen,
Er war so gut Commendant,
Dass der Feind wich auss dem Land,
Aber als hat Gott gethan,
Der sein Volck nit stecken lan.

28. Major Mattli Bundsgnoss vest,
Commandierte auch aufs best,
Ob er gleich frühe war verwundet,
Liesse er sich nit verbinden,
Biss der Feind verjaget war,
Und man hat gesiget gar,
Dass der Feinde war zu Spott,
War ein Gnad vom wahren Gott.

29. Major Werdtmüller manchen Schutz,
thate auch dem Feind zu trutz,
Zu Hütten oben in der Schantz,
Die er auch behalten gantz,
Er hat schöne Prob gethan,
Dass er dSach thü wol verstahn,
Als aber war Gottes Kraft,
Der sein Volck erhalten hat.

30. Rittmeister Meyer unverdrossen,
Sich auch dapfer hat gerochen,
Hat gethan Hilff und Beystand,
Wies bekant ist in dem Land,
Er hat nit geförcht die Feind,

Wie dessen vil Zeugen sind,
Aber als hat Gott gethan,
Der sein Volck nit stecken lan.

31. Rittmeister Eschmann gantz hertzhaft,
Sich allzeit vornen dran gemacht,
Mit dem Gschoss und mit dem Sabel,
Hat er sich an Feind gewaget,
Ins Feinds Land g'jagt dort nider gbauwen,
Die ihn nach woltend zhart Anschnauen,
Aber alles hat Gott gethan,
Der sein Vok nit stecken lan.

32. Anjez der Feind so allzeit pochet,
Und gern hette underjochet,
Kan nun forthin gar wol sagen,
Ein Züricher thet ihr zehen jagen,
Es ist ihn geschehen recht,
Disem bösen Feinds Geschlecht,
Man hat da gesehen klar,
Dass Gott Zürich gnädig war.

33. Wann man auch nimt die übrigen Sachen,
Die Gott wysslich thet aussmachen,
Wie man einnahm in der Eyl,
Baden, Brängarten, Rapperschwyl,
Wyl, Mellingen, Keiserstuhl,
Die gelebt in grossem Wuhl,
Ist dass nit ein grosse Sach,
Die barkomt auss Gottes Macht.

34. Gott gab diss und ander Land,
Wunderbarlich in die Hand,
Unseren Zürich und Berner Herren,
Drum man Ihn sol billich ehren,
Der auch nach Bern gemacht sighaft,
In einer Nammhaft grossen Schlacht,
Welches auch hat Gott gethan,
Der sein Volck nit stecken lan.

35. Diser Gnaden volle Gott,
Der Himmel und Erd erschaffen hat,
Auf den man thut all Hoffnung setzen,
So lang das Meer die Erd wird b'netzen,
Der wolle dise beyden Ständ,
Ihre Stätte, Leute und ihr Land,
Fehrner mit seiner Gnad stercken,
Und sein Hand über sie decken,
Ihm sey hertzlich Danck geseit,
Jetzt und in alle Ewigkeit,
Amen!

37. Ein Liedlein / Wegen des Schweizerischen Einfahls in die Herrschafft Wädenschwyl / so geschehen am Maria Magdlena Tag / den 22. Heum. 1712.

- ORT/ZEITPUNKT:
  1712

- ORT/ZEITPUNKT:
  ZENTRALBIBLIOTHEK BERN
  RAR FOL 1:34

1. Ein neues Liedlein will ich singen,
Wyl ich bin worden guter dingen.
Als ich gesehen ein Wunder-Thier,
Man sagt: Es war der Schweitzer Stier.
Der kame har mit der Zuger Kuhe,
Da alles meint, es were Ruhe.
Woltend mit einanderen z'tod stossen
Den Zürich Löw, so still gesessen.

2. Es war am Morgen um die Drü,
Da kame dises Ungeheur,
Nit mehr als mit 3000. Mann,
So ich mit Wahrheit sagen kann,

Es stosste auf dem Bergli z'tod
Mit grosser schwerer Angst und Noth,
Gar alte Leuth und junge Kind,
Gottloss mit ihn umgangen sind.

3. Der Stier thet erschröcklich brüllen,
   Und wie ein Sau den herd aufnüllen,
   Der Löw, der sasse nach im Näst,
   Und schliesse auf das allerbest,
   Wyls der Stier aber thet grausam machen,
   So müsste z'letst der Löw erwachen,
   Doch liess er's nur an seine Jungen
   So den Stier habend niderg'sprungen.

4. Der Stier mit seinen Officieren,
   Marschierte gschwind zu allen vieren,
   Samt seiner Kuhe und ihrer Schällen,
   that wie ein Hund starck um sich bällen,
   Seine Capuciner und auch Pfaffen
   Nach ihrer Art wie heidnisch Affen,
   Machtend auch ein gross Geschrey,
   Sangend da ihre Lytaney

5. Der Stier der sache die zwo Schantzen,
   Von Hütten und der Bällen glantzen,
   Er sagt: wie muss ich es da machen,
   Dass der Löw mich nit mag ausslachen,
   Er denckt, er wolle weiters gahn,
   Und darum nit lan stille stahn,
   Al der da schon hörete sausen,
   Wie die Stücklj köntend brausen.

6. Der Löw zu Hütten in der Schantz
   Ein Freünd da hat, der sie wolt gantz,
   Ihme behalten auf zum Nest,
   Dass er drinn schlaffen könt aufs best,
   Schuss drum dem Stiere nach dem Kopf,
   Es lezet ihm, dem schlimmen Tropf,
   Er thet ein starcken sprung darab,
   Und meint er were schon im Grab.

7. Der Stier macht drauf ein harte Grind,
   Nahme 2000. Mann geschwind,
   Marschierte zwüschen den Schanzen hin
   In seinem so hochtragnem Sinn,
   Er zog zum Sägel und schönen berg,
   Nehme gern die Neue Kirch hinweg,
   Hat underwegs gantz unverhollen,
   Geraubt, geschändet und gestollen.

8. Der Löw so sich des nit versehen
   Wie mans kann mit Wahrheit verjähen,
   Z'erst nur hat zwänzig und vier Mann,
   Din Yl auss dem Esch sind konn,
   Blau Reuter, so dort glegen sind,
   Die kamen zu erst an den Feind,
   Sein rother Fahn hielt drauf kein Stand
   So ihme ewig ist ein Schand.

9. Der Stier zog wider hinder sich,
   Und liess manchs junges Kalb im Stick,
   fürauss wit er nach sehen that,
   Dass der Löw auch geschicket hat,
   Nach zu fusse zweyhundert Mann,
   So da braf halffend widerstahn,
   Darum der Stier und seine Kuhe.
   Geriethind gar gross Unruhe.

10. Man sahe da geschwind und bald,
    Dass der Stier ziterte wie ein Kalb
    So nass und schüch und sehr erschrocken,
    Ob were ihm ihm der Hals schon brochen,
    Der Stier thet einzig nach ein rung,
    Doch fehlete ihm auch dieser sprung,
    Dann wie es der Löw thate mercken,
    Liess er nach etwas Volcks aufwecken.

11. Desshalb mehr Reuter blau und roth
    So dem Stier gram, schlugend zu tod.
    In guter Ordnung kommen sind,
    Und sich auch stellend gegem Feind,
    Der Stier ward sehr angsthafftig drab,
    Die Kuhe die wichen von Ihm ab,
    Der arme Stier fieng auch an fliehen,
    Und aussdem Sägell an weg ziehen.

12. Der Löw dardurch sein Ehr behielt,
    So dem Stieren gar übel g'fiell,
    Er denckt: ach thete ich nit pochen,
    Wyls der Löw hat so hart gerochen,
    Doch legt der Stier wider an die Schälle.
    Und griffe da nach an die Bällen,
    Er brüllt und schraue als ein Thier,
    Doch gieng es ihm auch nit wol hier.

13. Dann der Löw inn- und bey der Schanz.
    Machte dem Stier ein bösen Tanz,
    Dann als er schon ein Horn verlohren,
    Müsst er das ander ausserkohren,
    Abstossen lahn bey solcher Schantz,
    Dass machte ihm ein wüsten Schrantz,
    Des Löws Soldaten und Officier,
    Ihm gaben zu saffen saures Bier,
    Diie Reuter auch in vollem Sprang,
    Den Steren machend den Krebsgang.

14. Der stolze Stier, der tolle Tropf,
    Der wer noch kommen um den Kopf
    Wnn er nach langer ghalten hett,
    So were er jetzt glegt ins Beth,
    Mit seinen Kälberen, bösen Buben,
    Uberall kommen in die Gruben,
    Aber entrunnen? Besser ihm gsyn ist,
    Als fliehen war zu solcher Frist.

15. Der hochmüthige Stier von Schweitz,
    So gflohen ist mit ganzen Fleiss,
    Der liess dem Löwen jetzt zur Beuth,
    Pfaff, Rahtsherre und drey haubt leuth,
    Prachthanssen mehr zweyhundert Mann
    Ohn die Verwundten man zellen kann,
    Hiemit dem Stieren sein Arglist,
    Mit guter Müntz bezahlet ist.

16. Der Züricher Löw thet Friden lieben,
    Versach sich nit auf solche Dieben,
    Allein der Himmel gab ihm Glück,
    Und straffete des Stieren Tück,
    Die Kuhe hat auch den Schwanz gelassen
    Und ligen lassen auf den Strassen,
    Drum lieber Löw, bleibe Sighafft,
    Der Himmel geb dir weiter Kraft.

17. Der Himmel- dir war, Löw so gut,
    Und steckt dym Volck so stark den Muth,
    Dass allezeit zähen Zürich Knaben,
    Dem Stier hundert gejaget haben,
    Ja mehr nach gstalt sammen der Sachen,
    Drum mag der Löw jetzt billich lachen,
    Weil er den Stier so gifft gesogen,
    So meisterlich hat d'Haut abzogen.

18. Der Löw ist villen gwachsen gnug,
    Hat doch noch hilff, wann es noth thut,
    Ein starcken Bären auf der syt,
    Wann es angeht zucht mit in Stryt,
    Dass hat erfahren die Statt Baden,
    Wyl, Mellingen und Bremgarten,
    Raperschwyl, Keisterstul nach mehr Land
    Die kommen sind zu ihrem Stand.

19. Vill grob Geschütz hand sie gewonnen,
    Hundert Stuck, ja mehr sie bekommen,

Und nach vil grosse Sachen mehr,
So ihnen dienst zu Lob und Ehr,
Des Stieren Gsellen diss wol erfahren,
Wie sie ihnen gezwaget haben,
Desshalb der Stier ist worden zam,
die anderen sind jetzt auch wie lam.

20. Darum rathe man dem Stier fürbass,
Eräss in seinem heimen Grass,
Die Kuhe blibe auch bey ihm,
Sy lassind ihren stoltzen Sinn,
sonst wurd ins könfftig der Löw gross,
Ihnen erst geben den Herz stoss,
Bleiben sie aber still und ruhwig,
So sey der Löw auch weiter gütig.

Diss ist geschriben von gutem Herzen,
Unpartheyisch und ohne Scherzen,
Als aber diss geschehen ist,
Zelete man zu dieser Frist,
Siben zehen hundert zwölf Jahr.
Mary Magdlena Tag es war,
Geschach auch alles in der Yll,
wol in der herrschafft Wädenschwyl,
Am Zürichsee gantz wol bekandt,
So liget in des Löwen Land.

Der Himmel thu ihn fehrner stercken,
Und d'gnaden hand über ihn decken.

38. Bitt- und Danck-Gebätt, auf gegenwärtige Kriegs-Noth der Evangelischen zweyen Schweizerischen Ständen Zürich und Bärn gerichtet.

- ORT/ZEITPUNKT:
  1712

- QUELLE:
  ZENTRALBIBLIOTHEK BERN,
  H XLIX 337:18

Allmächtiger, heiliger und gerechter GOTT! dieweilen zu diesen letzten Zeiten, von welchen dein lieber Sohn, unser währte Heyland Jesus Christus, kurtz zuvor, ehe er an sein letztes Leyden gegangen, geweissaget hat, dass man von Kriegen und Kriegs-Geschrey hören, und dass ein Volck wieder das andere und ein Königkreich wieder das ander sich empören werde; Auch unsere gnädige, liebe Herren und Oberen, mit Zuzug eines Hohen Stands von Zürich, unseren getreuen Bunds- und Glaubens-Genossen, (nachdeme wir seyt vielen Jahren daher in einem tieffen Frieden gesessen, alldieweil ein gantze übrige Christenheit in Kriegs-Flammen gestanden, dardurch ein unzahlbare Menge der Leuten, Stätten und Länderen jammerlich sind verzehrt und verderbt worden) endlich wieder ihren jeder Zeit zum Frieden geneigtesten Willen, die Waffen zuergreiffen sind gemüssiget worden, damit sie denen Toggenburgischen Lands Leuthen von beyden Religionen, die man mit höchster Ungerechtigkeit um ihre, so leiblich als geistliche Freyheiten, seyt vielen Jahren daher, zubringen getrachtet, und noch thut, wieder ihren gewaltthätigen Undertrucker und seinen Anhang, Schutz, Schirm und Rettung schaffind:

So bitten wir Dich, O du grosser Gott und Herr der Heerscharen! Stehe doch der gerechten Sach bey, segne die Waffen deren beyden Oberkeiten, die niemandem zum Leyd, sonder nur denen Beträngten zum Trost, und nicht auss Trotz und Hochmuth, sonder zu Handhabung der Gerechtigkeit, auch nicht zur Erweiterung ihrer Länderen, sonder nur zur Verthädigung deines Namens Ehre geführt werdend, dass sie Ihres auffrichtige Absehen zu Sicherstellung besagter Landleuthen und ihrer Freyheiten under deinem

Segen glücklich erreichen und aussrichten mögind. Mache dich auff, Herr, und wache auff, du Hüter Israels, hilff und erlöse uns von aller frömden Macht, die nur auss Uebermuht und Auffwicklung dess Anti-Christs wieder die arme Beträngte und wieder ihre Hoch-Christliche Schützere und Schirmere, die beyde Evangelische Stände, sich setzend und auflehnend. Lege diesen Kirchen-Feinden einen Ring in die Nasen und ein Gebiss in ihr Maul, fange sie in ihrer bossheit, mach ihren Raht und anschläge zur Thorheit, gib ihnen lasse Hände, müde Bein und feige Hertzen. Führe selbst, o Herr, unser Herrscher! Unsere Kriege, streitte für uns, und ziehe auss mit unseren beyden Heeren, wie vor Zeiten mit dem volck Israel. Gib beydes unseren Heerführern und unserem Kriegs-Volck einen unverzagten Heldenmuht, dass sie durch dich den vormahligen Schandflecken im streitten wiederum ausswäschen, die alten Scharten ausswetzen, und einen zur Wiederauffrichtung und Erneuerung dess lieben Land Friedens zwischen allerseits Schweitzerischen Eydgnossen gedeyenden Sieg erhalten mögind.

Du hast uns zwar, lieber Herr und Gott! allbereit in etlichen Gelegenheiten, und sonderlich noch letsthin, die Erstlingen eines solchen von Dir auss Gnaden verhoffenden Siegs bescheeret, durch den wundergrossen und mächtigen Beystand, den Du unseren Truppen, um deines grossen Namens willen, wieder unsere Bund-Brüchige und Treulose Feinde, die mit verdoffelter Macht unerwartet wieder uns angezogen, geleister hast, damit der Anti-Christ und sein erworbenes Volck zu rühmen habind.

Worüber wir dir mit tieffester Erkanntlichkeit unserer Hertzen frölich zwar und mit Jubel-Gesang von allen Kräfften unserer Seelen Danck-sagend. Aber, gleichwie wir in diesem so gerechten Krieg mit Erstaunung so vielfaltiglich gesehen habend, dass die Papistern under den Schweitzeren, nach Inhalt ihrer verfluchten und in der Hölle geschmiedeten Lehr, und nach ihrer alten Uebung, darinnen sie von ihrem Römischen Haupt un seinen gottlosen Aussspäheren täglich gestärcket werdend, uns den wahren Gliederen deines Sohns Jesu Christi, under dem Vorwand, dass wir Ketzer seyind, keine geschworne noch verbrieffete Treu noch Glauben mehr haltend, sonder dieselbe ungescheucht und offentlich brechend, und darmit machend, dass dein Name auch under den Ungläubigen selbst wird gelästeret werden; So wöllend wir über den vielfaltigen Sieg dich doch gar nicht gehen lassen, sonder mit dir ringen durch unsers gläubige Gebätt, biss wir dich, den unüberwindlichen Gott, durch diese geistliche Waffen überwinden und übermögen werdend, dass Du unserer Feinden verzweifflete Untreu, darzu sie sich durch Auffweisung dess heutigen Römischen Pabsts und seines Bottschaffters habend verleiten lassen, mit derley Gericht straffest, mit welchen Du in vorigen Zeiten andere ihres gleichen Bund und Glaubens-brüchige härtiglich angehen hast, und uns also mit einer völligen Ernd dess Siegs segnest und mit solchem Segen von dir ablassest, auch uns forthin dein Israel heissest, das sich Fürstlich gehalten, und mit Gott und Menschen gerungen, und sie beyde üermöcht hat: Damit alle Welt erkennen müsse, dass Du, als ein hiliger und gerechter gott, ab aller Untreu, Meineyd und Glaubens-Bruch ein heiliges Abscheuen tragest und die jenigen nicht für unschuldig haltest, die in solchen Fählen, wie in allen anderen, deinen Hochheiligen Namen eytel nemmend und missbrauchend. Zu dem Ende aber, O treuer Gott! wöllest sonderlich uns, die wir Hauss und Heim verhütend, und selbernicht in den Streit ziehend, erwecken zum Gebätt, dass, alle weil die unsere im thal streitend wieder Amaleck, wir hingegen, so wol ein jeglicher für sich selbst in unseren Hütten, als alle samethafft auff dem Berg Gottes, mit Mose, Aareon und Hur, unermüdet unsere Hände zu dir hinauff gehn Himmel hebind, und darmit den Sieg vielmehr durch Jesum Christum erbättind, als durch unsere leibliche Waffen erfechtind. Erhöre, himmlischer Vatter, unsere gläubige Seufftzen durch Jesum Christum, unseren Heyland, in Krafft dess Heiligen in uns und durch uns zu dir seufftzenden Geistes, Amen.

39. Kriegs- und Siegs-Posaun / Oder Arctophili[322] lustige Feld-Lieder. Das Erste. Im Thon: Eytler Schatten ist das Leben.

- ORT/ZEITPUNKT: 1712

- QUELLE: ZENTRALBIBLIOTHEK BERN, RAR FOL 1:31B

1. Unsere Feinde thun hoch prangen,
    Trutzen auf d'Villmerger-Schlacht,
    Es ist zwar dort übel gangen,
    Doch nit durch der Feinden Macht:
    Unser allzusichers Leben
    Hat dem Feind den Sieg dort geben.

2. So hat Ben-Jamin auch trutzet,
    Als es zweymahl sieghafft war,
    Sich auf falsche Hoffnung gstutzet,
    (Richt. c.20)
    Dass es ferner hab kein Gfahr,
    Doch iht trutzen thät misslingen,
    Und sie auf den Schlacht-Banck bringen.

3. So thät Hannibal auch pochen
    Auf die Cannisch Niderlag,
    Aber Scipio hats g'rochen
    (Liv.I.22.&30.)
    Und gewendt dess Glückes-Wag,
    Der zu Canna thäte sigen
    Musst hernach gantz undenlingen.

4. Niemand drum hochmüthig prale
    Wegen ein beglückter That:
    Niemand auch das Hertz entfalle
    Schon das Glück ihn gfället hat,
    Dann es kann den bald erheben
    Dem es zuvor Schläg hat geben.

5. Auf GOTT soll man sich verlassen
    Und auf die Gerechtigkeit,
    Darbey mannlich sich verfassen
    Und bereiten zu dem Streit,
    Gottes Hilff und g'rechte Sachen
    Thun die Waffen sieghafft machen.

6. Für GOTT und für dessen Ehre
    Wird der Degen recht gezuckt,
    Für dess Glaubens wahre Lehre,
    Wann dieselb wird underdruckt,
    Thut man billich Krieg anheben,
    GOTT der wird den Sieg dann geben.

7. Weil die Feind bey unseren Fründen
    Kränckcken thun die wahre Lehr,
    Ihnen Fried und Treu abkünden,
    Billich greiffet man zur Wehr,
    Billich thut man zsamen tretten,
    Unsre Brüder zu erretten.

8. So hat Abraham gefochten
    (1. Mos.14.)
    Für Loth, und trug Sieg darvon,

Josua sich eingeflochten (Jos.10.)
In den Krieg für Gideon.
Machabäus thät auch kämpfen
Und die Feind der Brüder dämpfen.

9. Nun dergleichen Ursach wegen
Und für die gerechte Sach,
Zuckt der Bär jetzt auch sein degen,
Auch damit die grosse Schmach
Und der Feinden trutzend pochen
Nach Verdienen werd gerochen.

10. Doch thun wir jetzt gar nicht bauen
Auf die Stärcke unser Macht,
Sonder uns gantz anvertrauen
Mit Demuht des Himmels Wacht,
Weil wir für die Brüder streiten,
Wird uns Gott mit Gnad begleiten.

11. So offt rom für Freund thät fechten,
Wie es Tullius gesteht, (lib. offic.)
Thät das Glück ihm Lorber flechten,
Dann es billich da wohl geht,
Wo man gute Freund muss schützen
Vor ungrechtem Gwalt und Trutzen.

12. Drumb so lasst die Trommel rühren,
Ziehet frölich in das Feld,
Wer sich mannlich thut auffführen
Sonder Zweiffel Sieg erhält,
Wurd der Bär sich jetzt nicht wehren,
Wurd der Feinden Trutz sich mehren.

13. Welche wann sie annoch sollten
Redlich Frieden bieten an,
Wir auch bald beylegen wollten
Diesen Krieg, dass jederman
Sehen könt, dass wir nicht minder
Friedsam seyn als Gottes Kinder.

14. Aber welcher Wort und wercke
Uns gewiesen schon so lang,
Dass all ihre List und Stärcke
Zihl auf unsren Undergang,

Die nur auf ihr Vortheil schauen,
Solchen thut man gfährlich trauen.

40. Kriegs- und Siegs-Posaun / Oder Arctophili lustige Feld-Lieder. Das Andere. Kriegs-Posaun von Weil / und dem schwartzen Abt / und der Action bey Bremgarten / Im Thon: Wilhelm bin ich der Telle.
ODER
Bärnerische Kriegs- und Siegs-Posaun / über die Einnahm des Haupt-Orths Weil im Toggenburg: Und auch des Hitzigen Treffens / so zwischen den Bernerisch- und Catholischen Völckeren nicht weit von Bremgarten vorbeygangen, und die Ersteren den Sieg erfochten haben. Welches geschehen den 26. Mäy dieses 1712. Jahres.

- ORT/ZEITPUNKT: 1712

- ORT/ZEITPUNKT:
  ZENTRALBIBLIOTHEK BERN,
  RAR FOL 1:31B UND RAR FOL 1:32C

1. Mercuri schwing die Flügel,
Und eyle durch die Welt,
Flieg über Berg und Hügel,
Die frölich Zeitung meld:
Der Hochmuht ist gebrochen,
Das Trutzen hat ein End,

Vilmergen ist gerochen,
Lucern es selbst bekennt.

2. Den Bär man lang gehetzet,
Gespottet seiner Macht,
Biss dass sein Hertz verletzte
Zu rächen sich gedacht:
Doch hätten eigne Schmertzen
Ihn nicht dahin bewegt,
Wann er nicht thät behertzen,
Was jener Abbt erregt.

3. Für Toggenburg gedrucket
Vom Abbt unbilliglich,
Der Löw und Bär hat zucket
Sein Degen grimmiglich,
Weil Freyheit und den Glauben
Der Abbt ohn alles Recht
Demselben wolte rauben,
Entsteht ein hart Gefecht.

4. Dem Bären wolt man wehren
Den Pass bey stiller Furt,
Doch mit Schand und Unehren
Der Feind geflüchtet wurd:
Der Bär gsellt sich zum Löwen
An dem bekandten Ort,
Verlacht der Feinden dräwen
Und krieget glücklich fort.

5. Der Löw hat schon weggnommen
Zurzach und Keiserstat, *stuhl,
Rhinaw, Klingnaw musst kommen,
Turgöw nicht gweigeret hat
Sich gantz zu undergeben,
Ward plötzlich weggeschnapt,
Das macht ein traurig Leben
Dem schwartz-bekandten Abt.

6. Er könte leicht gedencken
Dass man sein schönes Weil,
Mit Feur bald wolt beschencken,
Und dass sein bester Theil
Mit Weil dann gieng verlohren,

Drum er es wohl versach
Mit Kriegsleuth ausserkohren,
Doch alls umbsonst geschach.

7. Dann als der Löw ankommen
Und bald hernach der Bär
Die Sachen wahrgenommen,
Wie alls zu ordnen wär,
Da thätens lustig schiessen
Mit Mérlen in die Statt,
Biss zu des Abts verdriessen
Sich Weil ergeben hat.

8. Der Abt, der Ursach ware
An aller Kriegs-Unruh,
Macht sich auss Staub und Gfahre,
Und schifft auff Lindau zu,
Sein Land musst er verlassen,
Und lehrnen auch hierbey,
Dass den das Glück thu hassen,
Der nie will ruhig sein.

9. Weil dieser Abt verblenden
Könte auch andre Ort,
So fahrt auch selber Enden
Der Bär mit kriegen fort,
Er strecket seine Klauen
Bald auff Mellingen zu,
Das thät sich nicht mehr trauen,
Ihm Widerstand zu thun.

10. Die Thor thut es aufschliessen,
Die Schlüssel bracht es dar,
Das thät die Feind verdriessen,
Wolten dem Bär in d'Haar,
Den Wald nah bey Bremgarten
Machtens zu ihrer Schantz,
Dem Bär woltens auffwarten,
Und da mit ihm an Tantz.

11. Dessen alls ungeachtet,
Der Bär mit Heldenmuht
Auff Bremgarten zutrachtet,
Und endlich kommen thut

An den Wald, so verbawet
Mit Holtz und Gräben war,
Dann der Feind sich nicht trawet
Ins Feld, auss Forcht der Gfahr.

12. Diss thät den Bär verdriessen,
Dass nicht auff freyem Feld
Er kont der Ehren gniessen,
Sonder sich in die Wäld
Der Feinde thät verstecken,
Vergraben wie die Säw,
Doch thut ihn alls nicht schrecken,
Kämpfft ohne Furcht und Schew.

13. Der Angriff war voll grausen,
Der Feind mit Gwalt aussbrach,
Den Bär woltens zerzausen,
Wie zu Villmergen gschach,
Aber der jungen Bären
Ergrimmter Heldenmuth,
Thät sich daran nicht kehren,
Den Streit fortsetzen thut.

14. An Zahl war überlegen
Der Feind dem Bären weit,
Doch focht der Bär dargegen
Mit solcher Tapfferkeit,
Biss der Feind überwunden,
Mit Hasen-füssen floch,
Viel hundert hat man funden
Der Todten, und verloch.

15. Doch wann ich alls soll schreiben
Was im Wald gfunden war,
So sind zwey Tausend blieben
Der Feinden ungefahr,
Nebst braven Officieren,
So viel von hohem Hauss,
Der Feind thät auch verliehren
Vier Stuck in diesem Stauss.

16. Der Bärner sind auch blieben
Doch also wenig todt,
Dass man kan wahrhafft schreiben,

Für uns hab g'stritten GOTT,
Zweyhundert thät man zehlen,
Drunder Lassaraz war,
Der viel der Feind thät fällen,
Eh' er selbst kam in Gfahr.

17. Es haben noch viel Helden
Sich dorten signaliert,
Ich könte ruhmlich melden,
Wie sie das Volck angführt,
Ja sie selbst thäten streiten,
Den alten Helden gleich,
Und machten mit viel Beuten
Ihr Compagnien reich.

18. Hier wurden schön probieret
Der Pfaffen Zedelein,
Wie sie die Leuth verführet
Durch falsch-erdichten Schein,
Ihr Schrifft musst sich verkehren,
Dann ja sehr viel der Feind
Duch wenig junge Bären
Glücklich besieget seind.

19. Die Feind drum gantz erschrecket
Entfliehen nach Lucern:
Der Bär sein Gwalt erstrecket,
Bremgarten war nicht fern,
Das musst sich bald ergeben,
Bey Nacht auff selben Tag,
Gantz Frey-Ampt auch darneben,
Sich willig undergab.

20. Geht thut jetzt weiters pochen
Auf die Vilmerger-Schlacht,
Gott hat den Trutz gerochen,
Den Pracht zu Schanden gmacht.
Der Bär wird Ehr erlangen
Weil GOTT in ehren will,
Seht ewer Trutz und Prangen,
Hat nun erreicht sein Ziel.

21. Den Sieg doch nicht zuschreiben
Wir unser eignen Stärck,

Sonder demühtig zeugen,
Dass diss sey Gottes Werck.
Den thun wir allzeit preisen
Für diese Sieges-Gnad,
Er woll uns ferner weisen
Nach seiner Gnaden Raht. A M E N.

P. S. Die Statt Baden hat sich den 1. Junii nach obiger Schlacht auch an die Unserigen auf Discretion ergeben, und das Gewehr nidergelegt.

E N D E.

41. Bärenholds lustige Feld-Lieder / Das Erste[323]. Doctor Martis Emetic, und Purgatz für die Gelb-Geld-süchtige Badanella. Oder Capitulation Der Stadt Baden. Im Thon Als der Graue Winter gstorben / etc.

- ORT/ZEITPUNKT: 1712

- QUELLE:
  ZENTRALBIBLIOTHEK BERN,
  RAR FOL 1:31
  (ILLUSTRATION DES LIEDBLATTES
  IN RAR FOL 1:31A)

Zarte Jungfrau Badanellen,
Wie secht ihr so kräncklich auss,
Wil der Magen euch geschwellen,
Oder was wil werden drauss?
Euer Augen thun mir sagen,
Dass die Gelbsucht euch thu plagen.

2. Es ist ja schon gantz verblichen
    Euer Stirnen Helffenbein,
    Von den Leffzen ist gewichen
    Der gefärbt Corallen-Schein,
    Euer anvor schöne Wangen
    Jetzt mit Rosen nicht mehr prangen.

3. Euer Leber ist verstopfet,
    Euer Magen gantz verschleimt,
    Merckt, der Puls drum ungleich
       klopfet,
    Und zu Gsundheit sich nicht reimt.
    Drum so müsst ihr euch bequemen
    Gute Mittel einzunehmen.

4. Weil der Leber kleine Rörgen
    Bey euch hart verstopfet seyn,
    Weil villeicht noch von Vilmergen
    Alte Grillen stecken drin,
    Soll ein solches altes trutzen
    Jetzt dess Bären Sieg aussbutzen.

5. Weil der Magen auch angfüllet
    Mit zu vielem Gut und Geld,
    Ist ein Mittel, das unwillet,
    Von Herr Marte angestellt,
    Wann dem Bär ohn Widerstreben
    Ihr zum Schatz die Schlüsse geben.

6. Dises wir gar bald aussführen,
    Was im Obern Magen z'viel,
    Hernach müsst ihr auch purgieren[324]
    Mit dem Rha zu gleichem Ziel,
    Hierbey muss man Wermuth
       schlucken
    Dass das Übel thu fortrucken.

7. Ihr müsst hierauf von euch geben
    Sechzig Stucke ohnbeschwerd,
    Alle Fahnen auch darneben,
    Wie Herr Mars von euch begehrt,
    Wann ihr d'Glocken dann auch
       kauffen,
    Werd ihr etwas ringer lauffen.

8. Neben diesem müsst ihr schwitzen,
    So das beste Mittel ist,

Ohne Landvogt niemahl sitzen,
In dem Raht zu keiner frist,
Schwitzen müsst ihr noch darneben,
Schöne Geld-Summ herzugeben.

9. Endlich müsst ihr auch benennen,
Was des Ubels Ursprung sey,
Dass Herr Doctor könn erkennen,
Und wol rahten euch darbey,
Was ins künftig ihr solt meiden,
Wann ihr nicht wolt Kranckheit leiden.

10. Böser Lufft vor allen Sachen
Schadet eurem Temprament,
Kan im Blut ein Fäulnuss machen,
Bsonders den man Sudwind[325] nennt,
Drum solt ihr von selben Enden
So viel möglich euch abwenden.

11. Gsaltzen Speisen müsst ihr lassen,
Kalte Milch ist auch nicht gut,
Sauren Essig müsst ihr hassen
Und durch süsser Liebe-Glut
Suchen euer Oberherren
Gunst und Gnade zu vermehren.

12. Löwen-Tappen für Jungfrauen
Hat gewüsslich grossen Ruhm,
Bärsanickel lässt sich schauen,
Ein wolriechend schöne Blum,
Diese beyde solt ihr ehren,
Können euren Wolstand mehren.

13. Nach Gebrauch der Mittel allen
Fliehet auch Melancholey,
Lasst euch alles wohlgefallen,
Denckt dass alls von Gott her sey,
Denckt dass er die Mittel geben,
Zu verbessern euer Leben.

42. Bärenholds lustige Feld-Lieder / Das Ander[326]. Badisches Braut-Lied / Und Dess Friedliebenden Bären Unschuld. Im Thon: Weist du nicht wo Breysach ist / etc.

- ORT/ZEITPUNKT: 1712

- QUELLE:
  ZENTRALBIBLIOTHEK BERN,
  RAR FOL 1:31

Lieber ist dir nicht bewisst
  Etwann durch dein reisen,
Wo das brühmte Baden ist?
  Ey so thu mirs weisen,
Dort wo man den Ber aufgeht
Gar ein lustig Schlösslein steht.
  Courage, Courage.

2. Baden ist ein schöne Braut,
    Herrlich ausgezieret,
  Wird dem grossen Bär vertraut,
    Der sie jetzt heimführet,
  Ey wie lieblich und wie schön
  Wird zum Tantz er mit ihr gehn.
    Courage, etc.

3. Es ist ja ein ruhmlich Ding,
    Für die Braut zu streiten,
  Und die Freud ist nicht gering,
    Solche zu erbeuten,
  Wann der Neydhard mit Verdruss,
  Selbst der Sach zusehen muss.
    Courage, etc.

4. Es ist auch der Hochzeit Brauch,
    Dass man tapfer schiesset,
  Der Heroisch Pulver-Rauch
    Nur die Feind verdriesset,
  Jungfrau, der Carthaunen Blitz.

Sind nur tolle Freuden-Schütz,
    Courage, etc.

5. Also hab ich dich mein Schatz
   Glücklich emportieret,
   Ob ich zwar auf deinen Platz
   Gar nicht canonieret,
   Doch hat solches mein Gespan
   Treulich für mich schon gethan.
      Courage, etc.

6. Dann der tapfer Zürcher Löw
   Ist da vorgesprungen,
   Hat mit frölich Feld-Geschrey
   Dir ein Liedlein gsungen,
   Wie man singet in dem Feld,
   Wann man d'Städt belägeret hält.
      Courage, etc.

7. Mörsel da die Sänger seyn,
   Bomben schwartze Noten,
   Welche zu dir fliegen ein
   Als gesandte Botten,
   Dass du ja fürsichtiglich
   Zeitlich jetzt ergebest dich.
      Courage, etc.

8. Bomben fliegen dir in d'schooss,
   Welche gfährlich brennen,
   Es wird ja dein schönes Schloss
   Solches selbst bekennen,
   Weil auf dessen hohen Zinn
   Auch die Bomben flogen hin.
      Courage, etc.

9. Es steht zwar nicht übel an
   Einer Braut, sich wehren
   Und nicht allzugschind eingahn,
   Was man thut begehren,
   Also hast auch züchtiglich
   Anfangs etwas gwehret dich.
      Courage, etc.

10. Mit dem Gschütz von hochem Schloss
    Woltest uns abweisen,
    Doch der Löw vermerckt den Poss,
    Thät dirs artlich reisen,
    Und durch einen Bomben-Schutz
    Legt er nider solchen Trutz.
       Courage, etc.

11. Diese Bomb hat deine Stuck
    Glücklich demontieret,
    Hat noch drüber solchen Druck,
    Dass sein Hand verliehret
    Deines Schlosses Commendant,
    Schultheiss Dorer wohlbekant.
       Courage, etc.

12. Nun auf solches Hochzeit-Feur
    Köntest dich besinnen,
    Dann hiervon gantz ungeheur
    Fiengen an zu brinnen,
    Nicht ohn deinen Schreck und Grauss,
    Ein und ander schönes Hauss.
       Courage, etc.

13. Als ich drauf kam vor den Platz
    Zu galanisieren,
    Thötest mich mein lieber Schatz,
    Auss Noht charessieren,
    Eh ich einen Schuss gethan,
    Namest mich zum Liebsten an.
       Courage, etc.

14. Die dich solten schützen vor,
    Thäten von dir fliehen,
    Liessen mich durch offne Thor
    Zu dir einher ziehen,
    Waren froh dass sie in Ehr
    Kamen fort mit liechtem Gwehr.
       Courage, etc.

15. Meines Hackbretts süssen Klang
    Liessest dir gefallen,
    Dass du gleich den ersten Rang
    Gabest mir vor allen,

Gabst dich ohn Condition
   Nur auf mein Discretion.
       Courage, etc.

16. Du hast mir ein Heurath-Gut
    Bracht von sechzig Stucken,
    Solche wil mit Helden-Muth
    Ich auf d'Feind los drucken,
    Wann sie sich noch etwan mehr
    Liessen sehen hin und her.
        Courage, etc.

17. Nun ich zu dem Braut-Geschenck
    Thu dich auch begaaben,
    Dass du meiner eingedenck
    Solest Freyheit haben,
    Freyheit, doch mit gwisser Maass
    Ich auss Gnaden dir zulass.
        Courage, etc.

18. Mehrer Freyheit wär dein Gfahr,
    Köntest dich ergehen,
    Es ist besser, glaubts fürwahr,
    Dass wir auf dich sehen,
    Siehet man nicht genauf auf Kind,
    Kénnens gfährlich fallen gschwind.
        Courage, etc.

19. Schultheiss Schnortz der Händelmann
    Solt mehr Fleiss anwenden,
    Dass er ja nicht greiffe an
    Gschäfft der Hohen Ständen,
    Dann zu solcher hohen Sach
    Ist sein Weisheit viel zu schwach.
        Courage, etc.

20. Doch solt ja mit billich Reu
    Jetzund auch gedencken,
    Wie du ehmals ohne Scheuh
    Thätest mich bekräncken,
    Da du ein verstellten Bär
    Spöttlich führtest hin und her.
        Courage, etc.

21. Du wirst ja dein lieben Bär
    Jetzund besser ehren,
    Denn zumahlen hin und her
    Gwisslich nicht mehr wehren,
    Dir wid jezund als das mein
    Angenähm und liebwerth seyn.
        Courage, etc.

22. Meine Feind als deine Feind
    Sollest jetzund achten,
    Meine Freund als deine Freund
    Sollest auch betrachten,
    Sonderlich der Zürcher-Löw
    Hat verdienet Lieb und Treuw.
        Courage, etc.

23. Hast du nun mein liebes Hertz
    Dich mir gantz ergeben,
    Ey so thu jetzt ohne Schertz
    B'ständig bey mir leben,
    Dann die alte Buhler dein
    Von mir all geflüchtet seyn.
        Courage, etc.

24. Zu Bremgarten an dem Wald
    Ist der Tantz angangen,
    Da hab ich sie solcher Gstalt
    Nach Manier empfangen,
    Dass zwey tausent gleich dahin
    In Ohnmacht gesuncken seyn.
        Courage, etc.

25. Solchen, wanns nicht ruhig seyn,
    Wil ich besser zwagen,
    Wann ihr Schaden noch zu klein,
    Wil ich mehr drauff schlagen,
    Wann sie nur im Feld sich mir
    Stehen dörffen nach gebühr.
        Courage, etc.

26. Ich weiss dass mit List und Tück
    Sie mir zwhar nachstellen,
    Doch hoff ich von Gott das Glück
    Meine Feind zu fällen,

Weil die Sach, für die ich fecht,
Billich ist und gantz gerecht.
 Courage, etc.

27. Hät nicht jener schwartze Mann
Unsre Brüder drucket,
Wär das Feur nie gangen an,
Hät mein Schwert nie zucket,
Er er ist der schöne Christ,
Der dess Kriegs ein Ursach ist.
 Courage, etc.

28. Dann wie offt zuvor der Bär
Frieden helffen machen,
Weiss der Feind von selbst unschwer,
Thät offt drüber lachen,
Ja der Bär darum ins gmein
Müsst der Fridlimacher seyn.
 Courage, etc.

29. Ey was Wunder ist es dann
Dass dem Bär aufgrochen,
Dass der schwartz unrühig Mann
Frieden so offt brochen?
d'Welt wurd wundern, wann der Bär
Noch nicht drüber zornig wär.
 Courage, etc.

30. Ey so kan man ja kein Klag
Auf den Bären legen,
Dann es heiter ligt am Tag,
Wie im Krieg entgegen,
Doch wann man ihm macht z'viel
 Werck,
Weiss er wol wie gross sein Stärck.
 Courage, etc.

31. Seine Zeit in stiller Freud
Thut er gern zbringen,
Doch wann mit Unbscheidenheit
Ihn jemand thut zwingen,
Greifft er endlich zu dem Schwert,
Und schlagt zimlich grob und härt.
 Courage, etc.

32. Drum wird auch sein redlich Hertz
Sieghafft triumphieren,
Und der Feinden Spott und Schertz
Sich wie Rauch verliehren,
Allen Feinden noch zu Trutz,
Bleibet Gott dess Bären Schutz.
 Courage, etc.

An die Heldenmüthige Sieger.
Weil man ja sicht dass selbst
Der Himmel für euch streit,
So brauchet ohn Verzug
Die schön gelegne Zeit,
O Bern, ist Benhadad
Gefallen dir in d'Hände [327],
Schauw dass nicht Ahabs Sünd Zum
 Schaden dich verblende.
Krieg fort für GOTTES Ehr,
Thu mit Joas drauff schlagen [328],
Bis dass dess Glaubes Feind
Besieget gantz verzagen.
Das stoltze Amaleck
So allezeit gesucht
Der Frommen Undergang,
Sey selbsten jetzt verflucht.
Dass es wie Gibeon
Dem Isrel dienen müsse [329],
Und also seinen Stoltz
In schwerem Joch wohl büsse.
Drum führet weiters fort
Beglückten Waaffen-Tantz,
Dann gott dem Bären gönnt
Ein neuen Ehren-Krantz.
Das Glücke wird hassen
Die, so sich verlassen [330],
Auf die nicht Götter seyn:
Die habens getroffen,
Die auf Gott thun hoffen [331],
Der alls regiert allein.

43. Bärenholds lustige Feld-Lieder. Das Fünffte. Parnassischer Echo über dess Bären Siege.

- ORT/ZEITPUNKT:
  1712

- QUELLE:
  ZENTRALBIBLIOTHEK BERN,
  RAR FOL 1:32

Du schöne und schwätzige Nymfen im Thal
O Hertzen-erquickender lieblicher Schall
Kann ich jetzt hoffen du werdest mich hören?
Echo. Ehren.
Wilt du mich ehren und gar nicht betrüben
So wirst du mit mir die Kurtzweil jetzt üben
Und fugliche Antwort auf fragen mir geben. Echo. eben.
Nun eben und wahrhafft hoff ich zu hören
Was meines Hertz Freuden jetzt könne vermehren
Sage hatte gesieget nun aber der Bär?
Echo. Er.
Hat dann Vilmergen nicht brochen sein Muht
Ist immer noch feurig undkriegisch sein Blut?
Ist dann gantz Stahel und Eysen sein Hertz?
Echo. Erz.
Wassaget hierzu der tapffere Lew
Der allzeit verharret in Freudschafft getrew?
Was saget er zu vergangener Schlacht?
Echo. Lacht.
Der Lew recht lachet als b'ständiger Freund.

Was aber thun machen die gschlagene Feind?
Was sprichet Lucern zu obiger Sach?
Echo. Ach!
Ach billich jetzt selbes thut seuffzen und klagen
Weil aber sein beste Soldaten erschlagen.
Sie haben nur letstlich vier tausent verlohren
Und glauben den Pfaffen die kindische Thoren.
Echo. Ohren.
Sie haben lang Ohren den Pfaffen zu glauben
Die ihnen durch Ablass das Gelde ausssaugen.
Echo. Augen.
Blind Augen sie haben
sonst wurden sie sehen
Wie trieglich die Pfaffen mit ihnen umbgehen.
Was bringet jetzt voriges pochen und trewen?
Ech. Rewen.
Das rewen zu spat thut Schmertzen nur bringen.
Der Bär voll Freuden kann tantzen und springen
Die Siege sein Rahmen und Lobe vermehren.
Echo. Ehren.
Die Ehre thun wir vor allem Gott geben
Der stärcket und machet uns sieghafft darneben
Den Herrscher dess Himmels wir billich drum loben.
Echo. oben.
Oben im Himmel und unden auf Erden
Von allen Er billich gelobet woll werden.
Es wird ja der feindliche Hochmuht jetzt schweinen.
Echo weinen.
Das weinen und trauren steht ihnen jetzt an

Weil Faunus selbst heulet der gräulich wild Mann.
Den Bären macht herrlich der glückliche Streich
    Echo. reich.
Was ihme Vilmergen ehmahlen genommen
Hat alles Er reichlich schon wieder bekommen.
Sag Echo, wer jetzund mehr Schaden empfinde?
    Echo. Feinde.
Die Feinde, die ehemals so trutzig sich g'stellet
Die seynd nun durch Unglück in Gruben gefellet.
Die Feinde vor Grimmen und Neide verschmachten
In dem sie dess Bären gross Siege betrachten.
    Echo. achten.
Sie müssen sie achten und selber ausssagen
Dass sie nun zweymal aufs Haupte geschlagen.
    Echo. Lagen.
Es lagen viel tausend all Orten zerstrewet
Welch alle zuvor sehr hochmühtig getrewet
Jeder wöll zehen Bärner erlegen ins gmein.
    Echo. mein.
Ich mein es hat sich das Widerspiel zugetragen
Jeder Bärner hat zehen der Feinden erschlagen.
Habens abermahl falsch Zedel gelocket in d'Falle?
    Echo. alle.
Ja alle bethöret sind zogen in Kriege
Und hofften durch Zedel unfehlbaren Siege
Sie aber erfahrten mit Schaden wie thorecht.
    Echo. recht!
Sag Echo wer thät doch die Zedelin schreiben
Und solche betriegliche Possen mit treiben
Seynds erwan ung'lehrt aberglaubische Pfaffen?
    Echo. Affen.
Wahnwitzige Affen sinds billich zu nennen
Die auf Gott nicht trauen, noch Ihne recht kennen.
Sie gleichen dem Unkraut und brennenden Nesslen
    Echo. Eslen.
Eslen der Prophet sie billich vergleichet (Ps. 32. V. 9.)
Weil dero Verstande vom Höchsten abweichet.
Sie thun ja das Volcke erbärmlich verwieren.
    Echo. irren.
Der Irrenden sich doch erbarmen noch wölle
Und olsche zur Christlichen Herde auch stelle
Der Gnädige Gott zu dem Ich mich wende.
    Echo. Ende.
Schön freundliche Nymfe ich thu dir Danck sagen
Du redest gantz weisslich auf alles mein fragen:
Lebe wol, biss wider wir kommen zusamen.
    Echo. Amen!

44. Bärenholds lustige Feld-Lieder. Das Sechste: Dess Hoch-Lobl. Stands Bern Dreyfach-Ruhm- und Wunderwunderwürdiges Unternemmen.

- ORT/ZEITPUNKT:
  1712

- QUELLE:
  ZENTRALBIBLIOTHEK BERN,
  RAR FOL 1:32

Drey Fürsten-mässige Sachen, dir Herren von Bern jetzt machen,
Deren jedes besunder, der Nach-Welt bringet Wunder.
1. Mit Fürstlichem Begäu der Kornmarckt wird gezieret;
2. Mit Fürstlichem Unkosten die Candel in See geführet;
3. Mit Fürstlichem Vermögen gleicher gestalten
Wird ein grosses Kriegs-Herr im Felde erhalten.
Zu diesen drey Wercken gantz gnädig woll geben
Der Drey-Einige Gott sein kräfftigen Seegen;
Und alles zu neydiger Feinden verdriessen
Erwünschet mit bständigem Glücke beschliessen.
AMEN.

45. Bärenholds lustige Feld-Lieder. Das Siebende. Von der Seyser Action / darbey dem Feind mehrer Schad und Schand zugewachsen.

- ORT/ZEITPUNKT:
  JULI 1712

- QUELLE:
  ZENTRALBIBLIOTHEK BERN,
  RAR FOL 1:32A

1. Saget ist mein Wunsch und bätten
   Bisshin in den Lufft verstreut?
   Will man uns noch nicht erretten
   Von dess Kriegs Ungstümmigkeit?
   Herrschet Mars noch ohne scheuen?
   Kan kein Fried uns noch erfreuen?

2. Ceres, welche ihre Gaaben
   Bringet her in voller Schooss,
   Wünscht die Friedens-Sichel z'haben,
   Dann die Ernd ist reich und gross,
   Wann Mars wäre abgescheiden,
   Ey wie frölich wurd man schneiden.

3. Sensen, Sichel soll man brauche
   Jetzt bey diesem Sommer-Krieg,
   Wann Taback darbey thut rauchen,
   Gibt es ein erwünschten Sieg
   Für den Baur der auf der Weite
   Machet reiche Ernd und Beute.

4. Solches beuten, solches siegen
   Lobt ein mildes Christen-Hertz,
   Muss es aber blutig kriegen,
   Bringt ihm nicht gringen Schmertz,
   Darumb dann auch unsre Herren
   All ein guten Fried begehren.

5. Aber leider! unsere Feinde
   Lassen sich noch also an,
   Dass sie noch ihr Schad, noch Gründe
   Zur Gebühr bewegen kan;
   Ja man kan ihr Wort nicht trauen,
   Und so schwerlich Frieden bauen.

6. Dann man thut ihr Irrthumb kennen,
   Dass sie durch gantz falschen Wahn
   Ehrlich Christen Ketzer nennen,
   Und darauff noch fest bestahn,
   Dass sie, solt es Gott verdriessen
   Kein Eyd solchen halten müssen.[332]

7. O was Irrthumb! O was Greuel!
   Wie doch spielen die mit Gott!
   Auss der Höllen schwartz Nachtheuel
   Haben auffgesetzt diss Gebott:
   Aber Ungren das kan klagen,[333]
   Was für Frücht es hab getragen.

8. Secht doch wie der Feind von Pfaffen,
   Und auch von dem schwartzen Mann
   Sich noch immer lasset affen,
   Und zum Unglück führen an,
   Ja zum Meineyd, pfui der Schanden!
   Zum Verderben ihrer Landen.

9. Neulich an der tieffen Aaren[334]
   Ward ein Frieden neu gestellt,
   Lucern, Ury darbey waren,
   Haben sich zum Bär gesellt:
   Aber ihn nur zu betriegen,
   Weil ihr Hertz gedacht zu kriegen.

10. Dann bald aller Treu vergessen
    Liessens den Landsturm ergehn,[335]
    Wolten jene gleich aufffressen,
    Welche friedlich thäten stehn[336]
    Bey genanter Seyser Brucken,
    Thäten feindlich auf sie rucken.

11. Ihrer bey sechs tausend waren,
    Dieser nur ein kleiner Hauff[337],
    Welcher doch in diesen Gfahren
    Schuss und schlug so tapffer drauff,
    Dass der Feind, so sie bestritten,
    Selbst den grösten Schaden glitten.

12. Bäum und Wälder, Wiess und Auen,
    Und die Schäflein auf der Weid,
    Thäten gantz erstaunet schauen
    Hier dess Bären Tapfferkeit,
    Da ein gringe Zahl Soldaten
    Mit so viel zu fechten hatten.

13. Selbst der Reuss gekräusste Wellen
    Und das angeblümte Feld
    Müssten da das Urthel fällen,
    Dass der Bär gleich einem Held
    Sich könt von so vielen Finden
    Noch mit grossem Ruhm ausswinden.

14. Es wolt zwar auss solchen Sachen
    Ihm der Feind durch falsches Gschrey
    Selbst ein Sieg und Lorber machen,
    Doch dass diss gantz eytel sey,
    Könt sein eigner Schad ihn lehren,
    Wann er sich nur wolt dran kehren.

15. Dann hier könt er klar gnug sehen,
    Wie der hoch Allmögend Gott
    Thät der grechten Sach beystehen,
    Und wie Untreu komb in Spott,
    Wil viel tausent nicht han können
    Wenig hundert hier zertrennen.

46. Ehren-Triumph und Frölicher Willkomm / Deren Heldenmühtigen Siegeren / Der Hohen Generalität und gantz siegreicher Armad / Dess Hochloblichen Stands Bern. Oder Bärenholds Lustige Feld-Lieder. Das Eilffte.

- ORT/ZEITPUNKT:
  1712

- QUELLE:
  ZENTRALBIBLIOTHEK BERN,
  RAR FOL 1:32B

Willkomm, die ihr triumphieren,
Willkomm ihr recht Helden-Söhn,
Billich Euch schön Lorber ziehren,
Billich Ihr gekrönet gehn,
Billich jetz bewillkomt Bern,
Euch als seine Glückes-Stern.

2. Willkomm unerschrockne Helden,
   Edler Bären edles Blut,
   Alle Nachwelt wird vermelden,
   Wie Ihr durch recht Heldenmuht,
   Habt gekrönt den grossen Bär,
   Mit gedopplet Sieges-Ehr.

3. Wie dort Abraham den Frommen,
   Als Er noch gross Helden-That,
   Sieghafft ware widerkommen,
   Freundlichst bewillkommet hat,
   Jener grosse Gottes Freund,[338]
   Also Ihr Willkomm uns sind.

4. Abraham hat d'König g'schlagen,
   Und erlösst sein Bruder Loth,
   Ihr habt gross Mitleyden tragen,
   Mit der Bruder[339] G'fahr und Noht,
   Und sie wider Frey gestellt:
   Drum Ihr Triumphieren söllt.

5. Ob gleich Ihr als eytel hassen
   Römischen Gebrauch[340] und Ehr,
   Müsst Ihr doch uns diss zulassen,
   Dass man euch nur destomehr
   Dess triumpffs gantz würdig acht,
   Den grossmühtig Ihr veracht.

6. Triumphiert Ihr nicht auff Wägen,
   Die mit Gold gezieret sind,
   Triumphiert ihr doch dargegen
   In den Hertzen treuer Freund,
   Die allhie mit höchster Freud
   Zu willkommen Euch bereit.

7. Willkomm seyd ihr lieben Hertzen,
   Welche nicht sind unerkant
   Euer Wunden, G'fahr und Schmertzen,
   Die Ihr g'habt fürs Vatterland,
   Und für unsre liebe Freund:
   Drum Ihr billich Willkomm sind.

8. Ihr wie Abraham habt g'fochten
   Mit sehr wenig wider vil,
   Die doch nicht lang halten mochten,
   Gaben bald verlohrnes Spiel.
   Flohen in die Fern zerstreut,
   Liessen Euch den Sieg zur Beuth.

9. Hay mit vermeintem Weichen
   Josua der grosse Mann[341]
   Listig thäte hinderschleichen,
   Also habt Ihr auch gethan,
   Und, das hoch zu loben ist,
   Selbst den Füchsen Uberlist.

10. Wo ein Nestor thut regieren,
    Wo mit klugem Heldenmuht
    Ein Achilles Schwert kann führen,
    Allzeit es wol glücken thut,
    Drum Euch jetzt in diesem Krieg,
    Hat bekrönt zweyfacher Sieg.

11. Billich Euch der Lorber ziehret,
    Weil durch Euer Helden-That,
    Ihr alls glücklich aussgeführt,
    Was von Euch gewünschet hat,
    Unser hohe Ehren-Stand,
    Ja das gantze Vatterland.

12. Unsers Standes höchste Säulen [342],
    Beyde Liechter unser Statt,
    Grosse Freuden jetzt auch Fühlen,
    Wegen Euer Helden-That,
    Weil so die Vilmerger-Schart
    Wider aussgewetzet ward.

13. Treuen Knechten auch dess Herren,
    Und der frommen Schäffer-Zunfft,
    Thut die Freud dess Hertzens mehren
    Euer glücklich Widerkunfft,
    Dann Ihr habt dess Herren Krieg [343]
    Aussgeführt mit herrlich Sieg.

14. Wie bey ersten Schweitzer-Zeiten
    Habt Ihr, unsere Helden, kämpfft
    Wie bey Laupen sieghafft g'stritten
    Und Bellonä Trutz gedämpfft:
    Darum Ihr uns insgemein
    Billich währt und Willkomm sein.

15. Als Philisters Trutz und Pochen,
    David durch sein Helden-Hand
    Hat besieget und gerochen, [344]
    Hérte man durchs gantze Land
    In der lieblich Frauen-Rey,
    Dass der David Seiger sey.

16. Also solle Euch auch preisen
    Unser Schäffer Lieder-Klang,
    Und mit Willkomm Ehr beweisen,
    Dann Euch jetzt gebührt der Rang,
    Die Ihr auch voran diss Jahr
    Sind gestanden in der G'fahr.

17. Ihr weiss Hochgeachte Herren,
    Die im hohen Feld-Kriegs-Raht
    Thäten weisslich rahten, lehren,
    Was zum Sieg gedienet hat,
    Secht, der Hoch- und Niedere-Stand
    Bieth zum Willkomm Euch die Hand.

18. Sonderlich dem Edlen Greisen,
    Jenem Frisching [345] frischen Held,
    Thun besonder Ehr beweisen,
    Unsere Berge, unsere Feld,
    Ja das gantze Vatterland
    Ihm zum Willkomm gibt die Hand.

19. Wie Hoch-Loblich thät regieren
    Sein Herr Vatter diesen Stand,
    So thut Er erwünscht auch ziehren
    Jetzt dess Bären Statt und Land,
    Wie ein Nestor weiss im Raht,
    Wie ein Hector in der That.

20. Und den wir der Griechen Weisen
    Zellen zu mit billich Ehr,
    Wird zum Willkomm auch gepriesen
    Kluger Steiger, weiser Herr, [346]
    Dessen Klugheit edle Blum
    Hat von Feindenselbst den Ruhm.

21. Secht der Tscharner edlen Stammen,
    Deren Zween im Hohen Raht,
    Stuhnden wol im Feld beysammen,
    Haben noch die Ehr gehabt,
    Dass der Ein als General
    Schlug den Feind zum erstenmahl.

22. Da derselbe bey Bremgarten
    Wolte in verschantztem Wald
    Mit vil G'schütz dem Bär abwarten,
    Da er g'schlagen solcher G'stalt,
    Dass Bremgart und Baden sich
    Drauff ergeben williglich.

23. Da sich herrlich auffgeführet
    Jener junge Bucher Held, [347]
    Und wo auch sich distinguieret
    Willading [348] hat in dem Feld:

Quellendokumente

  Watteweil der Edle Stamm
  Hatte da auch grossen Nam.

24. Und du von so vielen Ahnen
  Edler Diessbach, Edles Zweig,
  Phöbus thut mich recht ermahnen,
  Dass ich von dir gar nicht schweig,
  Du du grosser General
  Warst dem Feind ein Todtes-Strahl.

25. Als der Frieden underbrochen,
  Hast du es durch grossen Sieg
  Zu Villmergen tapffer g'rochen,
  Und geendet diesen Krieg,
  Also dass alls liebe Freund
  Durch den Frieden worden sind.

26. Hier soll ich von Euch auch melden,
  Welche schon dess Volcks Geschrey
  Zehlet zu den grösten Helden,
  Manuel[349] und Sacconay:[350]
  Ihr Ihr habt der Feinden Macht
  Grösten Schaden beygebracht.

27. All Ihr grosse Generalen
  Die als Häupter Commandiert,
  Ihr verdienen allzumahlen,
  Dass Ihr jetzund werd geziert
  Nach dem Alten Römer-Brauch
  Mit dem schönen Lorber-Strauch.

28. Vor mein Feder wurd erligen,
  Der Tag vor wurd neigen sich,
  Eh all wurden hergeschriben,
  Die wie Helden g'halten sich,
  Darum alle ins gemein
  Sollen uns hier Willkomm seyn.

29. Willkomm drum all tapffere Helden,
  Willkomm mit Triumphes-Zier,
  Spahte Nachwelt wird auch melden
  Wie Ihr Euch gehalten hier,
  Wie dem Bär neu Ehr und Macht
  Ihr durch siegen beygebracht.

30. Secht, wie Euch auff weiten Strassen
  Alles Volck Willkommen thut,
  Hört, wie man durch alle Gassen
  Preiset Euern Helden-Muht,
  Klein und Grosse ins gemein
  Heissen Euch so Willkommen sein.

31. Missgunst muss sich hier verschleichen,
  Euer Triumph wird geziert
  Mit den schönsten Sieges-Zeichen,
  Die man Euch hat vorgeführt,
  Feindlich Fahnen, feindlich Stuck
  Geben hier den schönsten Schmuck.

32. Selbst die Aaren scheint zu stützen
  Ihre Wellen mehr als sunst,
  Als wolt sie Neptun selbst trutzen,
  Und Euch Siegern hier zu Gunst
  Mit Verwunderung stille stehn
  Euerem Einritt zuzusehen.

33. Unsere Nymphen auff den Auen,
  Unsere Schäfflein auf der Weid
  Thun mit Lust-Begier anschauen
  Euers Triumphs Ehr und Freud:
  Alle Sorg wird abgethan,
  Hier erfreut sich Jedermann.

34. Hör ich nicht Carthaunen knallen
  Dass erthönen Berg und Thal?
  Trommel und Trompeten schallen
  Mit erfreulich Widerhall,
  Es ist als bey dieser Zeit
  Voller Sieg und Friedes-Freid.

35. Selbst die Pallas flecht die Crone,
  Mars beuht Euch den Marschal-Stab
  Euer Tapfferkeit zum Lohne,
  Wird Euch ziehren biss ins Grab,
  Ja der Tod kan selbst nicht mehr
  Tilgen Euer Tugend-Ehr.

36. Euer Sieg soll man einschreiben
  Nicht nur auff ein schwach Papeyr,

Er soll auffgezeichnet bleiben
Auff Diamanten und Sapheyr,
Kindes-Kinder immerhin
Sollen dessen brichtet sein.

37. Wie dort Erlach hat gesieget,[351]
Und wie jener grosse Mann
Nägelin im Welschland krieget,[352]
Also habt Ihr auch gethan,
Und durch Sieg neu Land un Ehr
Beygebracht dem grossen Bär.

38. Drum die Edle Ceder-Stammen,
Palmen und Oliven-Strauch
Flechten sich in Cräntz zusammen,
Dass sie würdig Cronen Euch,
Weil Euch Gott zum Sieg erwellt,
Wird die Cron Euch zugestellt.

39. Doch dass wir vorauss dem Herren
Der Euch wie sein Gideon,[353]
Hat erkiesen, loben, ehren,
Ihm gebührt die höchste Cron,
Ohn sein Hilff und grosse Gnad
Niemand Glück noch Siege hat.

40. Er hat Euch gegeben Stärcke,
Und ein wahren Helden-Muht,
Jeder dessen Gnaden-Wercke
Darum billich preisen thut:
Er erbarme jetzt auch sich
Der Erschlagnen gnädiglich.

2. Jenner, und Kilchbergers Todte
Pally, Fechy und Langin,
Mestral, Demiere traur Note,
Und tieff zubeseufftzen sein,
Dann das waren tapffre Leuth,
Die der Tod ihm g'macht zur Beuth.

3. All Soldaten die durch Wunden,
So gantz Lob- und Ehrlich sind,
Ihr sieghafftes End hier g'funden,
Trauren wir als liebste Freund.
Ihre Namen allzumahl
G'hören in der Helden-Zahl.

4. Vil sind in die Todten-Grotten
Zwar zu Lentzburg beygesetzt,
Doch von Würmen oder Motten
Wird Ihr Namen nicht verletzt,
Dann wer so heroisch stirbt,
Ewig Lob und Ruhm erwirbt.

5. Weil sie da ihr Blut und Leben,
Wie es Helden wol ansteht,
Für das Vatterland hergeben,
Ihr Triumph auch schon angeht,
Dann im hohen Himmels-Thron
Christus ist Ihr Ehren-Cron.
Ohne Ende.

Chronost.
MaCte! en respLenDent generosI
    Ursi atque Leones.

E N D E.

Christlicher Nachklang Unsers Triumphs.

1. Ach dass wir auch grüssen möchten
In erwünschtem G'sundheits-Stand
Jene, die im Streitt und Fechten
G'storben für das Vatterland,
Ach das Edle Tscharner Blut[354]
Billich Thränen heuschen thut.

47. Bärenholds Das zwelfft und letste Lustige Feld-Lied / Lob- und Danck-Gesang für herrlich erlangte Sieg. Im Thon: Der begraset Wiess und Felder / etc.

- ORT/ZEITPUNKT:
  1712

- QUELLE:
  ZENTRALBIBLIOTHEK BERN,
  RAR FOL 1:32B

Bärenholds End-Wunsch.

So lang Bern der Bär thut ziehren
So lang soll es triumphieren,
So lang Wasser in der Aar
So lang Gott es wol bewahr.
So lang an dem Gurt[355] ein Stein
So lang soll Bern glückhafft sein,
A M E N.

An den Unpartheyschen Leser.
Sollt man jetzt die Lieder lesen,
Die vor sechs und fünfftzig Jahr
Machten ein so lautes Wesen,
Wurd bald stehen offenbahr,
Dass mein Dichten und mein Singen
Nicht zu grob unhöfflich fall,
Es ist jener alten Dingen
Nur ein schwacher Widerhall.

E N D E.

48. Das entlarfte Tell-Gespenst / Oder Entdekung und Zergliederung Des Neuen Tells / Welcher von gegenwärtigen Eidgnössischen Unruhen, Friedhässige und bosshafte Lügen in die Welt aussgestreuet / Nun aber in seiner Bossheit beschämet stehet sonderlich Wegen seines Reimlosen Anhangs. In der Weise Wie man den Tellen singet. Welchem noch bey gefüget worden / Der schnöde Friedensflicker / In seiner eignen Weise.

- ORT/ZEITPUNKT:
  1712

- QUELLE
  ZENTRALBIBLIOTHEK BERN,
  RAR FOL 1:37

Bona.
Locuturus ipse te consule, an ulla in te exaestuet affectio immoderata, necquiquam Linguae permittas, donec commotio cesset; ahioquin plura effundes, quae te postea dixisse paenitebat.

Das Entlarfte Tellgespänst.
Secht! secht doch dort den Tellen
Aufstehen auss der Erd,
Und wider uns erzellen,
Was er doch für Beschwerd
Nun müsse wider leiden;
Drum wöll' er wecken auf
Und wieder neu vereiden
Sein alten Bruder Hauf!

2. Dann was er hab errongen,
   Anjez verkauffet sey;
   Den Herren sey gelongen,
   Verrahten Ehr und Treu;
   Der Adel wöll' zerstöhren
   Den alten freyen Stand,
   Die Eidgnosschafft betöhren
   Verkauffen Leuht und Land.

3. Und was er mehr auftichtet
   Den Herren für Gewalt,
   Durch welchen werd zernichtet,
   Was der Gemeyn gefalt,
   Die Freyheit untertrucket
   Und alles Böss getahn,
   Der Glauben auch verstucket
   Betrogen jedermann.

4. Doch weiss ich nicht zusagen,
   Was das sey für ein Tell?
   Es wil mir nicht in Magen,
   Er seye der Gesell,
   Der dort vor alten Zeiten
   Nicht hat verehrt den Filz;
   Es wil mir eher deuten,
   Es sey ein Bauren rülz.

5. Ja eher wil ich trauen,
   Es sey ein wuest Gesicht
   Von einer Zugerfrauen
   Auss Endor zugericht:
   Dann er steigt auss den Erden
   Auss einem dunklen Ohrt,
   Und redet von Beschwerden
   Nur lauter Lugenwort?

6. Der recht Tell ist im Himmel,
   Sein Namm im Sägen ruht;
   Doch mit ihm mancher Lümmel
   Beschönet, was er tuht!
   Der Tell wolt nicht verbannen
   Die Herren all zugleich,
   Er gab nur den Tyrannen
   Den rechten Todesstreich!

7. Wo hat er doch den Adel
   Jemahlen hingericht?
   Allein den Pfauenwadel
   Er hat gemacht zu Nicht;
   Die unser Freyheit zwangen
   Zu Uri unters Joch,
   Und in dem Land begangen
   Vil schnöde Tahten noch!

8. Die hat er aussgetrieben
   Und ihre Nest zerstöhrt
   Wer treu war, war geblieben
   Und noch zugleich geehrt.
   Wie viel Geschlecht erweisen,
   Die grossen Dienst getahn
   In der Eidgnossen Reisen
   Und manchem schweren Span.

9. Und dieser Tell darff schänden
   So ehrlich fromme Leuht',
   Die ihre Dienst' anwenden
   Dem Land in Angst und Streit.
   Was tahten diesem Tellen
   Die Herren doch für Läid?
   Gar nichts; er wil sie fällen
   In lauter Hass und Neid.

10. Vielleicht weil sie nicht machen
    Mit Tellen alls gemeyn;
    Da sonsten ihre Sachen
    Nicht Tellenmassig seyn,
    Und man ja muss erfahren,
    Die Herren seyen gleich,
    Wie ihre Burger waren
    Treu, fromm und tugendreich.

11. Lutzern es hat erwiesen,
    Dass ja kein Wunder ist,
    Wann man es hat gepriesen,
    Wie man erhebt den Mist;
    Zwar in ganz anderm Sinne,
    As diser Tell es meynt:
    Dann es wie eine Spinne
    Sich mit Betrug umzäunt.

12. Tell macht es zum Verräther
    Auch bey uns man es kan.
    Diewil es dem Schuhdrähter
    Zu Dienst gewendt alls an;
    Der Schuster wolte werden
    Ein Souverainer Herr!
    Das machte die Beschwerden
    Und so ein lauht Geplärr!

13. Doch darff der Tell da brauchen
    Des Glaubens Vorwand noch,
    Und wie zulieb dem Gauchen
    Anlegen solches Joch.
    Selbs seinen Glaubensgnossen
    An die sich Schweiz doch hat
    Zum Schuz' in Eid geschlossen!
    Das ist ein Bauren Raht!

14. Wer hat jemahl vom Glauben
    In disem Krieg geredt?
    Auss solcher Tellen Schnauben
    Der Jammer all ensteht;
    Dass Zürich und die Berner
    Der Unschuld waren guet,
    Das brachte die Luzerner
    Und Länder in die Wuet!

15. Es war nicht um den Glauben,
    Um Freyheit wars zu tuhn,
    Die suchte man zurauben
    Den Toggenburgern nun
    Drum man bey falschem Frieden
    Verrätherey gespielt,
    Damit man könte schmieden,
    Was man hernach gefühlt!

16. Zum ersten solt an Reyen
    Das Toggenburgerland,
    Kein Wahrnen noch Bedräuen[356]
    Plaz bey Lutzern mehr fand;
    Die Freyheit treu beschützen,
    Hiess etwas fangen an,
    Das Niemand wurde nutzen,
    Und sey ungreimt getahn!

17. Als man darauf gehämmet
    Des Pfaffen Tyranney,
    Hat es sich nicht geschämmet
    Zubrechen seine Treu;
    Die Lander zu besetzen,
    Die nicht sind sein allein,
    Und auf uns zuverhetzen,
    Die Unterthanen seyn!

18. Den Pass es uns verschlossen
    Durch unser eignes Land;
    Und auf uns looss geschossen
    Mit unversehner Hand;
    Es lag im Busch zuwarten,
    Wann Bärn käm in das Nez
    Dor jenseihts bey Bremgarten,
    Doch fiel das Spiel aus lez!

19. Drum hats der Tell genennet
    Wol eine Staudenschlacht;
    Was Lutzern loossgebrennet,
    Es hab' umsonst gemacht!
    Es stuhnde hinder Büschen
    Und Stauden wol verwahrt,
    Und taht mit allem Zischen
    Kein Schad der Widerpart.

20. Obgleich es war gebettet
    Zur Berner Niederlag,
    Jedoch, wen Gott errettet,
    Erleidet keine Plag!
    Drum Gott durch dises Balgen
    Dem Feind die Schlapen gab,
    Dass er dort bey dem Galgen
    Gefonden hat sein Grab!

21. Der Tell rühmt sich mit Lügen,
    Wie viel der Baur gefällt,
    Und wie der Herr vergnügen,
    Sich lassen hab mit Gelt.
    Ei ja man hats erfahren;
    Gott hat den Baur gefällt,
    Und ihre Herren waren
    Geflohen ohne Gelt!

22. Wer hat jemahl bezahlet
    Die Mörder noch mit Gelt?
    Wer recht Lutzern abmahlet
    Sie für Buschmörder hält,
    Und nicht für rechte Krieger,
    Die keines Gelts sind wehrt,
    Und die noch als Betrieger
    Die ehrbar welt betöhrt!

23. Ei ja! es hats errahten
    Der Tell, warum Lutzern
    Sich nicht mit frischen Tahten
    Gewehret wider Bern!
    Es hatte schon im Busen
    Den Schelm, der ihns gejagt,
    Drum könt es nicht mehr fussen
    Und ware ganz verzagt.

24. Dann wer Untreu begehrt
    An seinem besten Freund,
    In Nöhten nicht bestehet,
    Der Freund ihm wird zum Feind.
    Pfui! dass du wilt vergleichen
    Lutzern jemahl mit Bärn.
    Die Falschheit machet weichen
    Die Freundschafft in die Fehrn!

25. Sol nun der Krieg nicht enden
    Und gehen immer fort,
    So wird Lutzern sich schänden
    Und häuffen Mord auf Mord:
    Dann Leib-Gut, Blut und Leben
    Bis auf den lesten Mann
    Auch Zürich und Bärn geben
    So wol als Schweiz es kan!

26. Tell hat nicht mehr zu klagen!
    Lutzern sich hat verkehrt
    Sich aller Treu entschlagen
    Und alle Welt gelehrt:
    Bey päpstlichen Eidgnossen
    Sey weder Ehr noch treu,
    Ab schelmischen diebspossen
    Sie haben keinen Scheu!

27. Darum ihr Pracht werd sinken,
    Weil der ist wider Gott;
    Er fangt schon an zustinken,
    Samt seiner ganzen Rott.
    Die Bauren zwar jez müessen
    Ertragen alle Schuld;
    Doch wird Lutzern noch büssen,
    Sind wir nur in gedult!

28. Wann solche faule Tellen
    Die Leuht im Endlibuch
    Auftreiben und aufschwällen
    Dass sie den alten Bruch
    Aufreissen und erneuen
    Nun Herren auch zuseyn.
    Das wird den Tellen freuen,
    Tieff in sein Herz hineyn!

29. Doch hat Gott kein Gefallen
    An der Unredlichkeit;
    Darum des Tellen Prallen
    Sich selber hat verschreyt!
    Er wil die Frechheit schirmen,
    Wo keine Freyheit ist,
    Die Freyheit dann bestürmen
    Durch seinen Argenlist!

30. Er darff das Rebellieren
    Noch heissen recht und gut!
    Das heisst wol Pflegellieren
    In einem stolzen Muht!
    Die Demuht jezt nicht wainet,
    Nur Hochmuht auss ihm pocht;
    Sein Rasen selbs bescheinet,
    Sein Unglük sey gekocht!

31. Es kan noch nicht recht betten
    Der arm elende Tell!
    Wie solt ihn Gott dann retten
    Auss seinem Ungefäll' &
    Solt Maria die hören
    So schlagen Gott in d'Schantz
    Un selber sich belöhnen
    Mit ihrem Rosenkrantz?

32. Gott hatte ja die Zeichen
    Am Himmel aufgestekt
    Und hier auf Erd in gleichen
    Mit Wundern uns erschrekt,
    Dass ja der Tell solt denken,
    Kein stolzer Trotz besteh,
    Wer freye Leuht wöll kränken,
    Zulezt zu Grunde geh!

33. Da kan ja Tell nicht trauen
    Auf seinen rosenkranz,
    Noch auf Vestmachen schauen
    Wann er jezt muss an Tanz.
    Es giltet nicht dem Glauben
    Und giltet deme doch,
    Man wolt uns dene rauben,
    Wir aber niemann noch!

34. Was man von allen Seihten
    Für Zwang hat angetahn
    Dort und da unsren Leuhten,
    Das schreyet Himmel an,
    Und das nur unsern Glauben
    Zutilgen immerfort,
    Und war doch nichts als Schnauben,
    Wann man geredt ein Wort!

35. Das sind die dapfre Tellen!
    Wir hoffen aber Gott
    Sie werd' und ihre Gsellen,
    Auch machen bald zu Spott
    Und sicher den Bedingen,
    Die auf dem Teppich sind,
    Den Ausstrag glüklich bringen,
    Geb wie sich sperr ihr Grind.

36. Der Anfang ist gemachet
    Geworffen ist dass Loos,
    Der, der ob Zion wachet,
    Es hat in seiner Schooss,
    Und nunmehr schon gezeiget
    Der Untreu ihren Lohn;
    Ob disem Tellen steiget
    Empohr schon Spott und Hohn.

37. Drum auf ihr fromme Christen!
    Die Gottes Ehr und Lehr
    Zu retten sich jez rüsten!
    Ergreiffet euer Wehr'
    Und zeigt dem Falschen Tellen
    Des Löu und Bären Bluet
    Sich immer noch gesellen
    Im alten Heldenmuht!

38. Ich glaub, der Tell es spüre
    Und seine Bauren Rott:
    Wer Treu und Eid verliehre,
    Mit Schaden kriege Spott:
    Dann solche müssen sterben
    Und können noch darbey
    Nach ihrem Tod erwerben
    Nichts als ein Schandgeschrey?

ENDE.

49. Ein schönes neues Lied Uber Gegenwärtiges faul / falsch und schandtliches Kriegs-Wesen Der Neue Tell genannt. Im Thon: Wie man den Wilhelm Tell singe. Mit angehängten Puncten, welche die beyde Stände / Zürich und Bern / an die Löbl. Fünff Catholische Orthe Lucern / Ury / Schweitz / Underwalden und Zug so hochmühtig / wider alle Pündtnuss / Ehr und Eyde Prätendieren / und gewaltthätig abtringen wollen.

■ ORT/ZEITPUNKT:
1712

■ QUELLE:
ZENTRALBIBLIOTHEK BERN,
RAR FOL 1:36

Neuer Tell.
Wilhelm wo ist der Telle?
Vergraben in der Erd:
Komm her, vor uns dich stelle,
Du Held lieb, theur und werth.
Thu deine G'spahnen wecken,
Zu neuer Treu und Eyd,
Die Herren zu erschrecken,
So worden seynd Meineyd.

2. Was du mit Blut errungen,
Anjezt verkauffet ist,
Die Freyheit wohl gelungen,
Den Herren z'wider ist.
Der Adel sucht z'verstöhren,
Den alten freyen Stand,
Die Eydgnossschafft empören?
Verkaufft dass Vatterland.

3. Die Herren aller Orthen,
Suchen nur ihren Stand,
Mit ganz betrognen Worten,
Verblühmen ihre Schand.
Die G'meinden wollen zwingen
Anz'nemmen ihren Gwalt,
Bey diser Zeit aufbringen,
Was ihrer Falschheit gfalt.

4. Hat man nicht alter Zeiten,
Den Adel krafftloss g'macht,
Warum wil man jezt leiden,
Vom selben solchen Pracht?
So gross nicht ist gewesen,
Der Vögten Tyranney,
Als wie anjezt zusehen,
Der Herren Schelmerey.

5. Nicht gnug an Undertrucken,
Der Gmeinden ihr Freyheit,
Den Glauben zu verstucken,
Sie suchen Glegenheit.
Wie man gnug thut erfahren,
Und nicht umsonst verschreyt
Dass sie Verrähter waren,
Am Glauben diser Zeit.

6. Denselben zu verfechten,
Sie aussgezogen seynd,
Wanns hätten sollen fechten,
Sie schonten dessen Feind.
Wann Zürcher und die Berner
Freyen Glaub muothen an,
Seynd den gleich die Lucerner,
Anznehmen glüst voran.

7. Wie solches war zusehen,
An letster Stauden-Schlacht,
So bey dem Galgen gschehen,
Da sie verbergiss gmacht.
Sich in dem Wald verschlossen,
Spottlich ihr Volck bethört,
Darvon schandtlich geloffen,
Zu fliehen nicht aufghört.

8. Zwar wohl nach dem Versprechen,
So sie dem Feind getahn,
Dass sie nicht wolten fechten,
Verletzen keinen Mann,
Doch wider ihr Parollen
Die Bauren sich gestellt,
Und haben mit Bley-Knollen
Sehr vil der Feinden gfelt.

9. Jezt meynen sie gewunnen,
Zu haben, was sie gsucht,
Dass sie dem Feind entrunnen,
Der sie nie hat gesucht.
Jetzt seynd sie müd mit Kriegen,
Wollen nicht mehr daran,
Gott und die Welt bekriegen,
Halten um Frieden an.

10. Ist es jezt Zeit Frid z'machen,
　　Wann man verlassen hat,
　　(Wer wolt nicht drüber lachen)
　　So manchen Platz und Stadt?
　　Warumb ist man aufzogen,
　　Und sich gestelt ins Feld?
　　Dass man also verlogen,
　　Vom Feind genommen Geldt.

11. Politische Lucerner
　　Was meynt ihr doch darmit,
　　Dass ihr wider die Berner,
　　Euch habt gewehret nicht?
　　Ich will es wohl errahten,
　　Die Berner seynd euch G'freund,
　　Weil ihr ab solchen Thaten,
　　Auch ihres Gleichens seynd.

12. Noch nicht ist darmit g'endet,
　　Dass Kriegen an seim Orth,
　　Wann sich das Blettlein wendet,
　　Muss Lucern wider fort.
　　Fürn Glaub und d'Freyheit z'geben,
　　Wir Gmeinde biethen an,
　　Leib, Blut und auch das Leben,
　　Bis auf den letsten Mann.

13. Wil sich Lucern bekehren,
　　So sey es ihm zum Heil,
　　Will sich das widersperen,
　　So wartet ihm sein Theil.
　　Der Herren Pracht wird sinken,
　　Weil er ist wider GOTT,
　　Wie Wuest wird solcher stinken,
　　Wann er gemacht zum Spott.

14. Tell Willhelm Tell dich stelle,
　　Von neuem zum zum Gewehr,
　　Der Herren G'walt verfelle,
　　Dem Vatterland zu Ehr,
　　Samle dir reldich Bauren,
　　Under den Freyen Fahn,
　　Die gern all Gfahr aussdauren,
　　Und ziehen frisch daran.

15. Man wirds zwar für Rebellen,
　　Aussruffen überall
　　Dich selbst für solchen zehlen,
　　Die Herren offtermahl.
　　Doch heist nicht Rebellieren,
　　Wann man den Glauben schirmt
　　Die Freyheit Defendieren,
　　Dem Feind den Gwalt benimt.

16. Gott selbsten thut gefallen,
　　Ein solche Redlichkeit,
　　Drum hat er offtermahlen,
　　Beschirmet die Freyheit.
　　Den alten beygestanden,
　　Wider des Adels G'walt,
　　Schikt uns auch Hilff zu Handen,
　　Weil es ihm wohl gefalt.

17. Haben wir nicht gesehen,
　　Die Zeichen in dem Lufft,
　　Gass Er uns wol beystehen,
　　Treiben die Feind in d'Fluch?
　　Ligt nicht an grosser Mänge,
　　Der Sig in Gottes Hand,
　　Offt machet in der Enge,
　　Der Klein den Gross zur Schand.

18. Haben wir nicht zu trauen,
　　Dem Heilgen Rosenkrantz,
　　Mariä der Jungfrauen,
　　So steht für unser Schantz?
　　Catholische Soldaten,
　　So treu am Glauben seynd,
　　Erneuert euere Thaten,
　　Ziecht Tapfer an den Feind.

19. Ihr müsst doch einmahl sterben,
　　Im Krieg oder zu Hauss,
　　Im Krieg könt ihr erwerben,
　　Die gröste Ehr darauss.
　　Lasst nicht euch s'Leben dauren,
　　Weil es der Glauben gilt.
　　Sigen werden die Bauren,
　　Wann schon der Herr verspilt.

Puncta. Welche die beyde Stände, Zürich und Bern an die Lobl. Fünff Catholische Ohrt, Lucern, Urj, Schweitz, Underwalden und Zug pretendieren.

(1.) Sollen die Drey Vogteyen Thurgöw, die Graffschafft Baden, und das Freye Ambt, den Zürcheren und Berneren verbleiben, biss und so lang sie um die völlige Kriegs-Kösten bezahlt seyn werden.
(2.) Solle auch die Alte Landschafft (so dem Fürsten zu St.Gallen sonsten zuständig) denen Zwey Ohrten an die Kriegs-Kösten verbleiben.
(3.) Solle die Parität so wohl in Civil- oder Burgerlich, als anderen Sachen gestattet werden.
(4.) Sollen alle Pündtnussen mit Frömden Fürsten und Herren aufgehäbt werden,
(5.) Solle der Fürst von St. Gallen völlig auss dem Pundt ausgeschlossen seyn.
(6.) Sollen beständig offene Straffen für bede Ständ, Zürich und Bern, offen stehen, und behalten werden.
(7.) Wann man die Kriegs-Kösten baar bezahlen thäte, werde man alsdann trachten ein Stillstand der Waafen zu procurieren oder ausszuwürken.
(8.) Solle das ganze Toggenburg in völligem Salve verbleiben und in Fridens-Stand gesezt seyn.

Der Allerhöchste, dessen Eygenschafft ist, sich den Hochmühtigen zu widerstehen, und sich dess Demühtigen zuerbarmen, wolle Ihme Allergnädigst belieben lassen, diesen angemassten Hochmuth, und so ungerechtes Begehren durch das Allerreinestes und vilmögendes Fürbitt seiner Jungfreulichen Mutter Maria völlig zu hemmen, und Dero Ertz-Feinde niderzutruken, uns Beträngten aber eine herrliche Victorj zuverleihen, für welche wir deinen Allerheiligsten Nammen, hie Zeitlich und dorten Ewiglich loben, ehren und preysen werden, Amen.

50. Der von Gott gerechte Lohn falsch-geschworer Schweitzer-Treu. Biderleuthen zu Gunsten und männiglich zur Nachricht, Treulosen aber zum Exempel auffgesetzts / In der Melodey: Mit dem Jäger ich es halte / etc. Der Land-Mann aber kann es singen nach der Weise: Hunderttausent Aepffel-Küchlin gibt ein gantze Wannen voll / etc.

■ Ort/Zeitpunkt: 1712

■ Quelle:
Zentralbibliothek Bern,
Rar fol 1:32d

1. Ich kann nimmermehr vergessen,
Dass Lucern und Ländler seynd,
Welche noch so gar vermessen,
Uns anfallen al ein Feind,
Nachdem neulich war geschlossen,
Dass die alte Schweitzer-treu
Forthin niemand solt umbstossen,
Sonder wiedrum werden neu.

2. Dieser Feind ist nun aussgezogen
Mit so vielen tausend Mann,
Der da gott und Welt gelogen;
Mit Betheurung bargethan,
Dass er steff und fest woll halten,
Ob dem Edlen Schweitzer-Bund,

Künfftig hin ihn zu verwalten,
Dass er nimmer geh zu Grund.

3. Aber bey sothanem Frieden
Schrye er sein Raben-Gsang,
[357]Als wann man ihn wollte sieden,
Und ihm machen allzubang.
Drumb will er mit nichten spahren
Seine Waffen, welche dann
Erst vor etlich hundert Jahren,
Ihn so theur sind kommen an.

4. Und weil die nicht gnugsam wären,
Nahmen sie auch Karst und biel;
Wollten allen Fleiss ankehren,
Biss ihr Feind in Ohnmacht fiel.
Auch Sanct Jacob[358] sollte streiten,
Kämpffen, und sein bestes thun,
Als ein Hertzog vorauss reiten,
Bern zu schrecken wie ein Huhn.

5. Solche Ehren-Stell z'betretten
Schluge dieser gäntzlich ab,
Weil er sie nicht könnte retten,
Ware dieser Feind schabab.
Musste also fort rathschlagen,
Welcher hierzu richtig se:
Indes wurde drein geschlagen,
Dass er wurde Vogel-frey.

6. Endlich, wann der Welt-Beherrscher
Von dir wurd geruffen an:
Thätest du hierin noch närr'scher
Als die völker je gethan.
GOTT[359] zu solchen Meineyds-
Räncken
Niemahls Glück gegeben hat,
Seine Majestät zu kräncken,
Findet Rache früh und spat.

7. Beyspiel dessen jetzt man findet,
An bemeldtem Friedens-Feind,
Der auf schlimme tück sich gründet,
Die von Bossheit g'schmidet sind.

Doch wird man ihn nur verlachen,
Weil uns GOTT den Sieg beschert;
Der kann ihm den Garauss machen,
Als eim der das Recht verkehrt.

8. Drumb frolocket aller Orten,
Singet, stimmet mit mir an;
Jauchzet, dass geschlagen worden,
Nunmehr bey viel tausent Mann.
Kommet, schauet wie Bern sieget,
Wie dess stoltzen Feindes Pracht
In dem Blut erschlagen lieget,
Und zu nichten wird gemacht.

9. Grosser Helden Wehr und Waffen,
Tapfferer Soldaten Faust
Können deinen Hochmut straffen,
Dass das Feld bald raumen must.
Etlich mahl zwar man zurücke
Wiche, weilen wir zu schwach:
Doch erschnappte uns das Glücke,
Zu vollführung unsrer Sach.

10. Kommt dann mehr an unsren Rucken,
Uns z'versetzen Mörder-Streich,
Hier und dort auf Fried zu trucken;
Dann man sich nicht scheut vor euch,
Als von solchen schlechten Kunden
Einich wort zu nemmen an,
Wer sie hierin ehrlich funden,
Sich zu ihnen fügen kann.

11. Dieser Feind hat zwar angriffen,
Das sonst tapffre Berner-Heer,
Hat auch Stuck auff Stuck gepfiffen,
Doch hat Bern erlangt die Ehr.
Es springt auff den Sonnen-Wagen[360]
Und beschaut den Todten-Hauff.
Fama[361] wird bald weiters sagen,
Dass der Feind im Blut ersauff.

12. Blitzen, knallen, stechen, hauen
Währte, biss die dunckle Nacht
Zur Entsetzung gab zu schauen

Diese heiss-beflammte Schlacht.
Keine Gnad war da vorhanden,
Blut umb Blut war ihres wort,
Wo viel tausent Feind gestanden
Führte man Gefangne fort.

13. Lasst nun Lob und Danck erschallen,
Blasst zum Sieg das Urner-Horn,
Weil der Feind vor uns gefallen,
Wird verfolgt auss Gottes Zorn,
Seine Untreu ER nicht liebet,
Drum ER solcher bossheit Ziel,
Zu vernichten ihn auffreibet,
Straff zu Lohn vergelten will.

Der Herren von Bern heldenmüthig
vergossenen Bluts nachklang.
Billich sind viel Thrän geflossen
Für das Edle Helden-Blut,
Welches wir für euch vergossen,
Und dem Vatterland zu gut,
Doch sehr grosse Freyheit-Rechte
Solch Grossmüthigkeit erwirbt,
Gott sein Lohn ist, der gerechte,
Lass nicht zu, dass es[362] verdirbt.

51. Anonymi Unumfangene Gedancken Uber die heutigen Progressen Dess streitbaren Löuen und Bären. Von einem guten Freund communiciert.

■ ORT/ZEITPUNKT:
1712

■ QUELLE:
ZENTRALBIBLIOTHEK BERN
H XLIX 337:19

I. Der Löuw und Bär.
1. Was sucht der Leuw und Bär, mit
   Waaffen, Heer und Wehr?
   Nichts als Gerechtigkeit, Freyheit und
   Gottes Ehr.

2. Kein Herrschafft, Land noch Leuth
   hat Löuw und Bär bedacht,
   Die Pfäffisch Tyranney hat diesen
   Krieg gebracht.

3. O Zürich wetz jetzt auss den
      Cappler-Brieff und Schaden;
   Nunmehr ist gnug dess Gpötts:
      Ich hoffs von höchsten Gnaden!

4. Biss jetzt könt wohl der Bär die
   grechte Raach verbergen,
   Gott hat Ihn aufgeweckt! Jetzt denckt
   er an Villmergen.

5. Frisch auf! frisch Löuw und Bär!
   greifft zu dess Herren Krieg:
   Vom Himmel ists bedacht; Daher
   hofft Sieg umb Sieg.

II. Wyl.

Nr. 1.
Wyl: wie so kurtzwylig?
Ergibt dich ja ylig:
Man macht dir gar ban,
Drum wartest nicht lang,
Kein Zeit zu verlieren
Zum Capitulieren,
In kürtzester Yl,
Kurtzwylig ist Wyl.

Nr. 2.
Herr Abt von St. Gallen,
Wie hat euch gefallen?
Der Züricher Knallen,
Der Berneren Schallen,

Das Bomben einfallen,
Die feurigen Ballen.
Die Wyler Mäussfallen
Hat müssen bezahlen,
Vor anderen allen
Das Pochen und Prallen,
Der zornigen Gallen,
Dess Abts von St. Gallen.

Den Rappenschweyler Spott hat nunmehr Wyl ersetzt,
So kommt der Widersetz gewüss! Obgleich zuletzt.

III. Herr Abt.

Wo der Schuh Herrn Abten truck, kann Er selbst am besten sagen:
Nun empfindt Er, dass der Schuh übern letzen Leist geschlagen.

Zur Fluch von Ort zu Ort, gehören gute Schuh:
So recht: Herr Abt: Warum bleibst nicht in Fried und Ruh?

Herr Abt Leodegar: Dein Namm ein Löuwe heisst,
Doch sieh dich vor, eh dich der Löuw und Bär zerreisst.

Herr Abt, hättst Toggenburg bey Ruhen lassen bleiben,
Wurd dich kein Löuw und Bär auss deiner Cell vertreiben.

IV. Roschach: Buchstab-Wechsel: Achschor.

Herr Abt jetz schor und schar, wo aus, wo ein, wo an?
Wyl, Gallen, Gossau, Roschach, di nicht mehr helffen kann.

Wer andern Gruben grabt, bortzt endlich selbst darein,
Der Gallus Abt mussnun auch ein Exempel seyn.

V. Mellingen und Bremgarten.

Bremgarten und Mellingen,
Wie könt es euch gelingen?
Dass ihr so schlimmer Dingen
Wolt Zürch und Bern vertringen,
Von Ehr und Eid abspringen,
Gar Löuw- und Bären zwingen,
Die ihre Feind umbringen,
Und grimmiglich verschlingen.
Auf Lucerns süsses klingen,
Komts zum Traur-Lieder singen,
Nach Unglück that ihr ringen,
Schwer ists, sich nun drauss schwingen.
Nicht besser solts gelingen
Bremgarten und Mellingen.

VI. Baden.

Hindern Züri, füren Baden!
Was diss sey ist wol bekandt,
Baden jetzt begehrt der Gnaden,
So sehr hat sich's umgewandt.

Baden, wie hast du doch so thörlich Löuw- und Bären aufgeweckt,
Dass sie Ihre Klau- und Tatzen jetzt so tieff in dich gehecket.

Du Baden hast dir ja solchs Bad selbst überthan,
Drum sag jetzt auch von dir, wies heisst; selbs than: selbs ghan.

Zu Baden badt man ja im warmen Wasserbad,
Im Feur jetzt Baden badst, das danck dem Pfaffen-Raht:

Es lasst sich nicht so frech mit Löuw und
   Bären schertzen,
Das weißt nun Baden auch mit seinem bit-
   tern Schmertzen.

VII.

Merckts wohl:
Dass Gott der Gerechten Sach endlich
   lasse wol gelingen,
Weiss Wyl, Gossau, Roschach, wol Baden,
   Bremgarten und Mellingen.

Nie lohnt es wol, wann man sich mischt in
   faule Sachen,
Lucern hat nicht Ursach diss hönisch zu
   verlachen.

VIII.

   1. Du Edler Löuw und Bär führ auss
      die dapfern Siege,
         Gott hat dir mehr beschehrt:
            Es sind dess Herren Kriege.

   2. Im 2. Buch der Königen, Cap. XIII,
      v. 18.19.
         Joas schlug mit dem Pfeil dreymahl:
            doch unbedacht,
         Thät er mehr Schläg, hätt' er die
            Feind gar ausgemacht.

   3.   Psalm. LXXXIV.v. 8.
         Sie gehen von Sieg zu Sieg, dess
            Herren Krieger frey,
         So sicht ja alle Welt, dass Gott
            in Sion sey.

   4. Nun soll einmahl Edoms Trutz, Tratz,
         Schmach, Hohn und Spott
      Zergehn: O Israel: Dann für dich
         kriegt dein Gott.

52. Ein Gespräch von zweyen alten Ammermähl-Trägern, Auss den Freyen Aemptern, Wie sie discuriert haben von diesem jetzigen Toggenburgischen Krieg in diesem 1712. Jahr; Ist gantz artlich zu lesen.

- ORT/ZEITPUNKT:
  1712

- QUELLE:
  ZENTRALBIBLIOTHEK BERN,
  RAR FOL 1:32E

Jogli: Guten Morgen, guten Morgen mein guter alter Aetti.
Heiri: *Grossen Danck mein alter Gross-Aetti lebst auch noch, wo kommst du her, und wo geht dein Reiss hin?*
Jogli: Ich komm grad jetzt von Heimat, und will gen Lucern lugen ob ich könn mein Ammermehl verkauffen.
Heiri: *Bist nicht auch zu Zeiten gen Bern gangen mit deiner Wahr?*
Jogli: Ich bin freylich offt gen Bern gangen, und hab manchsmahl dort viel gelösst. Aber jetzt ists auss, ich darffs nimmer wagen, wegen dem jetzigen Toggenburgischen Krieg.
Heiri: *Ich bin so wundrig, wie doch dieser Krieg seye angangen, dann ich han viel erlebt und bin jetzt schon auf die 80. Jahr alt, und han viel von Kriegen gehört sagen, Aber noch niemahlen gehört und gesehen, dass in der Eydgnossschafft so viel Volck in einer kurtzen Zeit seyen auffgeweckt worden wie dissmahl.*

Jogli: Ich will dirs wohl sagen (so viel das mir bekannt ist) es hat sich offtmahlen etwas Uneinigkeiten in der Graffschafft Toggenburg begeben und zugetragen, absonderlich jetzt ein geraumte Zeit dahar zwischen den Reformirten und Catholischen, die weilen sie in eine Kirchen zusammen hand müssen, ihren Gottesdienst thun, und ist viel, dass die Catholischen ihnen hand wollen wehren ihre Psalmen zu singen, dann es hat bey diesem offtmahlen Stöss geben.

Heiri: *Hat es ihnen der Abt von St. Gallen zugelassen solche Sachen gegen einanderen zu verüben?*

Jogli: Ja freylich, dann ich glaub schier es habe ihme noch gefallen.

Heiri: *Hat dann das den Krieg so gross können machen?*

Jogli: Diss ist nicht eintzig die Schuld gewesen, dann der Abt hat ihnen ihre von Alters har gehabte Freyheiten wollen nemmen.

Heiri: *Was für Freyheiten hat der Abt ihnen wollen nemmen=*

Jogli: Den Catholischen die leibliche, und den Reformirten die Geist- und leibliche Freiheiten.

Heiri: *Der Abt hat gewiss gern ghan, dass sie auch Catholisch wurden, wie wir sind?*

Jogli: Ich glaub wohl ja, aber die Sachen sind nüt zu zwingen, dann es gibt gern Krieg dardurch, es wäre besser man liesse ein jeden glauben worauff er getaufft und gebohren ist, und mich dunckt selber die Reformirten haben auch einen guten Glauben, sintemahl sie alles auss der H. Schrifft beweisen, dann ich hab selber ein Bibel daheim im Hauss, aber der Pfaff weiss es nicht, sonst wurde ich sie nicht lang haben, und so ich darin lese find ich gar viel schöne Sprüch, die heiter und klar wider uns sind.

Heiri: *Ich glaub du wurdes auch bald Reformiert, wann sie dir nur ein wenig wurden anhalten?*

Jogli: Ich kann dirs sagen Heiri, dass ich heiter glaube sie werden auch selig auff ihren Glauben, dann wann ich gen Bern kommen bin mit Ammermähl oder Zwätschgen, so bin ich auch offt in die grosse Kirchen gangen, und han gelosst wie sie predigen, und hab wohl gehört, dass sie nichts anders als von Glauben und Liebe gepredigt haben, und hab gnug verstanden, dass sie durch das vollkommene Leiden und Sterben JESU Christi selig werden Aber ohne Fürbitte der Heiligen Mutter Gottes und andre Heiligen.

Heiri: *Was sagen sie von den guten Wercken, können die uns nicht auch selig machen?*

Jogli: Sie sagen freylich, dass man die guten Werck schuldig seye zu thun, aber man verdiene nüt damit, und sagen wann wir auf Christum Jesum gepflantzet seyen, so werden wir derselbigen Früchten bringen.

Heiri: *Wir wend schweigen von dem, sonst müssens wirs unserem Pfaffen beichten, dann müssen wir gar viel darfür bätten. Wir wend weiters von dem gegenwärtigen Krieg reden.*

Jogli: Wo sind wir dann blieben von dem Krieg zu reden?

Heiri: *Eben von dem Toggenburg. Sag mir Jogli, wo hand sich die Toggenburger beklagt wegen der Betrangnuss des Abts?*

Jogli: Grad bey den Herren Eydgnossen zu Baden.

Heiri: *Hand die Herren Eydgnossen ihre Beklägtnussen angenommen?*

Jogli: Die Reformirten wohl, aber die Catholischen nicht, Absonderlich hand ihrer angenommen die zwey Hoch und Lobliche Ständ Zürich und Bern.

Heiri: *Was hand diese zwey Ständ darzu gesagt?*

Jogli: Sie hand gesagt, sie sollen nur wiederheim, und ihre alten Freyheiten besitzen, und wann sie der Abt wolle darvon treiben, so wollen sie sie schützen und schirmen.

Heiri: *Wer hat dann jetzt angefangen, dass diese so grausammen Kriegs-Flamme so gschwind entsprungen ist?*

Jogli: Eben die Catholischen Toggenburger sind auffgestifftet worden, und hand verschinen Ostren 1712. den Reformirten in der Kirchen allerley Leyds gethan, dass es einer schier nicht darff sagen, und sind etlich Gemeinden wieder zum gefallen, also dass die Reformirten Toggenburger hand müssen das Gewehr ergreiffen und zwey Clöster einnemmen.

Heiri: *Hand sie dann den Closter-Leuten nichts gethan?*

Jogli: Nein freylich, sie hand gar kein mensch beleidiget.

Heiri: *Wer ist dann den Toggenburgern zu Hilff gekommen?*

Jogli: Die von Zürich sind aussgezogen, auf Winterthur zu und gegen Aergäuw mit viel Volck und Stucken.

Heiri: *Was haben dann die Berner gemacht, sind sie nicht auch zu den Zürcheren gestossen.*

Jogli: Dusoltest etwann wüssen besser als ich dieweilen du jederzeit bist daheimen gsin.

Heiri: *Ich bin wohl daheimen gseyn, Aber du weist wohl, dass ich wegen Alters halber schier nüt ghören und nit viel auf die Gassen kommen bin.*

Jogli: So muss ich dirs erzehlen wie es gangen ist. Dann die Herren von Bern hand in der geschwinde viel Volck auffgewecket, als ich eben auch in selbigem Gebiet war, und darzu zu Langenthal. Ich hab selber gesehen, dass die Welschen und Teutschen Berner dort herkommen sind, so viel dass einer gemeint hat, es schneye sie daher, und hab auch nichts anders gemeint weder sie schliessen auss dem Boden aussen, oder die wo von ihnen seyen im Villmerger-Krieg umbkommen, seyen auch wieder lebendig worden, und Gewehr genommen und geloffen.

Heiri: *Bist du etwan auch an selbiger Schlacht gsin zu Villmergen, weil du auch schon so alt bist?*

Jogli: Ja, und bin schon ein praffer Soldat gseyn.

Heiri: *Was hat man selbige Zeit gezehlt.*

Jogli: Man hat gezehlt 1656.

Heiri: *Wie kommts, dass es die Herren von Bern selbiges mahl verlohren haben?*

Jogli: Es nimmt mich nicht wunder, mein lieber Heiri, dann das Glück ist simbelrund, und gibt Gott das Glück wem er will, und setzet Konige auf den Thron und wieder ab, und sind auch die Hertzen der Königen und Fürsten in Gottes Hand, er leitet sie wie Wasserbäch.

Heiri: *Du hast gewiss das auch in deiner Bibel funden?*

Jogli: O ja und noch viel mehr, wann wir die Zeit wurden haben, ich wolt dir noch viel erzehlen, sofern niemand wurde zu uns kommen, dann ich wolt nicht, dass es unser Herr erfahren thät.

Heiri: *Sag mir wo oder wie sind die Berner zu den Zürcheren kommen, und wo hand sie Pass gehabt, sintemahl die Herren von Lucern und ihre Mithelffer haben ja den Pass zu Mellingen, Bremgarten und Baden, und ännet der Stille versperrt gehabt?*

Jogli. Ach mein guter alter Heiri, die herren von Bärn und Zürich sind gar listig; Die Bärner hand zimlich viel Volck zusammen gezogen, und hands lassen auf Brugg marschieren, und hand neben der Aar aben 12. Stuck geführt, und ob Stilli gepflantzet, und viel Volck zu Brugg in dSchiff gethan und sind aben gefahren, auch bey dem Limat-Spitz (allwo sie in die Aaren komt) aussgestiegen, als das geschehen, hand die mit den Stucken über die Aar geführt gegen der Badischen Bauren Brustwehr, dass es grausam gedonnert hat, mit diesem sind die auss den Schiffen gestiegen, und die Räben auffgeloffen als wie die Bären, und als die genanten Bauren gesehen diese kommen, und die Stuck hören knallen sind sie gar schön in den Wald aben geflohen, als wann sie nie da gewesst wären.

Heiri: *Sind auch Leut da umbkommen, weil sie so mit Stucken geschossen haben?*

Jogli: Nein: Wer wolt umbkommen seyn, sintemal sie so schön geflohen sind.

Heiri: *Sind die Zürcher daselbst zu ihnen kommen?*

Jogli: Ja, grad grad änet der Aar, bey einer halben Stund, Wiralingen genant.

Heiri: *Wo sind sie dann hingezogen, wie sie zusamen kommen sind.*

Jogli: Ein Theil ins Toggenburg, die andern haben Kayserstul, Klingnau und Zurzach eingenommen und machen zu huldigen.

Heiri: *Hand sich die Stadt nicht gewehrt, hand sie sich grad ergeben.*

Jogli: Wie wollten sie sich gewehrt haben, sie sind grad erschrocken gsein, dass ihnen das Hertz hätt mögen in d'Hosen fallen, dann sie hand die Stuck sehr übel geförcht.

Heiri: *Was hand sie dann mit Turgeuw gemacht?*

Jogli: Sie hand das gantze Turgeuw machen zu huldigen, und sind dem Abt für dStadt Weil gezogen und eingenommen.

Heiri: *Hat sich dann Weil auch nicht gewehrt wie die anderen?*

Jogli: Weil hat sich freylich gewehrt und darzu praff, aber was will ich sagen, ich glaub die Züricher und Bärner haben sich dort können unsichtbar machen, Geb wie die Weiler geschossen haben, so hand sie nur ein eintzigen Mann können töden.

Heiri: *So ist nur ein Mann vor Weil umbkommen?*

Jogli: Ja, so hab ichs hören sagen.

Heiri: *Wie hat man die Garnison lassen ausssziehen?*

Jogli: Eben fast mit lären Händen, nur ein paar Stuck etc.

Heiri: *Hand sie dem Fürst auch sein Closter eingenommen, wie ist es dann wohl dem Fürst oder Abt gangen?*

Jogli: Ja freylich hand sie ihms eingenommen, und viel Vorraht da bekommen, aber der Abt ist nimmer da gewesst er soll zuvor auff Lindau zugeschiffet seyn und geflohen.

Heiri: *Wann ich den Urheber und Anstiffter dieses jetzigen gegenwärtigen Kriegs könt erwütschen, (wiewol ich*

alt bin) so wolt ich doch noch mein alte Haut an ihn wagen.
Jogli: Ich sag dasselbig eben auch, mein guter Heiri.
Heiri: *Erzehl mir doch auch, wie ist es mit Mellingen gangen dann weilen ich so übel gehören, so weiss ich nichts.*
Jogli: Die Berner sind wieder bey Stille über die Aar, und hinder Baden umb, auf Weningen und Weiningen zu, und sind viel Zürcher zu ihnen gestossen, und nit weit von dem so genanten Narren Klösterli, über ein Schiff-Bruck gezogen, auff Dietigken, und über den Berg gegen Rodloff, und die Berner noch mit vielem Volck hier auff Melingen zu, zwar unser Leut hand sich zu Meyengrün wollen wehren, und hand praff auf sie geschossen, aber die Bärner hand wenig darum gethan, sie sind wie die wilden Lewen auf uns geloffen, und sind die feurrothen Dragoner auff unser Leut dargeruckt, als wann sie unsinnig wären, da hand unser Leut müssen fliehen was gibst was hast, also dass sie uns bald zwey Stuck bekommen, das einte heisst Philipp das ander S. Paulus, und haben etliche von uns getödet, und einen frey gar zu todt geschlagen, dass er kein Ader mehr gerührt hat.
Heiri: *Ist dann niemand von ihnen umkommen?*
Jogli: Ich hab hören sagen nur einer oder zween, und ein wenig blessirt.
Heiri: *Was ist dann auff diese Action geschehen?*
Jogli: Die Bärner hand mit dreyen Stucken ein Zeichen geben, und die Zürcher auch mit dreyen, und sind auff Mellingen zugezogen, und als die Mellinger den Gewalt zu beyden Seiten gesehen, hand sie ihnen die Schlüssel entgegen gebracht.
Heiri: *Ist dann nimeand in selbigem Stättlin gelegen, der sich hätt können wehren und diesen Pass behalten?*
Jogli: Es ist freylich ein Commendant mit 400. Mann und 4. Stucken da gewesen, aber er ist ein Tag zuvor mit seinem Volck und Stucken darauss gezogen, und auff Bremgarten zugezottelt, als wann er sFidlen verbrüht hät.
Heiri: *Es ist uns Büblikren und mehr Dörffren dazumahl übel gangen, wir sind den Welschen und Teutschen Berneren übergeben worden, sie hand uns die Offen und Fenster eingeschlagen, und hand uns alles genommen was wir gehabt haben. Ich armer alter Mann bin darüber so sehr erschrocken, also dass ich nicht weiss wo sie darnach hinkommen sind, so dues es weist, so sag mirs.*
Jogli: Sie sind auff Bremgarten zugezogen, und hand sebilge Stadt auch wollen einnemmen, aber wir sind ob Gössliken mit vielem Volck und Stucken im selbigen Wald gelegen, und hand auff sie gewartet, wir hand gemeint wir wollen das Hämpffeli Berner grad fressen, weil unser fast noch einmahl so viel als sie gewesen sind, und noch vortheilhafftig verpostiert waren in einem Wald unweit von dem Bremgarter Hochgricht.
Heiri: *Wo sind dann die Berner gewesen.*
Jogli: Sie sind unden der Strass nach in der Hohlen gangen und wie wir sie gesehen, hand wir auff sie gefeuret mit gross und kleinem Geschoss.
Heiri: *Und was hand sie gemacht?*
Jogli: Was wollten sie gemacht haben, sie hand uns nichts können thun, aber

sie sind mit ihren listigen Köpffen zuruck gewichen, biss sie auch auf die Ebne kommen sind, also dass wir gemeint haben sie wollen fliehen, aber ich glaub sie seyen geflochen, dass wir wol erfahren hand.

Heiri: *Wie ist es dann darnach gangen?*

Jogli: Wie die Berner ein wenig Platz gehabt, sind sie auff uns dargeruckt wie die Leuen und Bären, insonderheit die feurrothen Draguner, und hand auff uns geschossen, und wir zwar auff sie, aber es hat wenig geholffen, es ist grad gsein als ob Aepffel-Küchli auff sie flögen, so hand sie nüt darum gethan. Es ist under anderen einer bey ihnen gewesen, der sie commandiert hat, Nahmens Baron von Lassara, der hat sich gewehrt wie ein Leuw, man sagt, er habe mehr als 10. oder 12 Stich und Schütz gehabt, jedoch hat er gefochten biss in Tod; Es sind zwar mehr solche Bären under ihnen gewesen, aber ihr Nahmen ist mir ausgefallen.

Heiri: *Ists wahr, es sollen zween Feld-Prediger under ihnen gewesen seyn, die sich eben sollen gewehrt haben wie die Officierer?*

Jogli: Es ist freylich wahr, ich glaub wann dieselben nicht wären darbey gesiin, es wär viel Volck nicht so hertzhafft gseyn.

Heiri: *Hat das Treffen lang gewährt so grausam?*

Jogli: Fast bey drey Stunden, und sind von uns auff dem Platz geblieben bey 2000. Mann, die hand elendiglich müsen ins Grass beissen, und gar viel blessirt, so unbarmhertzig sind sie mit uns umgangen.

Heiri: *Sind von ihnen auch viel umkommen?*

Jogli: Man sagt nur 200. todt und blessirt, und nicht viel Officierer, aber wir hand viel verlohren, und das viel von hochem Hauss.

Heiri: *Die hand etwann wenig gebätten gehan, und unser liebe Frau angerufft und andere Heiligen?*

Jogli: Wir hand freylich praff gebätten, dann ich hab selber ein Zedeli bey mir gehabt, und ein Bätt darin geschrieben, für alle Luterische und Reformirte Feind, es hat doch nüt wollen helffen, zwar ich kann nicht lesen aber man hat mir gesagt, wanns einer nur im Sack trage, so seye es schon gut. Aber ich glaub ich habs erfahren, dass mir selber ein Schutz in den Arsbacken gangen ist, ich glaub es wäre besser gsin ich hät gar kein Zedelin gehabt.

Heiri: *Ich sihe wohl die Zedeli hand euch nicht viel geholffen, ahnd sie euch auch Stuck bekommen?*

Jogli: Ja, sie hand uns grad an der Schlacht 2. samt einem Munition-Wagen bekommen, und 2. die wir verborgen gehabt, und hat sich Bremgarten auch grad nach der Schlacht ergeben, und hand auch alles müssen darinnen lassen, was sie zuvor schon lang gespart haben. Es sind grad 400. Zürcher und 400. Berner darin in der Besatzung geblieben und 2 Commendanten von beyden Ständen.

Heiri: *Wie ist es mit Baden gangen?*

Jogli: Ach Baden hat sich wollen wehren, und hät sich können wehren, in ansehen der vielen Stucken, dann sie hatten klein und grosse bey 60. und etliche Mörsel, aber och zu dem Geschoss nicht so gar viel Munition, die Garnison hatte aber gar schlecht Gewehr gehabt, theils nur

Prügel, was will einer mit dem Prügel machen in einer Vestung, man wird nit grad zu ihm kommen, dass er kann mit dem Prügel treffen.

Heiri: *Hat man auch in die Stadt geschossen?*

Jogli: Ja die Zürcher hand 80. Bomben inen geworffen, und sonst praff geschossen, dass die Stadt gezittert hat, da hand sie sich mit Accord ergeben, also dass die Garnison hat zwar können aussziehen mit den Fahnen etc. und ihrem schlechten Gewehr. Aber die Stuck und andere Sachen hand müssen darin bleiben. Jetzt hand sie die zween Ständ mit einander getheilt und fortgeführt, und zu ihrer Straff hand sie die Stadt geschleifft, benantlich die Thor und Mauren.

Heiri: *Ich sag dir Danck Jogli, dass du mir diesen jetzigen Krieg so gut als du gewüst hast erzehlt, wann ich schon alt bin, so bin ich doch wundrig gewesen, wie es in der Zeit gangen ist.*

Jogli: Gut nacht ich muss fort.

Heiri: *Behüt dich unser Liebe Frau und St. Joseph.*

Jogli: Und behüt dich gott und unser Liebe Frau.

53. Ein schön Gebätt / Durch Gottes Gnad auffgesetzt von einer Wittwen in dem Toggenburgischen Schweitzer-Krieg 1712. Sampt drey schönen Dancksagungs-Gesängen / nach erhaltenem Sieg. Diesen wird noch beygefügt ein schön New Geistlich Lied / Wo ist Jesus mein Verlangen / mein Geliebter und mein Freund / etc. In seiner bekandten Melodey zu singen.

- ORT/ZEITPUNKT:
1712

- QUELLE:
ZENTRALBIBLIOTHEK BERN, RAR FOL 1:38

Ein schönes Gebätt.

Judith beredete sich mit den Eltesten der Stadt Bethulia, darnach gieng sie in ihr Kämmerlein, streuet Aschen auff ihr Haupt, bekenete ihre und des gantzen Lands Sünden, und bath GOTT umb verzeihung derselben, und dass Er ihren wolle Sieg geben. Und Gott der Herr erhöret sie gnädiglich, und gab ihren das Haupt Holofernis in ihre Hand, durch sein eigen Schwerdt.

Also wollest du mir, O grosser und starcker gott! Das Schwerdt deines Geistes in mein Hertz und Mund geben, für unser Volck recht zu bätten, der du das Gebätt der Elenden niemahlen verschmähet hast, wann man dich im geist und in der Warheit angeruffen.

Weilen es jetzt an dem ist, dass unser Golck, der zwei Loblichen Ständen Zürich und Bärn, aussgezogen, wider diese Abgöttischen Völcker zu streitten, die deinen heiligen Namen lästern.

So wollest du Herr aller Herren, und König aller Königen, selbst unsers Volcks Heerführer seyn, und für sie stretten, dass sie durch dich ritterliche Thaten thüen, und für dich streiten, und unsern Feinden obsiegen mögen. O du grosser und starcker Gott! Unsers Volcks Sieg stehet jetz in deiner Hand, du kanst helffen durch wenig oder durch viel: Erhöre doch mein armes Gebätt, und aller Rechtgläubigen Gebätt, umb Jesu Christi deines lieben Sohns willen, in allen Wincklen und Orthen, wo sie dich im Geist und in der Wahrheit anrüffen. Schawe doch vom hohen Himmel herab auff das Heer der Papisten, wie du vor Zeiten sahest auff der Egypter Heer, da sie deinen Knechten nachjagten mit grosser Macht, und trotzeten auff ihre grosse Macht und grosses Kriegsvolck, da du sie aber ansahest, wurden sie verzagt, und die Tieffe übereilte sie, und das Wasser ersäuffte sie.

Also geschehe dem Heer der Papisten, die sich verlassen auff ihre Macht, auf ihre Neben-Götter, und kennen dich nicht.

Wir aber kennen dich, du bist ja unser GOTT, unser veste burg, unser Wehr und Waffen, auff den wir trauen: Da dich die Botten Senacheribs lästerten, schicktest du deinen Engel, der schlug in einer Nacht tod hundert und fünf und achtzig taunsend Mann: Also wollest du deinen Engel vor unserem Volck her senden, wider diese Abgöttischen Völcker zu streiten, die deinen heiligen Namen lästeren, umb JESU Christi deines lieben Sohns willen, welcher uns also gelehrt hat bätten: Unser Vater, etc.

Ihr Anschläg, Herr, zu nichten mach,
Lass sie treffen ihre böse Sach,
Und stürtz sie in die grub hinein,
Die sie machen den Christen dein.

Die drey Dancksagungs-Lieder.
Das Erste.
In der Melodey: Auff meinen lieben Gott, etc.

1. O HERR, du starcker Gott,
   Du Kriegsfürst Zebaoth,
   Du Obrist und Feld-Herre,
   Dir gebührt allein Ehre,
   Wir dir allein lobsingen,
   Und dir Danck-Opffer bringen.

2. Als Zürich und auch Bern,
   Wollten aussziehen gern,
   Den arm-beträngten Leuthen,
   Zu Hülff und zur Rettung,
   Die schon in langen Zeiten,
   Viel ubels hand erlitten.

3. Von der Papisten Heer,
   Die sie verfolgten sehr,
   Im Toggenburg mit Nammen,
   Sie schreyten allesammen,
   Dass sie GOTT erretten,
   Auss allen ihren Nöthen.

4. Und du O grosser Gott!
   Du Kriegs-Fürst, Zebaoth!
   Erhörtest sie in Nöhten.
   Du thust sie wohl behüten.
   Dir wöllen wir lobsingen,
   Und dir Danck-Opffer bringen.

5. Dass du, O grosser Gott,
   Nicht hast lahn werden zu Spott,
   Unser Hauptleuth und Volck,
   Mit Nammen, die ihnen zu Hülff
   Kommen, du halffest ihnen obsigen,
   dass sie nicht unen ligen.

6. O GOTT! durch deine Hand,
   Thu ihn noch ferner Beystand,
   Dass sie noch ferner fahren,
   Dein Reich hier zu vermehren,
   So wollen wir dir lobsingen,
   Und dir Danck-Opffer bringen.

7. O JESU! Mein Heiland,
   Send deiner Gnaden Glantz,
   Der Apostlen und Evangelisten,
   Auch über die Papisten,
   Auff dass sie deinen Nammen,
   Mit uns auch preisen, Amen.

Das Andere.
In der Melodey des 107. Psalmens.

1. Lasst uns dem Herren singen,
   Für seine Wohlthat all,
   Und von den Wunder-Dingen,
   Bezeugen überall:
   Dass er durch seine Macht,
   Und gross-gewaltig Stärck,
   In der Vilmerger-Schlacht,
   Sein Arm hat aussgestreckt,

2. Uber des Papstumbs Heere,
   Die dein Evangely,
   Von JESU gelästert sehre,
   Und wolten understehn,
   Dasselbig mit gewalt
   Und Unrecht z'underdrucken,
   Und durch den bösen Gwalt,
   Dem Papst machen ein Lucken.

3. Dass aber das nicht gschehen,
   Dess haben wir allein,
   Gott Lob und Danck zverjähen,
   Für seine güt und Treu,
   Dass er sein Vatter-Hertz,
   So gnädig zu uns gwendet,
   Und auss dem Himmel hoch,
   Sein Hülff herab gesendet.

4. Wir hätten zwar verdienet,
   Durch unser Missethat,
   Dass du nicht mehr versühnet,
   Uns hättest fahren lahn.
   Ach Herr! gib uns dein Gnad,
   Dass wir mit ghorsamen Leben,
   Für deine güt und Gnad,
   Dir Lob und Danck thun geben.

5. Den zwey Loblichen Ständen,
   Als Zürich und auch Bern,
   Wolst deine Hülff ferner senden,
   Zu deines Nammns Ehr:
   Dass zu uns komm dein Reich,
   Dein Namm geheiliget werd.
   Dein will gescheh zugleich,
   Im Himmel und auff Erden.

6. Die jetzt zu Feld thun ligen,
   Fürs werthe Vatterland,
   Den Hülff, Herr, selbst obsigen,
   Durch deine starcke Hand:
   Sey du ihr Krieges-Fürst,
   Und obrister Feld-Herre,
   Und zeuch vor ihnen her,
   Zu deines Nammens Ehre.

7. So wollen wir lobsingen,
   Von deiner Wohlthat all,
   Und von dem wunder-dingen,
   Bezeugen überall:
   Wir wollen der Gemeind,
   Gotts Lob mit nichts verhalten,
   Die Wunderthaten dein,
   Rühmen bey Jung und alten.

Das Dritte.
In der Melodey: Mit David wir die Einigkeit erheben, etc.

1. GOTT Lob und Danck der Frieden ist geschlossen,
    Der Hochmuth und Untreu hat GOTT selbst gerochen
    An der Papisten Heere in der Vilmerger-Schlacht,
    Die sein Wort gelästeret sehre, und habens gar veracht.

2. Als man zehlt tausend sibenhundert zwölffe
    Papisten wolte uns fressen wie die Wölffe,
    Den fünff und zwantzigst Heumonat, auff St. Jacobs Tag,
    All Welt thät sich verwundern, dass dieses nicht geschah.

3. Wem sollen wir aber die Siges-Krafft zuschreiben?
    Dem grossen GOTT, der uns selbst hulff obsigen,
    Dem obersten Heerführer, und starcken Krieges-Fürst,
    Der vor uns hergezogen, ein König wolgerüft.

4. Mit Miriam will ich ein Liedlein singen,
    Dem grossen GOTT ein Danck-Opffer fürbringen,
    Für seine grosse Stärcke und grosse Heldenthat,
    Dass er durch seine Werck die Feind getilget hat.

5. Die Feind haben sich auff fleischlichen Arm verlassen,
    Und auff der Pfaffen Zedeli gleicher massen,
    Auff ihre böse Sachen und böse Lästerung,
    Die sie wider dich gemachet, hast du gestürzet umb.

6. Der Feinden war noch so viel gewesen,
    Achtzehen tausend starck und ausserlesen,
    Gleich dem grossen Philister, dem grossen Goliath,
    Hast du geschlagen nider, durch dBärner an Davids-statt.

7. Der Feinden waren über drey tausend blieben,
    Vierhundert wurden gefangen un blessiert,
    Dir feur-rothen Dragoner haben durch Gottes Macht,
    Noch über die eilff-hundert erträncket in dem Bach.

8. Der Bärner waren nur neun tausend gewesen,
    Die sich auff GOTT gantz steiff und vest verlassen,
    Auff GOTT stuhnd ihr Vertrauen und gute Zuversicht,
    Der liess sein Hülffe schauen, und war ihr Krieges Fürst.

9. Der Berner waren nur dreyhundert blieben,
    Etliche wurden gefangen, auch vil blessierte,
    Die von den Bärneren blieben, stehen jetzt vor Gottes Thron,
    Und fingen mit den Englen das Halleluja schon.

10. Was hand die bärner in dieser Schlacht gewonnen?
    Viel kleine Gschoss, darzu viel Munition,
    Zwey Urner-Hörner, acht Fahnen, fünff Wägen noch darzu,
    Sechs Stuck, und ein Feld-Schlangen hands gführt auff Lentzburg zu.

11. Dissmalen hat der klein vereinte
      Hauffen,
    Feldstarcke Heeren mit Spott ge-
      macht entlauffen,
    Gott wolle dass ihr Bund und neue
      Fridens-Vertrag,
    Von gott bleib vest verbunden biss an
      den Jüngsten tag.

12. GOTT woll den Löw und bär noch
      ferner ehren,
    Und ihn viel Glück und Heil noch
      ferner bscheren,
    Dass sie den Underdruckten, wo es
      die Noth erheischt,
    Noch ferner können schütze durch
      deine Gnad und Geist.

13. Ach GOTT! du wollest deine Gnad
      noch ferner schicken,
    Und ihn Herr Seckelmeister under-
      stützen,
    Herren Samuel Frisching, Rathsherr
      in Bern der Statt,
    Der gleich den alten Helden glücklich
      gesieget hat.

14. Ach Herr, du wollest ihm noch ferner
      geben
    Gute Gesundheit, auch langes Leben,
    Glückselige Regierung allhier in
      dieser Zeit
    Und dann nach diesem Leben die
      kron der Seligkeit.

15. Weil ich die Hauptleuth nicht all thu
      kenen,
    Auch die soldaten nicht kan alle
      nen-nen,
    Die jetzund hand gestritten fürs
      werthe Vatterland,
    Gott wöll sie ferner schützen und
      führen durch sein Hand.

16. Ach Herr! gib Gnad, dass wir mit
      ghorsamem Leben,
    Dir allzeit gross Lob und Danck thun
      geben,
    Deiner gutthat nicht vergessen weil
      wir das Leben han.
    Biss dass wir endlich kommen zu dir
      ins Himmels-Thron.

17. Noch eins kan ich mit nichten under-
      lassen,
    GOTT woll ihm mein Gesang
      gefallen lassen,
    So will ich mich dann freuen von
      Hertzen allezeit,
    Und Gottes Lob vernenen[363] jetzt und
      in Ewigkeit.

Nun folget noch
Ein schön Geistlichs Lied.

Wo ist Jesus mein Verlangen,
Mein Geliebter, und mein Freund?
Wo ist Er dann hingegangen?
Wo mag Er zu finden seyn?
Meine Seel ist ehr betrübet,
Mit viel Sünd und Ungemach,
Wo ist Jesus den sie liebet?
Den sie begehrt Tag und Nacht.

2.
Ach! ich ruff vor Pein und Schmertzen,
Wo ist dann mein Jesus hin?
Hab ich kein Ruh in meinem Hertzen,
So lang biss ich bey ihm bin:
Ach! wer gibt mir Dauben-Flügel,
Dass ich kan zu aller Frist,
Fliegen über Berg und Hügel,
Suchen wo mein Jesus ist.

3.
Er vertreibet Angst und Schmertzen,
Er vertreibet Sünd und todt,
Wen sie quälen in dem Hertzen,
Er hillft ihn auss aller Noht:
Darum will ich nicht ablassen,
Will ihn suchen hin und her,
In den Wäldern, auff den Strassen,
Ich will suchen mehr und mehr.

4.
Liebster Jesu, lass dich finden,
Meine Seele schreyt nach dir,
Thu mir mit den Augen wincken,
Ich will eylends seyn bey dir:
Ach! lass mich doch Gnad erlangen,
Allerliebster Jesu mein,
Und nimm meine Seel gefangen,
Lass sie ewig bey dir seyn.

5.
Ach! Ich stirb vor lauter Freuden,
Ich find Jesum meinen Schatz,
Alle welt-Lust wil ich meiden,
Bey ihm will ich finden Platz:
Nimmermehr soll mich betrüben,
Was mich vor betrübet hat,
Ich will nichts als Jesus lieben,
Den meine Seel gefunden hat.

6.
Nun was frag ich nach der Erden,
Und nach dem was drinnen ist,
Dann mir kan nichts liebers werden,
Als mein Heiland Jesus Christ:
Nach dem Himmel frag ich nicht,
Dann ich habe mich verpflicht,
Meinem Jesu treu zu bleiben,
Mich soll nichts von ihm vertreiben.

E N D E

54. Gerechtigkeit und Bescheidenheit des abgenöthigten Toggenburger-Kriegs. Vorgestellt In einem freundlich-Eidgnössischen Gespräch / Enthaltend ein Muster der im Toggenburg geübten Tyranney / und wieder danahen entstandne Krieg bis dahin geführt worden. Ehrlichen biderben Land-Leuthen von beiden Partheyen zum Bericht an den Tag gegeben.

- ORT/ZEITPUNKT:
  1712

- QUELLE:
  ZENTRALBIBLIOTHEK BERN,
  THUN ALT 88 (4)

- **VORBEMERKUNG ZUM GELDWERT:**
  DIE WERTANGABEN IN DIESEM
  TEXT DIENEN LITERARISCHEN
  ZWECKEN, ES HANDELT SICH NICHT
  UM MARKTPREISE ODER AMTLICHE
  TARIFE.

  ▸ DER **DUKAT** WAR EINE VERBREITETE GOLDMÜNZE MIT EINEM
  GOLDGEHALT VON ETWAS ÜBER
  3,4 GRAMM. BEI WERTANGABEN IN
  DUKATEN HAT MAN AN BETRÄGE
  IN DEN TAUSENDEN VON FRANKEN
  VON 2011 ZU RECHNEN.

  ▸ DEN **GULDEN** KANN MAN SICH
  ALS SILBERMÜNZE UNGEFÄHR VON
  DER GRÖSSE UNSERES (SEIT 1967
  ENTSILBERTEN) ZWEIFRÄNKLERS

DENKEN, DIE BETRÄGE SIND, UM IN REALISTISCHE GRÖSSENORDNUNGEN ZU KOMMEN, MIT EINEM FAKTOR 30 ODER 40 ZU MULTIPLIZIEREN.

▶ BEIM **PFUND,** EINER REINEN RECHNUNGSMÜNZE, LIEGT MAN MIT EINEM FAKTOR VON 15 ODER 20 IM BEREICH DES PLAUSIBLEN. ANGESICHTS DER RELATIV HOHEN TRANSPORTKOSTEN IM VORINDUSTRIELLEN ZEITALTER KONNTEN ABER INSBESONDERE DIE LEBENSMITTELPREISE AUFGRUND VON GUTEN ODER SCHLECHTEN ERNTEN ENORMEN SCHWANKUNGEN AUSGESETZT SEIN.

Züricher: Ey lieber warum seyt ihr bei disem Anlas zu Feld gezogen, und erzeiget euch so hizig wider uns? Wüsset ihr auch warum ihr krieget, oder kriegen wöllet.

Schweitzer: *Wir erzeigen und billich eiferig, weil man den Rebellischen Toggenburgeren also hilft, und den guten Abbt zu St. Gallen, und mit demselbigen uns und unsrige Religion untertrucken will.*

Züricher: Holla, es ist noch nicht also gemeynt, ihr seyt der Sach noch nicht wol berichtet: Ich weiss etwas anders.

Schweitzer: *Man gibt uns einmahl die Sach also für, was wüsset ihr dann anders?*

Züricher: Ihr scheltend die Toggenburger Rebellen, aber darinn thut ihr ihnen Gwalt und Unrecht; Sie sind arme ellende untertrukte Leuth: die man zu Sclaven machen wollen.

Schweitzer: *Ob Gott wil nicht. Unsere Herren hätten es nicht gelitten, weil man in einer gefreyten Eidgnossschaft keine Sclaven haben wil.*

Züricher: Ich könte es euch nicht erzehlen, wie ellend und jämerlich es im Toggenburg ergangen: Die Toggenburger haben schon vor mehr als 300. Jahren her vom Graf Donat, dessgleichen vom Graf von Montferrat, und den Herren von Staren schöne Freyheiten, einen eignen Land-Eid und Land-Recht gehabt, namlich

1. das Recht Bündtnusse, Land- und Burg-Recht mit Raht der beyden Mit-Verlandrechteten Ohrten Schweiz und Glarus aufzurichten.

2. Das Recht Krieg und Friden zumachen: Beyden Verlandrechteten Ohrten möchten sie hilflich zuziehen, und von ihnen Hilf annehmen: Mit dem Land-Eid hatten sie sich verbunden zu Abtreibung unbilichen Gwalts durch einen Gegen-Gewalt und thätliche Beschüzung: Sie hatten auch in frömder Herren Dienst eigne Compganien gehabt, und Dienst-Gelter danahmen bezogen.

3. Das Recht über Gwünn und Gwerbs-Sachen Verordnungen zumachen.

4. Das Recht ihre Land-Leuth selbst anzunehmen.

5. Sie hatten ihre eigne Gerichtbarkeit, und ihre ordenliche Richter des Lands, nicht allein in Burgerlichen Sachen, sondern auch in Mehrern und Mindern, ohne einichen Unterschied: Auch die Freyheit solches Gericht mit lauter Land-Leuthen zubesezen.

Aber nach dem der Abbt von St. Gallen das Toggenburg erkauft, hat man von Zeiten zu Zeiten diseren Leuthen ihre Freyheiten untergraben; jezt hat der Abbt zu St. Gallen alles auf einmahl zu Boden reissen wollen. Ich hab da einen etwelchen Entwurff im Sack, haltet es mir zu gut, ich wil es euch vorlesen.

Der Abbt hat im toggenburg allen Gewalt allein haben, völlig Herr und Meister seyn wollen. Zu dem End hin hat er das Land-Gericht auss seinen Creaturen besezen lassen, welche dann nicht nach

Form des Rechtens, sonder nach eignem Nutzen verfahren. Er hat einen Landvogt genohmen wohar er wollen, er seye gleich ein Landmann gewesen oder nicht; da aber die Toggenburger die Reyheit hatten, dass kein anderer Landvogt seyn solle als ein Landmann. Er hat neue Zöll gemacht, oder selbige gesteigert wider Recht und Freyheiten. Saltz, Wein, Frucht, Säumereyen, etc. hatte er alles in seinem Bann. Er hatte gwüsse Persohnen, welche von ihme die Freyheit erkauffen müssten mit Saltz zuhandlen; von disen Leuthen müsste man Saltz kauffen, und man hatte nicht die Freyheit anderstwo hinzugehen. Der Landvogt wolte die Wirth zwingen, den Wein von ihme allein zu nehmen, und zwar die Mass um einen Creuzer theurer, als sie ihne verkaufen können, so dass die Leut, welche mit Saumen ihr Stuck Brot verdienet, müssen zusehen wie sie mit dem Landvogt tractieren könnind. Er wolte den toggenburgeren zumuthen eine Karrenstrass durch den Hummel-Wald in ihrem eignen Kosten machen zulassen, das sie doch die Frondienst vor langst abgekauft. Er wolte das Toggenburg machen zu einem Reichs-Lehen, und die Einwohner des Lands zu Reichs-Vasallen. Er hat den guten Leuten ihre Landbücher, darein ihre Freyheiten aufgezeichnet, entzogen. Er hat alle ersinnliche Mittel gebraucht der Unterthanen Mittel in seine Hände zubringen. Die Leuth wurden ohne einige Anklag beschickt, und müssten sie einen Eid thun, ob sie disen oder jenen geringen Fehler begangen. Zum Exempel: Wann ein Landvogt oder Beamteter einen beschickt, und ihm vorgehalten, er habe Taback getruncken, ob schon kein Beweissthum dessen vorhanden, so musste er einen Eid thun, dass er nie keinen getruncken habe. Wolte er den Eid nicht thun, so musste er eine halbe oder ganze Ducaten zur Straf erlegen: Und wann einer einmal auf dise Weise gefangen worden, so hat man ihn eingezeichnet, und ist jährlich widerum also mit ihm verfahren. In geringen Nider-Grichtlichen Sachen hat man 20. bis 30. Ducaten Buss gefordert. Bey Erbtheilungen dörfften die Erben nichts für sich selbst in Liebe und Einigkeit machen, sonder es musste allzeit ein Beamteter dabey seyn, deme man für zwey oder drey Tag 10. oder mehr Ducaten, ja oft einen Antheil des Erbs geben müsste. Es könte nichts mehr gehandlet, verglichen, gekauft oder verkauft werden, als nach des Vogts Gunst und Ungunst. Wann ihro zween mit einanderen gerdt, und ein Beamteter oder Pfaff gewundert was sie gerdt habind, so müssten sie es bey dem Eid sagen. Der Abzug und Französische Dienst-Gelter, so ihnen von Rechts wegen gehörten, wurden ihnen entzogen. Der Land-Rath dörfte keine Mandat mehr machen, sonder sie wurden unter des Abbts Namen ausgefertigt. Es dörfte keiner und keine sich verheyrathen, sie hätten dann zuvor vom Abbt die Erlaubnus mit Geld erkauft. In den Ganten und Auffählen hatten die Aebtische Beamtete alles zu ihren Handen gezogen. Wann ein Closter oder Beamteter ein Stuck Gut gern gehabt hätte, so hat man Uneinigkeiten in den Erbstheilungen gestifftet, und die Leuth für das Fürstliche Gerichte geloket, da man dann dem einten Theil versprochen das Urtheil zu seinem Nuzen zusprechen, wann er nur das oder dises Stuck Gut den Clösteren oder Beamteten zufallen lasse. Wann in Gesellschafften etwas gerdt worden, das die Beamtete strafwürdig bedunckt, so wurden alle die sodabey gewesen beschickt, und bey dem Eid als Kundschafter verhört; wann sie nun unter vilem Volck die Red nicht gewahret, so wurden solche Leut als Meyneidige an

Ehr und Gut gestraft. Die Leut wurden wider göttliche und weltliche Recht geplaget mit der heimlichen Kundschaft: Wann ein Landvogt oder Beamteter einen ehrlichen unschuldigen Menschen gern um Geld gebracht hätte, so hat er beschickt einen seiner Nachbaren, Verwandten, oder gar seinen Feind, fragte ihn auf allerhand betrugliche spitzfündige Weis, ob sie von disem Menschen nichts wüssind? etc. da hat dann ein solcher Mensch, sonderlich ein Einfaltiger, leicht ein Wort mögen fallen lassen, so war der andere gefangen gesetzt, erntlich befraget, ja gar an die Folter geschlagen; dem aber, der etwann ohnbedachtsam ein Wörtlein geredt, das man zum Anlas wider seinen Nächsten brauchen können, war beym Eid verbotten niemand nichts zusagen; dem aber so gefangen gesetzt worden, war der Kläger niemalen unter Augen gestellt; ja der Richter musste über Leib und Gut eines solchen Menschen richten, da er doch nicht gewusst wer ihn angeklagt, oder ob die Klag gnugsam seye? Die Priester beredeten die Sterbenden und andere zu allerhand unrichtigen Vermächtnussen. Die so Vaterländisch gesinnet gewesen, wolten die Priester nicht ledig sprechen von ihren Sünden. Wo Eheleuth gewesen von beyden Religionen, hat man dem Evangelischen Theil bey 50. Pfunden verbotten mit den Kindern zubätten. Die Evangelischen möchten nicht näher, als in den fünften Grad heurathen, und die so in einich näheren Graden sich ehelich versprochen, wurden als Blut-Schänder gehalten, des Lands verwisen, oder müssten unertragliche Geld-Summen bezahlen. Kein Evangelischer dörfte offentlich ein Buch in seinem Haus haben seiner Religion gemäss. Wann ein Vater gestorben, so hat man die Kinder von der Gehorsame der Muter und des Vogts abgezogen, man hat ihnen Geld gegeben, sie liederlich gemacht, bis sie Schulden bekomen, zu Grund gehen, oder von ihrer Religion abfallen müssen. Summa, Toggenburg war in einem Zustand, dass die Einwohner von beyden Religionen vast in eine würckliche Sclaverey gesezt waren. Es wäre davon noch vil zusagen. Aber wie gefallt euch dises? oder was wurdet ihr sagen, wann es euch freyen Schweitzeren in den eint als anderen Weg also ergehen wurde?

Schweitzer: *Wahrlich, es wurde mir nicht gefallen, es wäre mit grad, es gienge wie zun Zeiten Wilhelm Tells.*

Züricher: Ich wil euch doch nur noch ein und ander Exempel erzehlen aus einem getrukten Tractätlein, welches von dem Toggenburger-Geschäft Anno 1709. aussgegangen. ein gwüsser Mann war von dem Landvogt beruffen über einen anderen Kundschaft zusagen, da er aber gesagt, es seye ihm nichts in wüssen, so hat man an den unschuldigen Mann gesezt; Weiler von dem anderen nichts wüssen wolle, so müsse er sagen, was er von Kindswesen auf Böses gethan habe: da er aber erschrocken, und gesagt: Er seye ein armer sündiger Mensch, im übrigen wüsse nicht was dises Verfahren bedeuten solle, ward er als der lasterhafteste Mensch in Gefängnus geworffen, greulich drey Stund lang gefoltert, da man nichts auf ihn gebracht, ward er entlassen, und ihme beym Eid verbotten, niemand zusagen was mit ihm gehandelt worden.

Ein anderer wolte vor Land-Gricht ein Vorbitt einlegen; diss wurde ihm zu einer Müterey aussgedeutet, er war an die Folter geschlagen, und ob er wol seine Unschuld erhalten, ward er doch um 1800. Guldin gestraft.

Ihro zween, als sie in einem gwüssen Händel den Landvogt um Verzug gebetten, sie wöllind auch mit etlichen Landräthen sich berathschlagen, wurden Ehr- und Wehrlos erkennt, und ein jeder um hundert Ducaten gestrafft.

Zwey junge Knaben, welche in der theuren Zeit unter einem Baum Holz-Apfel aufgelesen, sind von dem Amman um 5. Ducaten angelgt worden. Und als der Vater des Knaben geseufzet und gesagt: Mein Gott, wann das die Herren von Schweitz und von Glarus wussten! Diss Wort hat ihn 20. Ducaten gekostet.

Einer Heurathete eine Weibs-Person, mit welcher er im vierten Grad verwandt war; diser musste dem Landvogt nicht nur einiche Mann in Kriegs-Dienst werben, sondern auch selber mitziehen, und nach seiner Heimkunft fünftausend Guldin aus Gnaden zur Buss bezahlen.

Einer der in einem Rechts-Handel sich verlauten lassen, wann er es verliere, so wolle er für Schweiz und Glarus appellieren, war um zweyhundert Ducaten gestraft, und ihm bey Straff des Tods gedräut, er solle anzeigen, wär ihm dises in den Kopf gestekt habe?

Als der Abbt den Toggenburgern zugemuthet eine Karren-Strass durch den Hummel-Wald zumachen, hatten etliche auss der Gemeind Wattweil sich beschwehrt, und gesagt: Wann sie dise Strass verfertigen und in Ehren halten müssind, so wäre es eine grössere Beschwerd als der Tagwen, oder Fron-Dienst, den sie vor disem thun müssen, dessen sie aber zum anderen mahl abkommen. Um dises Worts willen wurden die 6. Männer so es geredt, Ehr, Wehr und Eidlos erkennt, müssten bey ofner Thür widerruffen, und 2772. Guldin Buss und Késten bezahlen.

Ein gewüsser Landmann ist um einen etwelchen Fehler beklagt worden, der wolte dem Landschreiber 2. Ducaten verehren; Er aber sagte, es Ducätli sich da nüt, darum müsste der Beklagte einen hundert Gulden haltenden Brief aufrichten und verzinsen

Als ein ehrlicher Mann bey Anlas einer gwüssen Kriegs-Werbung gesagt, man solt disen Krieg scheuhen, ist er um 50. Pfund gestraft, und ihme aufgeburdet worden drey Mann zuwerben, und als er solche nicht bekommen können, hat er an statt dessen 600. Gulden bezahlen müssen. Dergleichen Sachen wären bey hunderten zuerzehlen, auss disen wenig Exemplen aber könnet ihr sehen, wie man mit denen Leuthen im Toggenburg umgezogen; Und hat der Abbt alles mit dem verantworten wollen: Er seye niemand schuldig um seine Handlungen Rechenschaft zugeben als Gott.

Schweitzer: *Man hat zwar vil von dem Toggenburger-Geschäfft geredt, aber so vil hab ich noch nie gewüsst. Aber höret, die zwey Ort Schweiz und Glarus haben mit den toggenburgern ein Land-Recht, und hetten die Sachen an sie sollen gebracht werden: Hätten sie nicht den Saschen können abhelfen ohne einen Krieg?*

Züricher: So vil ich von der Sach weiss, und mich darauf verstehe, haben freylich die Herren von Schweiz und Glarus zu allen Zeiten vil mit den Toggenburgeren zuschaffen gehabt; aber es scheint sie seyen nicht allzeit einer Meynung gewesen, und haben die einen dem Abbt mehr zu Gefallen gethan als die anderen. Ja die von Schweiz haben dem Abbt eine unbeschrankte Ober- und Land-Herrlichkeit zugestanden, so dass er keinen Richter sich zu unterwerffen schuldig. Es hat auch Schweiz sich unterfangen ohne Zuthun Glarus zuhandlen. Also waren die Toggenburger ganz verlassen, und war nunmehr so weit kommen, dass man den Hr. Land-Weibel German, als einen in den Land-Sachen wol erfahrnen, und denen Lands-

Freyheiten wol gewognen Landmann naher St. Gallen geloket, ohne Ursach gefangen geset, ihne etliche Jahr in Verwahrung gehalten, dass man nichts mehr von ihm erfahren, ob er todt oder lebendig, ihme das Leben abgesprochen, und die Vollstreckung angedräut. Weil nun solche Gwalthätigkeiten nicht sind hindertriben worden, so waren die guten Toggenburger wie einer der in Wassersnoth ist, und ergreift wo er meynt dass er sich halten könne, derowegen suchten sie bey beyden Lob. Ohrten Zürich und Bern Raht und Trost. Endlich (wie ihr auss etlichen angezognen Exemplen sehen) ist der Abbt je länger je hochmuthiger worden, hat den Schweizeren und Glarneren nichts mehr nachgefraget, ja endlich gar für das gemeine Eidgnössische Recht appelliert.

Schweitzer: *Wann es für das gemeine Eidgnössische Recht kommen, warum haben dann die Hrn. Von Zürich und Bern nicht des Aussspruchs erwartet, sonder einen Krieg angefangen.*

Züricher: Man hat in disem Geschäft siben Jahr lang gehandlet mit unsaglichen Kösten. Es haben auch beyde Lobl. Stände Zürich und Bern immer gehoffet, die Catholischen Ort, als Freyheit-Liebende Leuth, wurden die in der Natur gegründete Regel betrachten. Was du nicht wilt dass dir geschehe, das thu du auch einem anderen nicht: Ja sie hoffeten, es wurden gesamte Lobl. Catholische Ort helffen einen gemeinen Rahtschlag fassen, offenbare Tyrannen abzuschaffen, und den untergetrukten zuhelfen. Aber an statt dessen haben die Catholische Ort sich abgesöndert, und zusamen gehalten zum Nachtheil der Toggenburgeren zuhandlen und zurahtschlagen. Darum müssten auch beyde Lobl. Vor-Orth ihre Rahtschläg absonderlich haben. Und nach dem man so vil Jahr und Tag die so billiche Sach nicht eroberen mögen, dass die guten Leuth widerum zu ihrer Freyheit kommind, hat man endlich disen untergetrukten, (welche bey den beyden Lobl. Ständen flehenlich Hülf und Torst gesucht) mit Ernst helffen müssen. Und darzu warr es die höchste Zeit. Dann nach dem die Toggenburger beyder Religionen, eine Zeit lang ihre habende Recht und Freyheiten widrum angefangen brauchen, so hat der Abbt und seine Amtleuthe allerhand heimliche Practiken gemacht, welche endlich dahin aussgebrochen, dass Geist- und Weltliche Aufwigler den gemeinen ehrlichen Landmann zur Widerspennigkeit wider den Land-Raht angereizt, demselben sein Ansehen genohmen, desselben Mandat abgerissen, und mit Füssen getretten, die Land-Räthe hat man Schelmen, Dieben, Lands-Verräther gescholten, ihnen den Tod, als den Fäulsten Maleficanten gedräut; Sie haben eignen Gewalts Gmeinden versamlet, den einfaltigen Landmann wollen von der Lands-Freyheit abzeuhen, und durch allerhand Lugen ihne wollen bereden lediglich sich dem Abbt zuübergeben. Den jenigen die es nicht thun wollen, hat man mit Mord und Brand gedräut, selbige aufgehebt, ihnen als dem Gewild nachgespurt, den Land-Rahts-Glideren verbotten den Land-Raht zubesuchen: Etliche unberichtete Gemeinden hatte man so weit verführt, dass man gehoffet mit ihrer Beyhülf die Sach mit Gwalt ausszuführen. Zu dem Ende hatte man die Glogken zum Sturm gerüstet, die Brucken abgedekt, die Päss verwahret, und weil man vermeynte von der alten Landschaft nahen alle würckliche Hülff und Zuzug zuhaben, so war man schon bereitet den anderen Theil des Lands unter versprochnem Zuzug zuüberfalle, und mit Gwalt und grausamem Blut-Vergiessen zuuntertrucken: Da war es grosse Zeit dass man eile, und dem Jamer und Ellend vorbaue, und trachte die untertrukten Leuth mit Gwalt der Waaffen zusetzen in den Stand, wie ihr Land-Recht und Land-Eid vermag. Sind dises nicht wichtigere Gründ die Waaffen zuergreiffen, als An. 1458 welche euere Voreltern gehabt, als sie wegen eines in der Eidgnossschaft geprägeten, aber von einem Burger zu Costanz schimpflich betitleten Plapperts etlich tausend starck in das Turgäu gezogen, der Stadt Costantz Angehörige und andere Oerter rein aussgeplünderet, und selbst für Costantz gezogen wären, wo nicht selbiger Bischoff samt dem Frey Herr von Sar sich in das Mittel geschlagen hätten?

Schweitzer: *Warum hat man dann den Abbt und seine böse Rahtgebe nicht bey den Hosen genohmen? Was vermögen sich andere? Was hat Bremgarten, Mellingen, Baden, das freye Amt und Keller-Amt mit disem Abbt zuthun?*

Züricher: Es haben beyde Lobl. Stände Zürich und Bern haubtsächlich nichts anders gesucht, als nur den Abbt zur Gebühr zubringen, und ihn mit Gwalt dahin zuvermögen, dass er den toggenburgern ihre völlige Freyheit widergebe. Zu dem End hin haben sie auch Lobl. Ständ Lucern, Freyburg und Solothurn Schriftlich und Mundlich berichtet, worauf es angesehen, und dass sie um dises Ausszugs willen sich nicht sollen in Unruhe setzen. Im übrigen ist der Marsch obsich gegen Toggenburg gegangen, und hat man hier unden im Land nur allein die Gränzen besezt, welches auch Lucern, Schweiz und Zug ihrer seihts zuthun erlaubt gewesen. Bey solcher Beschaffenheit müssten beyde Lobl. Vor-Orth nohtwendig freyen Pass und Repass haben, den suchten sie billich durch Mellingen, Bremgarten, und das Frey-Amt, da ihnen auch der Pass nicht hät sollen gesperet werden, weil sie den 7. alten Orten zugleich Underthan, und diese Ort in keinem Krieg gegen einandern gestanden. Das Keller-Amt hat isch sonderlich nicht sollen widersetzen, weil das Malefiz und die Hochheit der Stadt Zürich gehört. Aber da wider Vermuthen die Lucerner sich in diss Spil gelegt, sich der Grafschaft Baden bemächtiget, die Leuth im Frey-Amt und Keller-Amt aufgewiglet, den Heitelsberg und Hassenberg besezt, und also den Pass mit Gwalt speren wollen, hat man denselben mit Gwalt suchen müssen. Sonderlich ist die Stadt Baden unglüklich gewesen, dass sie sich so zu bösen Rahtschlägen verleyten lassen; da sie hätten sollen gedenken, wir sind so wol Zürich und Bern underworffen als Lucern, wir können uns mit disen Ständen nicht abwerffen etc. sind sie so weit kommen, dass sie nicht nur ihre Stadt verschlossen, sondern auch den Bernerischen Landvogt schimpflich tractiert, die Unterthanen im Bader-Gebieth wider ihre Oberkeit, die Herren von Zürich und Bern aufgewiglet, so dass sie sich mit Gwalt, mit Aufwerfung der Schanzen, Schiessen und Wachten dem Durchzug ihrer Oberkeit widersezt. Was ist das anders, als Rebellisch sich erzeigen, und noch andere zu Rebellen machen. Das ist die Ursach, darum es Baden also ergangen.

Schweitzer: *Ja, es ist noch etwas anders dahinder: Es ist zuthun um die Aussreutung der Catholischen Religion: Und haben jez die zu Baden nichts mehr zubesorgen, als dass man sie mit Gewalt von ihrer Religion treiben werde.*

Züricher: Ihr sind der Sachen nicht besser berichtet, und meynet, wir machind es wie ihr. Ihr brauchet allerley Gwalt und Grausamkeiten eueren Glauben fortzupflanzen. Bey uns aber ists nicht also: Unsere Lehr vermag, dass sich der Glaub nicht zwingen lasse, das Gwüssen seye allein unter der Herrschaft Gottes, in dise Herrschaft Gottes habe kein ohnmächtiger Mensch Gewalt zugreiffen. Wäre Baden unserer Religion gewesen, und hätte sich so verhalten, so hätte sie ein gleiches Tractament empfangen. Oder wo habet ihr ein Exempel, dass wann die Unserigen eine Stadt eingenohmen, sie alsobald die Catholische Religion abgeschaffet habind? Wie vil namhafte Vestungen hat man die Zeit und Jahr haro in Flandern eingenohmen? Allzeit war im Accord der erste Punct: Die Religion sol im alten Stand verbleiben, doch solle man den Unserigen auch ein Kirche oder Ohrt zum Gottes-Dienst einraumen. So ists auch ja mit Baden.

Schweitzer: *Ey wie komt es dann, dass ihr so greulich hauset, nicht allein mit den Bilderen, sondern auch mit den Nonnen und Mönchen in den Clösteren, die ihr erbärmlich ohne Unterschied ermördet, und allerley Schanden mit ihnen verüben lasset.*

Züricher: Das sind faule gottlose Lugen, die euch euere Pfaffen angeben, damit ihr wider uns desto mehr verbittert und angehezt werden. Es sind Brief eingeloffen von der Frau Aebbtissin und Convent zu Magdenau aus dem Toggenburg, darinn sie unserer Besazung das beste Lob geben, dass sie sich bescheidenlich haltind, der Catholische Gottes-Dienst den ungehinderten Fortgang habe, das Gottes-Haus geschüzet, und die Erhaltung der Besazung auf das leidenlichest eingerichtet werde. Dergleichen Schreiben ist auch vorhanden von dem Herr Prioren und Subprioren und dem ganzen Convent zu Neu St. Johann, welches alles in offnem Truck aussgegangen. Hingegen wie erbittert auch das Römisch-Catholische Landvolck droben im Land seye wider die Mönchen und Nonnen, und andere, davon kan man nicht gnug sagen. Es hat sich erscheint, da sie ihren Commendant Felber der in Weyl lag, ermordet, und ellend tractiret. Haubtmann Reding von Schweitz hat ja selber müssen entrinnen zu unser Generalität in das Closter St. Gallen, und glaub ich, er werde von keinem unchristlichen Tractament zureden wüssen. Und also wann man den Römisch-Catholischen an denen Orten das Commando übergebe, gwüss wurde man eben das zuerfahren haben, dessen man uns mit Unwahrheit anklagt. Ich möchte wünschen, ihr köntet lesen ein Tractätlein welches neulich in Truck ausgegangen, welches den Titul hat: Christlich-Reformierter Soldaten Kriegs-Zucht. Daraus wurdet ihr sehen, wie man unsere Soldaten von aller Ungebühr abmahnet, und sie Christlich darzu verleitet, wie sie sich gegen Gott, gegen den Nächsten, gegen sich selbst, und auch wie Bescheidenlich sie sich gegen den Wiserwertigen aufführen sollen. Sind dann grobe unwüssende Leut, die mit Worten oder Wercken thun das darüber die Befehlshaber ein Missfallen haben, sol es der Nation und Religion nicht zugemessen werden. Betreffende die Bilder, welche von euch für Bücher der Leyen gehalten werden, wird vil gesagt, welches sich aber anderst befindet.

Gesezt, das dis Orts etwas euch unbeliebiges passirt, was haben nicht die Euerige gethan zu Spreitenbach, da sie am Heil. Pfingst-Tag unter-währendem Evangelischen Gottesdienst die Häuser der Evangelischen nicht nur rein aussgeplünderet, sonder so gar auch verschiedene Heil. Biblen, welche gleichwol nach euer eigen Bekantnus Gottes unfehlbahres Wort sind, weggenohmen, solche auf eine schandliche Weis zerrissen, und die Blätter hin und wider in die Wälder und auf die Strassen zerstreuet. Kurz, man darf euch nicht sagen, was für einen billichen und gerechten Krieg wir führind, darum schwäzt man euch allerhand Lügen ein, damit ihr nicht andere Gedancken fassind.

Und wahrlich, es ist eine bedaurliche Sach, dass ihr uns so gehässig sind, nur allein darum, weil wir so schwarz bey euch angeschrieben werden. Dann ihr meynet, wir seyen die ärgsten Käzer[364], Abtrünnige, verachtind die guten Werck, schändind und schmähind die Muter Gottes und alle Heilige: Und weiss nicht was noch mehr.

Aber ich wil doch nur etliche Fragen an euch thun, und euch dann lassen vernünftig urtheilen. Sind die Käzer, die sich allein halten an Jesu Christo dem gekreuzigeten? Haben die eine verdamliche Religion, die darfür halten, der barmherzige Gott habe uns an seinem lieben Sohn einen so vollkomnen Erlöser, Mittler und Fürbitter, ja an seinem Leiden und Tod ein so vollkomne Gnugthüung, ein so vollkomnes ewiggültiges Versühnopfer gegeben, dass wir ausser und neben ihm keinen anderen Mittler und Fürsprech, kein ander Versühnopfer sucher sollind, weil Gott seine Ehre keinem anderen geben wil, und es bey ihm heisst: Entweder bis allein mein, oder lass es gar seyn. Sind das so böse Leuth, welche sich allein halten an dem wahren, ewigen, allmächtigen, barmherzigen, weisesten, gütigsten Gott, der da ist unser Vater und Erlöser, aus dessen Gnad alle Geschöpft leben, und sie sind was sie sind? Ist das Sünd, wann wir disen Gott in seinem geliebten Sohn Jesu Christo allein anrüffen? Heisst das die Muter Gottes und die Heiligen schänden und schmähen, wann unsere Catechismi offentlich lehren: Man solle von den heiligen Menschen, als getreuen Dieneren Gottes ehrlich reden und halten, sie darinn ehren, dass man ihrem Glauben und Tugenden nachfolge? Ist es dann übel, wann man unser Volck lehret, wann sie bätten wollen, so seye es nicht vonnöthen, dass sie vor einem Bild oder Creuz niderfallind, dann an disen ausserlichen Dingen gergaffe man sich, und wann man die Andacht des Herzens behalten wolle, so müsse man die Gedancken beysamen halten, Augen und Gemüth von allen irrdischen Dingen abwenden? Ists dann Bös, wann man uns nicht in der Unwüssenheit aufhaltet, uns nicht zumuthet zuglauben was man uns vorgibt, sonder uns vermahnet zuerforschen den Willen Gottes, welchen er uns geoffenbaret in Hil. Schrift, welche allein die Regel und Richtschnur unsers Glaubens ist? Sind wir die Leut so die guten Werck verachten, da man in allen Predigen, auf allen Canzlen auf die guten Werk schreyet? da wir lehren, es könne ein armer sündlicher Mensch, der alle Tag und Stund unzahlbare Sünden-Schulden macht, den grossen Gott ihme selber nicht zum Schuldner machen; aber dannoch seyen wir gute Werck zuthun im höchsten Grad schuldig, als eine schuldige Pflicht unserer Danckbarkeit gegen Gott, und dass ohne die gute Werck der Glaub kein rechter Glaub, sonder tod und ein eiteler Ruhm seye? Haben wir ein böse Religion, die wir unser sündlich Ellend allein beichten und bekennen dem gott, wider welchen wir gesündiget haben? Wann wir trachten allein mit ihm versühnt zuwerden: Wann wir seufzen und bitten, er solle uns gnädig seyn um seines lieben Sohns Jesu Christi willen, der da allein Friden gemachet hat zwüschen gott und den Menschen, durch das Blut seines Creuzes, so dass Gott keinen aussstossen wird, der in dem Namen seines Sohns zu ihm komt. Ists dann Bös, wann wir glauben denen schönen herrlichen Verheissungen Gottes in seinem Heil. Wort, wann wir uns in Roth und Tod diser Verheissungen trösten, in dem Glauben an dise Verheissungen gedultig leiden und selig sterben, in der gwüssen Versicherung, der werde ungesaumt, ohne Versuchung einichen Gerichts ins Leben eingehen, welcher nach Christo und seiner Gerechtigkeit ein herzliches Verlangen hat, sein Gerechtigkeit, Heyl und Leben allein bey ihme sucht, sich ihme mit Leib und Seel übergibt, dass er ihn Gerecht, Heyl und Selig mache? Ist das so übel, wann wir lehren, man könne die Verzeihung der Sünden nicht um Geld erkauffen, gott theile seine Gnad aus ohne Geld? Summa, ists doch recht, wann man die Kätzer nennt, welche alle Articul des Christlichen Apostolischen Glaubens annehmen, auch nichts anders hätten als was das Heil. Vater Unser aussweiset, und darüber alle Menschen-Sazungen und Menschen-Gedicht verwerffen? Ich bitte euch um Gottes Willen, betrachtet es vernünfftig.

Schweitzer: *Ich weiss nicht was ich sinnen sol. Was mag wol Haubtmann Bollinger gesinnet haben, der (wie man berichtet) bey seiner Ausführung zum Tod zwey Reformierte Predicanten wollen bey sich haben, und von niemand als von ihnen wollen getröstet und zum Tod vorbereitet werden?*

Züricher: Villeicht, wann ihr sterben müsset, werdet ihr gegen dem Ende auch anders hören von dem so euch versihet, als ihr bis dahin gehört habet.

Aber noch eines. Bey disem gegenwärtigen Krieg handlet man auch darinn betruglich mit euch, dass man euch gibt allerhand Zauber-Segen, Zauber-Zeichen: Wie man dann zu Fischingen im Kloster 400. hole Kuglen mit solchen Zauber-Zedlen angefüllt gefunden: Mit solchen Dingen wil man euch bereden, ihr sollen es nur dapfer wagen, es werde euch nichts geschehen, ihr werden Schuss- und Stichfrey seyn. Merket doch, wie wenig dise Sachen genüzt haben; ists nicht besser mit David sagen? Mit Gott wollen wir tapfer handlen?

Schweitzer: *Es ist dem zum Theil also, so gar, dass man etlichen versprochen, sie werden 5.6.7. von den Euerigen nider machen, die aber auf den ersten Schuss oder Stich selbst gefallen.*

Züricher: So recht! Sinnet nur der Sach nach, und fraget euere Vernunft, die wird euch sagen was Tohrheit ist. Dissmahl aber gnug. Gehabt euch wol.

ENDE.

Bibliografie

Bucher, Erwin. Die Geschichte des Sonderbundskrieges, Zürich 1966.

Engelbert, Derck C. E. (Hrsg.). Die Schauenburg-Sammlung der Eidgenössischen Militärbibliothek und des Historischen Dienstes, Hauterive 1989.

Frei, Emil. Die Kriegstaten der Schweizer. Neuenburg, 1904.

Fuhrer, Hans Rudolf. Villmerger Kriege 1656 / 1712. Au 2005.

Graber, Rolf. Bürgerliche Öffentlichkeit und spätabsolutistischer Staat. Sozietätenbewegung und Konfliktkonjunktur in Zürich 1746–1780, Zürich 1993.

Guggenbühl, Gottfried. Zürichs Anteil am Zweiten Villmergerkrieg 1712. Zürich 1910.

Historisches Lexikon der Schweiz, Band 5. Basel 2005.

Historisches Lexikon der Schweiz, Band 7. Basel 2008.

Im Hof, Ulrich. Ancien Régime. In: Handbuch der Schweizergeschichte, Band 2. Zürich 1980.

Im Hof, Ulrich. Die Helvetische Gesellschaft. Das Entstehen einer politischen Öffentlichkeit in der Schweiz, Frauenfeld 1983.

Kurz, Hans Rudolf. Das Schweizer Heer von den Anfängen bis zur Gegenwart. Zürich 1969.

Lang, Josef. Der Bundesrevolutionär. In: Leimgruber, Frank, Fuchs, Küng (Hrsg.). Pädagoge – Politiker – Kirchenreformer. Augustin Keller (1805–1883) und seine Zeit. Baden 2005.

Lang, Josef. «Vernünftig und katholisch zugleich». Katholische Radikale und antiklerikale Dynamik. In: Ernst, Tanner, Weishaupt (Hrsg.). Revolution und Innovation. Die konfliktreiche Entstehung des schweizerischen Bundesstaates von 1848, Zürich 1998.

Lau, Thomas. «Stiefbrüder». Nation und Konfession in der Schweiz und in Europa (1656–1712), Köln/Weimar/Wien 2008.

Löw, Karl. Die Schlacht bei Villmergen im Jahr 1712. Basel 1912.

Lüthi, Walter. Die Haltung des Auslandes im zweiten Villmergerkrieg 1712. In: Basler Beiträge zur Geschichtswissenschaft, Band 2. Basel 1938.

Mantel, Alfred. Über die Veranlassung des Zwölfer- oder zweiten Villmerger-Krieges. Die Toggenburger Wirren in den Jahren 1706–1712. In: Schweizer Studien zur Geschichtswissenschaft, Band 1, Heft 3. 1909.

Mantel, Alfred. Zürcherische Wehranstalten in der Zeit zwischen den beiden Villmergerkriegen. In: Jahrbuch für schweizerische Geschichte 36. Zürich 1911.

Merki-Vollenwyder, Martin. Unruhige Untertanen. Die Rebellion der Luzerner Bauern im Zweiten Villmergerkrieg. Luzern/Stuttgart 1995.

Nussbaumer, Alex. Zuger Militär. Das Zuger Militärwesen im 18. Jahrhundert. Rotkreuz 1998.

Rimli, Eugen Th. (Hrsg.). 650 Jahre Schweizerische Eidgenossenschaft. Zürich, 1941.

Sauerländer, Dominik. Villmergen. Eine Ortsgeschichte. Villmergen 2000.

Sigg, Marco. «Une promenade militaire?». Der Nebenschauplatz an der zürcherisch-schwyzerischen Grenze im Zweiten Villmergerkrieg (1712). Diplomarbeit 2005.

Stüssi-Lauterburg, Jürg. Helvetias Töchter. Frauen in der Schweizer Militärgeschichte von der Entstehung der Eidgenossenschaft bis zur Gründung des Frauenhilfsdienstes (1291–1939). Frauenfeld 1989.

Sutz, Johannes. Schweizer Geschichte für das Volk erzählt. La Chaux-de-Fonds, 1899.

Wicki, Hans. Staat Kirche Religiosität. Der Kanton Luzern zwischen barocker Tradition und Aufklärung, Luzern/Stuttgart 1990.

Ziegler, Peter. Das Wehrwesen der Herrschaft Wädenswil. In: Neujahrsblatt der Lesegesellschaft Wädenswil, Nr. 23. Wädenswil 1959.

Z'Graggen, Bruno. Tyrannenmord im Toggenburg. Zürich 1999.

Nachwort

Im Freiämter Bauerndorf, in dem ich aufgewachsen bin, waren alle Menschen katholisch und alle Kühe braun. Da der Glauben und der Hof in unserem Denken und Handeln untrennbar verbunden waren, ging ich selbstverständlich davon aus, dass katholische Kühe braun und braune Kühe katholisch waren.

Der einzige Ausflug, der mich mit meiner autolosen und fernsehfreien Familie über die nähere Umgebung hinaus zu führen pflegte, war der Besuch bei den Rindern, die auf einer Alp gesömmert wurden. 1962 ging die Reise erstmals ins Entlebuch. Als wir bei der Alphütte ankamen, zeigte mein Vater auf die Krete und sagte uns: «Dort oben ist die Grenze zwischen dem Luzernbiet und dem Bernbiet.» Da ich wusste, dass die Berner Protestanten waren, rannte ich, so schnell ich konnte, den Hügel hinauf, um zu erfahren, wie denn protestantische Kühe aussehen. Zu meiner grossen Erleichterung waren sie nicht braun, sondern Simmentaler Fleckvieh.

Meinen jüngsten Geschwistern, die in den späten 70er Jahren zu Jugendlichen wurden, wäre es nie und nimmer in den Sinn gekommen, zwischen Katholizismus und Braunvieh, zwischen Konfession und Viehrasse einen Zusammenhang herzustellen. Innert eines Jahrzehnts, zwischen der Mitte der 60er und der Mitte der 70er Jahre, hat sich eines der letzten katholischen Milieus, das im aargauischen «schwarzen Erdteil», aufgelöst, wurde die bäuerliche Kultur durch Automobilismus, Fernsehen und Bauboom ausgehöhlt. Plötzlich stand die Kirche höchstens noch am Sonntag im Dorf. Und in den wenigen Ställen, die blieben, wurden amerikanische «Brown Swiss» und protestantische Rotfleck gemolken. Erstmals seit den Konfessionskriegen wandte das obere Freiamt sein Gesicht dem unteren Aargau zu. Der Innerschweizer Bauernverband, dem die Bauern des Bezirks Muri angehören, verlor an Bedeutung. Die Zahl der FC-Aarau-Fans nahm zu, die der FC-Luzern-Fans wie auch die der Besucher von Innerschweizer Kollegien nahmen ab.

Als ich 1970 die Bezirksschule Muri beendete, kam für die Fortsetzung meiner schulischen Laufbahn nur ein katholisches Internat in Frage. Die damals am nächsten gelegene Kanti, die in Aarau, gehörte den Freisinnigen. Und diese hatten uns 1841 das Kloster aufgehoben. Für meine jüngeren Geschwister war dieses die Schweizer Geschichte bestimmende und das Freiamt während 13 Jahrzehnten prägende Ereignis keine Referenz mehr.

Man macht sich heute keine Vorstellung mehr, wie bestimmend und prägend die Konfessionszugehörigkeit für viele

Nachwort

Gebiete und Familien bis in die frühen 70er Jahre noch gewesen ist. Und bereits in der damaligen Zeit machte man sich keine Vorstellung mehr, wie blutig die Auseinandersetzung zwischen den Konfessionen in der Schweiz noch im 18. Jahrhundert verlaufen ist. Im Unterschied zur Klosteraufhebung waren während meiner Bezirksschulzeit in den Räumen der ehemaligen Habsburgerabtei die beiden Glaubenskriege im nahegelegenen Villmergen kein Thema mehr. Nicht nur das Freiamt, die ganze Schweiz hatte die dunkelste Phasen ihrer Geschichte gründlich verdrängt. Immerhin hatten im Ersten Villmergerkrieg vom 24. Januar 1656 189 Luzerner Katholiken und 573 Berner Protestanten, im Zweiten Villmergerkrieg vom 25. Juli 1712 und den vorausgehenden Gefechten gegen 3000 Katholiken, unter ihnen etliche Freiämter, und etwa 900 Protestanten das Leben verloren. In der Innerschweiz gab es damals kaum eine Familie, die nicht einen Toten zu beklagen oder einen Verletzten zu pflegen und versorgen hatte.

Im Jahre 1705, also 57 Jahre nach dem Ende des Dreissigjährigen Konfessions-Kriegs, der Millionen von Menschen das Leben gekostet hatte, hielt der scheidende englische Botschafter Aglionby in seinem Abschlussbericht fest, dass «nirgendwo in der ganzen Christenheit (...) der Zwiespalt zwischen Reformierten und Katholiken mit einem solchen Eifer und einer solchen Konsequenz gepflegt (werde) wie in der Eidgenossenschaft».[365] Während der europäische Kontinent konfessionell weitgehend befriedet war, wurde die Schweiz am Jakobstag 1712 zwischen 13 Uhr und 18 Uhr vom grössten Blutbad ihrer Geschichte heimgesucht. Pro Stunde starben etwa 600 Menschen, und das in einer Zeit, als die Waffen viel weniger entwickelt waren als beispielsweise im Balkankrieg der 1990er Jahre.

Wie tief der gegenseitige Hass war, illustrieren für die protestantische Seite die zwei Briefe des Pfarrers von Laupen und Feldpredigers Johann Justus Ulrich, der selbstverständlich Gott auf seiner Seite sieht und den katholischen «Buben» ein «gottloses Schelmenstück» unterstellt.[366] Der Schlachtbericht eines anderen Berners schliesst mit dem Hinweis, dass der «starke Gott» den Protestanten jenes militärische «Mittel» geschenkt habe, das ihnen ermöglichte, sich für die «Schmach» der Niederlage im Ersten Villmergerkrieg an den katholischen «Feinden» rächen zu können.[367] Ein evangelisches «Bitt- und Dank-Gebet» nennt die katholische Gegenseite «brüchige und treulose Feinde» und spricht sogar von «Anti-Christ».[368]

Den Bruch jeglicher eidgenössischer und christlicher Gemeinsamkeit dokumentieren zahllose Akten über das Luzerner, Zuger und Urschweizer Landvolk. Entlebucher Bauern befürchteten, die Berner wollen eine «Freistellung» im Glauben, also die Religionsfreiheit im Luzernischen, durchsetzen und sie würden bei einem Einfall «das Kind im Mutterleib nicht verschonen». Die Zürcher Miteidgenossen und Mitchristen wurden bloss als «lutherische Ketzer» betrachtet. Weiter hoffte man auf 90000 «welsche», das heisst päpstliche, Soldaten, die «über die Berge kommen» und alle protestantischen Feinde «verderben».[369] Im 19. Jahrhundert führte die geographisch-politische Metapher «über die Berge oder jenseits der Berge» zum papstkritischen Kampfbegriff des «Ultramontanismus».

Aus der konfessionalistischen Sackgasse fanden die bisherigen eidgenössischen Eliten keinen Ausweg. Es brauchte eine neue Weltanschauung, die sich nicht um

Nachwort

die eigene Kirche drehte, und eine neue Bewegung, welche die Interessen der Nation und der Humanität über die der eigenen Konfession stellte, um den Glaubens-Graben zu überwinden. Diese Weltanschauung war die Aufklärung, die Bewegung gab sich den Namen Helvetische Gesellschaft. Deren Gründung, eine der Sternstunden der Schweizer Geschichte, fand im Mai 1762, also fast auf den Tag 50 Jahre nach einem deren Tiefpunkten, dem Zweiten Villmergerkrieg, statt.[370]

Die Geburt der Helvetischen Gesellschaft fiel in einen geistigen und politischen Gärungsprozess mit betont antiautoritären Zügen in den protestantischen und stärker antiklerikalen Zügen in den katholischen Orten. In Zürich gab es eine «Jugendbewegung», deren Mentor der von Goethe «Vater der Jünglinge» genannte Johann Jakob Bodmer war. Dessen wichtigste Referenz war Jean-Jacques Rousseau.[371] In Luzern gab es eine frühaufklärerische Bewegung für eine engere Verbindung mit der reformierten Schweiz und eine grössere Distanz zum Papst. Es ist kein Zufall, wurde der «Mahnruf an die entzweiten Eidgenossen», der zur Gründung der überkonfessionellen Helvetischen Gesellschaft führte, 1744 von einem Luzerner, Franz Urs Balthasar, verfasst und 1758 von einem Basler, Isaak Iselin, veröffentlicht. In der katholischen Innerschweiz provozierte der päpstliche Druck und die klerikale Kontrolle stärkere antiklerikale Reaktionen, erschwerte aber gleichzeitig deren Veröffentlichung. 1749 schrieb Balthasar, dessen Sohn Joseph Anton Felix zu einer Schlüsselfigur der Helvetischen Gesellschaft wurde, das gebildete Luzern habe es satt, sich immer wieder von den päpstlichen Nuntien dazu anfeuern zu lassen, «die Ketzer mit bewaffneter Hand auszurotten».[372]

Gerade weil in der Helvetischen Gesellschaft Protestanten, die etwa zwei Drittel der Teilnehmenden stellten, und Katholiken regelmässig zusammen kamen, wurde sie zur wichtigsten Brücke zwischen den beiden Konfessionen. Ohne diese Brücke und ohne die für den Liberalismus des 19. Jahrhundert wegleitende Idee, dass der Frieden zwischen den Konfessionen nur in einem Staat möglich ist, der selber keine Konfession hat, wäre es nie zur Gründung des Bundesstaates gekommen.

Der katholisch-konservative Sonderbund betrachtete den Bürgerkrieg von 1847 als Dritten Villmergerkrieg. Sein Ziel war die lose Konföderation eines weitgehend souveränen katholischen Staatsgebildes, des «Corpus catholicum», mit einem ebenso souveränen protestantischen Staatsgebilde, des «Corpus evangelicum». Dabei wären die ehemaligen Gemeinen Herrschaften Freiamt und Grafschaft Baden zum Kanton Luzern geschlagen worden, um so die beiden protestantischen Grosskantone Zürich und Bern voneinander zu trennen und das Simmental rekatholisiert worden, um ein geschlossenes katholisches Gebiet vom Rhein bis zur Rhone und ins Freiburgerland zu schaffen.[373]

Ein entscheidender Unterschied des Sonderbundskrieges zu den beiden Villmergerkriegen lag im Umstand, dass im freisinnigen Lager die katholische Minderheit quantitativ und qualitativ eine ausschlaggebende Rolle spielte und ein Teil der konservativen Protestanten mit dem Sonderbund sympathisierte. Ohne die beiden katholischen Kantone Solothurn und Tessin und ohne den katholischen «Schicksalsbezirk» Gaster im mehrheitlich katholischen «Schicksalskanton» St. Gallen hätte es keine 12er Mehrheit für die Auflösung des Sonderbundes gegeben. Und es waren katholische Freisinnige, welche dem politischen Prozess der 1840er Jahre seine antiklerikale Dynamik verliehen und damit entscheidend vorangetrieben haben.[374]

Die Schlüsselperson im Jahrzehnt zwischen dem Tiefpunkt, den konfessionalistischen Wahlsiegen in Zürich (1838) und Luzern (1841), und dem Höhepunkt, der Gründung eines überkonfessionellen Bundesstaates am 12. September 1848 war der Freiämter Katholik Augustin Keller. Keller, der in der Regenerationszeit Mitglied der Helvetischen Gesellschaft wurde, ist in Sarmenstorf, unweit des Villmerger Schlachtfeldes, in einer Bauernfamilie aufgewachsen. Kein Schweizer Politiker der damaligen Zeit war sich der Gefahr eines Rückfalls in die Glaubensspaltung und damit eines Auseinanderbrechens der Schweiz derart bewusst wie er. Hier liegt die Erklärung für seine Kloster- und Jesuitenfeindlichkeit. Die Klöster, insbesondere das nahegelegene Murianische, und den Jesuitenorden betrachtete er nicht zu Unrecht, wenn auch rhetorisch übertreibend, als «Bastionen» und «Vorhut» eines neuen Konfessionalismus. Der Kulturkämpfer Keller war gleichzeitig ein tief religiöser Mensch, der nach der päpstlichen Unfehlbarkeitserklärung zu einem der Gründerväter der christkatholischen Kirche im Jahre 1875 wurde. Und er blieb ein prinzipientreuer Freisinniger, der 1861 für die Gleichberechtigung der Aargauer Juden seine Wiederwahl in den Regierungsrat riskierte und 1874 im Rahmen der Totalrevision der Bundesverfassung gegen das ultramontane Konzept des «christlichen» Staates das eines liberalen Staates durchsetzen half.[375]

In der Familie und Verwandtschaft, in der ich aufwuchs, gab es zwei Teufel. Der eine hiess Lenin, der andere Augustin Keller. Vom ersten wusste ich, dass er ein russischer Kommunist gewesen war und die Kirche verfolgt hatte. Vom zweiten wusste ich nur, dass er «unser Kloster» aufgehoben und «uns Katholiken» unterdrückt hatte. Dass er selber aus einer Freiämter Bauernfamilie stammte und gläubiger Katholik war, hatte man mir geflissentlich verschwiegen.

Vor sechs Jahren hielt ich auf Einladung der Murianer Linken in den Räumen des ehemaligen Klosters die 1. Mai-Rede. Da sich das Datum traf mit dem 200. Geburtstag von Augustin Keller und da dieser als fortschrittlicher Sozial- und Steuerpolitiker die Abzocker seiner Zeit bekämpft hatte, zitierte ich ihn recht ausführlich. Unter den zahlreichen Zuhörern war mein betagter Onkel, ein konservativer Bauer, der früher ein aktives Parteimitglied gewesen war und zuvor noch nie einer 1. Mai-Feier beigewohnt hatte. Nach der Rede kam er zu mir und sagte: «Du hast recht, Augustin Keller war nicht der Teufel, für den wir ihn früher gehalten haben.» Da wusste ich, dass die Wunden des Zweiten wie auch die seines Dritten Villmergerkrieges, des Sonderbundskrieges, völlig verheilt und die Konfessionsgräben gänzlich zugeschüttet waren.

Umso leichter sollte es uns fallen, aus ihnen zu lernen. Und nicht neue Gräben zu anderen Religionen aufzureissen.

Josef Lang,
Dr. phil., Nationalrat

Zug, 30. Mai 2011

Die tiefen Gräben in der Eidgenossenschaft versuchten 1762 die Pioniere der in Bad Schinznach gegründeten Helvetischen Gesellschaft zu überwinden. Isaak Iselin (*1728 † 1782) war, mit Gleichgesinnten beider Konfessionen, einer der Pioniere. Abbildung GGG, Basel.

Noch 1847 kämpften alle Staatswesen, die 1712 am Konflikt beteiligt waren, mit und zwar auf der gleichen Seite wie ihre Vorfahren 135 Jahre zuvor. General Guillaume-Henri Dufour (hier mit seinem Stab) sorgte durch seine gebremste Gewalt dafür, dass die geschlagenen Wunden im 19. Jahrhundert schneller verheilten als im 18. Jahrhundert. Aquarell von Otto Baumberger. Abbildung aus «650 Jahre Schweizerische Eidgenossenschaft», Rimli Eugen Th. (Hrsg.); Verkehrsverlag A.G., Zürich, 1941, Kunstblatt Nr. 18 gegenüber S. 312.

Der Meitlisonntag von Meisterschwanden und Fahrwangen

(Text weitgehend nach Jürg Stüssi-Lauterburg, Helvetias Töchter, Frauenfeld: Huber, 1989, ISBN 3-7193-1010-8, Seiten 35 bis 40. Dort sind die Quellenbelege zu finden.)

Der in Meisterschwanden und Fahrwangen gefeierte Meitlisonntag ist ein Neujahrsbrauch. Das «Illustrierte Gemeindebuch» des Kantons Aargau sagt unter dem Stichwort «Meisterschwanden» dazu folgendes aus:

«Ist es im Sommer die Freude an Natur und See, die viele Besucher anlockt, so ist es nach Neujahr ein origineller alter Volksbrauch, der grosse Anziehung ausübt: der Meitlisonntag. Jeweils am 2. Sonntag nach Neujahr wird er gefeiert. Sein Ursprung soll nach mündlicher Überlieferung auf das erfolgreiche Eingreifen der Seetalerfrauen aus Fahrwangen und Meisterschwanden im Zweiten Villmergerkrieg von 1712 zurückgehen. Mit ihrem Erscheinen hatten sie den reformierten Bernern zum Sieg verholfen. So lautet die Überlieferung, die allerdings nirgends schriftlich niedergelegt ist.»

Frauen kämpften in der Tat auch im Zweiten Villmergerkrieg. Man mag die in einem zeitgenössischen Brief im Skandalstil erwähnten Freiämterinnen für die Ausgeburt eines überspannten Geistes halten, dreissig Engelbergerinnen in Mannskleidern, welche am 23. Juli 1712 vom Pater Grosskellner «rechte Brigell» zur Verteidigung des Klosters gegen die über den Jochpass anrückenden Berner erhielten, waren Wesen aus Fleisch und Blut. Am selben Tag wurde in Fahrwangen Katharina Hochstrasser-Frey, eine Witwe im siebten Lebensjahrzehnt, «zu todt geschlagen». Dass sich Katharina Hochstrasser-Frey zur Wehr setzte, darf angenommen werden. Wahrscheinlich hat also mindestens eine Fahrwangerin gekämpft und es wäre wirklichkeitsfremd, anzunehmen, sie sei in jenem turbulenten Jahr 1712 die Einzige gewesen. Die Überlieferung von den kämpfenden Frauen Fahrwangens und wohl auch Meisterschwandens kann also in guten Treuen als glaubwürdig betrachtet werden.

Der Meitlisonntag wird allerdings in den ältesten Quellen nicht in Verbindung zu den Kriegerinnen von 1712 gebracht. Am Meitlisonntag von 1850 entsandte der dienstbeflissene Bezirksamtmann von Lenzburg zwei Landjäger nach Meisterschwanden und Fahrwangen, um Überwirtungen festzustellen. In Meisterschwanden allein wurden dem Gemeinderat fünf Fälle zur Bestrafung angezeigt. Der Gemeinderat büsste zwar mit Beschluss vom 18. Januar 1850 die Sünder, erliess ihnen jedoch die Hälfte der Busse *«weyl dieses Vergehen an dem seit urdänklichen Zeiten in unserer Gemeinde üblichen Mädchensonntag stattgefunden»*. Der Gemeinderat liess das Bezirksamt wissen, *«dass es ganz auffallend erscheinen müsse, dass in dieser Nacht die Polizeipatrouille nur in den Gemeinden Meisterschwanden und Fahrwangen vorzunehmen angeordnet worden sei.»*

Der bezirksamtliche Eingriff in örtliches Brauchtum hatte für die Betroffenen und insbesondere auch für die Landjäger noch weitere Folgen, welche hier jedoch irrelevant sind. Dem Bezirksamtmann steckte der Zusammenstoss mit der kräftigen Tradition danach tief in den Knochen, sodass er bereits am 10. November 1850 in einen langen Bericht an den Kleinen Rat über das Gastgewerbe im Bezirk Lenzburg fast ängstlich schrieb:

Anhang «Der Meitlisonntag von Meisterschwanden und Fahrwangen»

«Eine eigene Bewandtniss hat es mit dem in den Gemeinden Meisterschwanden & Fahrwangen bestehenden Wahne, dass es am s. g. Meitlisonntage, i. e. 2t Sonntag im Monat Januar, keiner Macht zustehe, auf polizeilichem Wege dem althergebrachten und nun einmal üblichen Nachtschwärmen und die ganze Nacht andauernden Wirtshauslaufen Einhalt zu thun. Auf genannten Sonntag Abend im verflossenen Monat Januar war vom Bezirksamte ohne dass es von einer solchen, wie es heisst, seit urdenklichen Zeiten bestehenden Sitte oder vielmehr Unsitte die mindeste Kenntnis hatte, eine Patrouille von zwei Landjägern angeordnet. Diese machten Anzeigen von stattgehabten Überwirthungen & erhielten den Befehl, dieselben gehörigen Orts anzubringen, worauf mehrere Wirthe theils gemeinderäthlich, theils gerichtlich bestraft wurden, dieser polizeiliche Eingriff in ein vermeintliches Vorrecht machte freilich bei den Wirthen, wie bei dem unvernünftigeren Theile des Publikums gewaltig böses Blut, was mich, da der verhängnisvolle Sonntag wieder vor der Thür ist, veranlasst, Ihnen vom Verlaufe Kenntniss zu geben & damit die Anfrage zu verbinden, ob Sie mir für diesen Fall besondere Verhaltungsvorschriften zu geben haben? Nach meinen Ansichten wäre es zweckmässiger, die Feierabendzeit um eine Stunde hinauszurücken, sie alsdann aber ohne Rücksichten strenge einzuhalten.»

Die Regierung folgte dem Antrag des Bezirksamtmanns und beschloss am 2. Dezember 1850, *«...dem Bezirksamt Lenzburg seinen umständlichen Bericht sowie seine Wachsamkeit über die Wirthe im dortigen Bezirke zu verdanken und ihm zu gestatten, in den Gemeinden Fahrwangen und Meisterschwanden die Polizeistunde am sogenannten Meitlisonntag um eine Stunde hinauszurücken, sie sodann aber strenge handhaben zu lassen;...»*

Aus den Aktenstücken geht unzweifelhaft hervor, dass der Meitlisonntag 1850 in Fahrwangen und Meisterschwanden als *«seit urdenklichen Zeiten bestehende Sitte»* betrachtet wurde, dass aber das Wissen darum bereits im nahen Lenzburg alles andere als eine Selbstverständlichkeit war.

Fünfzehn Jahre danach ist der Name des Meitlisonntags wieder aus kantonalen Amtsschriften verschwunden. Am 10. Januar 1865 stellte der Wirt Sal. Fischer von Meisterschwanden beim Bezirksamt das Gesuch um eine Tanzbewilligung auf den 15. Januar, das heisst auf den zweiten Sonntag nach Neujahr. Dieses Gesuch ging zum Entscheid an Polizeidirektor Rudolf Urech, welcher, wie die Antwort zeigt, trotz seines Geburtsorts Hallwil vom Meitlisonntag kaum etwas wusste:

«Aarau, den 11t. Jenner 1865
Der Polizei-Direktor des Kantons Aargau an das
Tit: Bezirksamt Lenzburg.

Obschon ich, im Hinblick auf die von H. Fischer zum Schwanen in Meisterschwanden zu Gunsten seines Tanzbewilligungsgesuches angeführten Gründe & auf Ihre Empfehlung hin, denselben gerne entsprechen würde, so ist mir dieses mit Rücksicht auf die Ihnen bekannte Regierungsschlussnahme vom 30ten v. M. unmöglich; worüber Sie daher den Bittsteller verständigen wollen.

Übrigens hat der Gesetzgeber gerade durch Fixierung bestimmter allgemeiner Tanztage dem immerwährenden Tanzhalten an den anderen Sonntagen ein Ziel setzen wollen & deshalb wurden auch in letzter Zeit nur selten und bloss wenn ganz besondere Umstände (wie sie im Gesetze vorgesehen sind) obwalteten, ausserge-

wöhnliche Tanzbewilligungen ertheilt. – Zudem ist ja am 12t. Februar wieder allgemeiner Tanztag & könnte H. Fischer an diesem – meines Erachtens – wohl ebenso gut wie am künftigen Sonntag Tanzbelustigung abhalten lassen; ein besonderer Grund ist mir wenigstens nicht bekannt, warum gerade der 15t. diss zu einem solchen Vergnügen besser als der 12t. Februar sich eignen sollte.

Würde sich H. Fischer jedoch mit meinem Bescheid nicht zufrieden geben, so steht es ihm frei, sich unter Angabe der Gründe & besonderen Umständen, wie sie im Gesetz vorgesehen sind, direkt an den Tit: Reg: Rath zu wenden.

Der Polizei-Direktor:

(gez.) Dr. Urech»

Das Schreiben Regierungsrat Rudolf Urechs wurde dem Wirt am 13. Januar 1865 zur Einsicht vorgelegt, was Sal. Fischer ordnungsgemäss am Rand des Papiers bestätigte.

So unbekannt, wie er 1865 mindestens dem aargauischen Polizeidirektor noch war, sollte der Meitlisonntag aber nicht mehr lange bleiben. Am 30. Januar 1869 erschien im zu Solothurn erscheinenden Blatt «Bauernzeitung und Dorfdoktor» ein Artikel, dessen – vielleicht ursprünglich aus Deutschland stammender – Autor bereits behaupten konnte, über den Meitlisonntag hätten bereits «alle Blätter der Eidgenossenschaft» geschrieben:

«Der Maidlesonntag in Fahrwangen tänzelte durch alle Blätter der Eidgenossenschaft, als ‹uralter› Brauch. Da nun dieses schöne, rein ländliche und – kriegerische Fest zur ‹Bauernzeitung› in verwandtschaftlicher Beziehung steht und einen mächtigen Beitrag zur Frauenemanzipation unserer Tage liefert, so werden es wohl unsere freundlichen Leserinnen nicht ungern haben, wenn wir das ‹uralte› Geheimniss der Ursache dieses Emanzipationstages etwelchermassen ausbringen.

Das Fest ist nicht uralt, sondern datirt erst vom Jahre 1712. Es war damals eine trübe Zeit in der Eidgenossenschaft. Gehässige und unliebsame Zerwürfnisse, ureigentlich zwischen Demokratie und Aristokratie, jedoch scheinbar zwischen den Katholiken der Urkantone und den Reformierten von Bern und Zürich – (der Städte) hatten zum Krieg und zur Schlacht bei Villmergen geführt, allwo die Berner gegen die Urkantönler im Felde stunden. Der alte Herr von Hallwyl auf dem Schlosse gleichen Namens am Hallwylersee, mochte der Stärke seiner Landsleute, der Berner, nicht genüglich trauen und um ihnen zu helfen, machte er eine Flankenbewegung mit dem ‹gesammelten Weibervolk, so sich ihm treulich ergeben hatte›. Er führte seine wohlgeordnete, weibliche Armee aus Seengen, Fahrwangen und Meisterschwanden ec. – in die Wälder hinter den Rücken der Urkantönler und liess daselbst mit ihnen einen Lärm los, als wenn Hilfsmannschaft den Bernern zu Hilfe kommen wollte.

Die Kriegslist gelang und soll nicht unwesentlich zum Weichen der Urkantönler beigetragen haben.

Zum Dank für jenen herzhaften Auszug, wodurch die Weiber, gleichsam wie die von Weinsberg, ihre Männer durch eigne Kraft retteten, schickte ihnen der von Hallwyl für einen Sonntag im Jahre eine ganz eigene Emanzipation, Das ist der Vorrang des Weibes. Die Frauen führen die Männer zur Tafel, Musik, Tanz, bezahlen für sie und bestimmen ihr heutiges Schicksal ganz unumschränkt. Die Frauen haben, um sich eines populären Ausdrucks zu bedienen, für diesen Tag die Hosen an. – Die Maidle machen's mit den Knaben dito. Sie holen sie sogar aus den Häusern ab und führen sie wieder fein säuberlich nach

Hause! Kurz, es ist dieser Maidlesonntag ein wahrhaft schöner Winternachtstraum, der erst mit der Sonne des nächsten Tages zerrinnt, wie ein Feenschloss, allein der für ein ganzes, langes Jahr weiblicher Unterwürfigkeit (die übrigens am Hallwylersee nie so gar stark überhandgenommen haben soll) – Liebe und Duldung entschädigt! –

Die Fahrwangner und Meiseterschwandner Frauen und Maidle hielten aber auch mit zäher Festigkeit an diesem heiteren Fest und selbst als einstmalen das hohe Bezirksamt von Lenzburg voll heiligen Feuereifers mit allen Waffen büreaukratischer und landjägerlicher Civilisation gegen den lieben Maidlesonntag zu Felde zog, so zwangen sie auch diese gestrengen Herrn durch allerlei Flankenbewegungen und Lärm zum eiligen Rückzug und es gelang ihm die Abstellung dieses Volksfestes ebenso wenig, – wie einige Jahre später die Mohrenwäsche. – C.G.H.»

Der Artikel wurde, ohne das Kürzel des Autors, am 6. Februar 1869 in den «Seerosen», die in Seengen herauskamen, nachgedruckt. Damit war die Überlieferung von den kämpferischen Frauen von Fahrwangen und Meisterschwanden dem lesenden Publikum übergeben, wie der Autor C.G.H. meinte, zum ersten Mal: Hätte er sonst davon gesprochen, ein Geheimnis auszubringen? Gleichzeitig wird auch deutlich, dass andere Darstellungen des Meitlisonntags diesen nicht auf 1712 zurückführen. Auf einen dieser bei C.G.H. angesprochenen früheren, wohl ausgangs der 1860er Jahre gedruckten Text geht wahrscheinlich Eduard Osenbrüggens Darstellung zurück. Der dreimalige Rektor der Universität Zürich weiss jedenfalls 1874 in seinem Buch «Die Schweizer» nichts von den Kriegerinnen von 1712:

«Ein Stück Humor im Volksleben ist der ‹Maidlisonntag› in den Dörfern Seengen, Egliswyl, Fahrwangen und Meisterschwanden im Aargau. Bei dem grossen Kirchdorf Seengen am Hallwylersee pflegt angeführt zu werden, dass hier die Frauen vor den Männern zum Abendmahl gehen; allein mit diesem, wie wir gesehen haben, sehr allgemeinen Brauch steht der Maidlisonntag, der zweite Sonntag des neuen Jahres, gar nicht in Verbindung.

Nachdem am Neujahrstag und am Berchtoldstage, sowie an dem ersten Sonntage nach Neujahr die Mädchen von den Knaben gastirt worden sind, werden am Samstag vor dem zweiten Sonntage und zwar zu der Zeit, wo sonst die jungen Burschen ihren nächtlichen Kiltgang machen, die Burschen von den Mädchen auf den folgenden Tag zum Wein, Essen und Tanz eingeladen. Am Sonntag Mittags holt ein Theil der Maidli die Buben ab und führt sie in das Wirthshaus, wo die Festlichkeit stattfinden soll und wo andere Mädchen mit den Vorbereitungen beschäftigt sind. Beim Essen haben die Buben ganz die Rolle der Mädchen zu spielen, sitzen hinter dem Tische und thun ganz zimpferlich beim Essen und Trinken, wenigstens anfangs. Über dem Wirthstische hängt ein enorm grosser und mit Bändern verzierter Ring, aus Zöpfenteig verfertigt. Dieses Gebäck wird gegen Mitternacht herabgenommen, zerschnitten und unter die Anwesenden vertheilt. Vor und nach dem Essen ist Tanz, auch wird gesungen und zwar stimmen die Mädchen den Gesang an, wie sie überhaupt bei dem Fest tonangebend sind. Nach 12 Uhr werden die Buben nach Haus geschickt und dürfen nicht mehr auf der Gasse bleiben, die Maidle dagegen bleiben bis zum Morgen und machen sich lustig. Ihr Geldbeutel ist in der Regel wohl gespickt mit Fünffrankenthalern, welche sie beim Zahlen der Zeche recht absichtlich sehen lassen. Die Mädchen haben in diesen Dörfern viel Verdienst mit Strohflechten.

Zu erwähnen ist noch, dass am Maidlisonntag die Buben Nüsse mitbringen müssen und diese dürfen ja nicht fehlen. Zum neuen Jahr dagegen, wo die Mädchen bewirthet werden, haben diese die Nüsse zu spenden.

Die Geistlichkeit hat sich vergebens bemüht, diese alte Sitte abzuschaffen; das Volk ist konservativ, auch in seinen lustigen Thorheiten.»

1850 galt in Meisterschwanden die Ansicht, die Sitte des Meitlisonntags bestehe seit unvordenklichen Zeiten. Es liegt kein Grund vor, daran zu zweifeln. Ebenso wenig zu bezweifeln ist, dass spätestens 1869 eine glaubwürdige, aber separate Überlieferung von den streitbaren Frauen von 1712 herangezogen wurde, um den Ursprung des Meitlisonntags zu erklären und wohl auch, um ihn gegen den Vorwurf, er sei eine zu unterdrückende Unsitte, zu verteidigen. Sitte und Überlieferung sind spätestens damals zu einem Ganzen verschmolzen. In dieser Form wird der Meitlisonntag auch heute noch gefeiert und, wie wir hoffen wollen, noch bis in eine ferne Zukunft!

Geleitwort

[1] «Switzerland consists of thirteen cantons expressly confederated {143} for national defence.» http://teachingamericanhistory.org/library/index.asp?document=2501, nachgeschlagen am 7. März 2011.

[2] http://teachingamericanhistory.org/library/index.asp?document=2501, nachgeschlagen am 7. März 2011.

[3] http://www.sg.ch/home/kultur/stiftsarchiv/geschichte/abtei_st_gallen.RightPar.0001.DownloadListPar.0002.File.tmp/St.Gallen_Äbte.pdf, nachgeschlagen am 7. März 2011.

[4] Hans Luginbühl und andere, Verachtet Herrenpossen! Verschüchet fremde Gäst!, Lenzburg: Merker im Effingerhof, 2003, ISBN 3-85648-124-9.

[5] Paul Schweizer, Geschichte der Schweizerischen Neutralität, Frauenfeld: J. Hubers Verlag, 1895, Seite 257 und fortfolgende.

[6] Paul Schweizer, Geschichte der Schweizerischen Neutralität, Frauenfeld: J. Hubers Verlag, 1895, Seite 285 und fortfolgende.

[7] http://www.hls-dhs-dss.ch/textes/d/D8864.php, nachgeschlagen am 7. März 2011.

[8] Eidgenössische Abschiede, Band 6, Abteilung 2, Seiten 2285 bis 2288.

[9] http://www.sg.ch/home/kultur/stiftsarchiv/geschichte/abtei_st_gallen.RightPar.0001.DownloadListPar.0002.File.tmp/St.Gallen_Äbte.pdf, nachgeschlagen am 7. März 2011. Vgl. http://de.wikisource.or/wiki/ADB:Leodegar_B%C3%BCrgisser.

[10] http://www.swisscastles.ch/aargau/freudenau_d.html, nachgeschlagen am 7. März 2011.

[11] Der Bericht des Teilnehmers Emanuel Gross in: Die Schauenburg-Sammlung, Hauterive (Suisse): Gilles Attinger, 1989, ISBN 2-88256-044-3, Seite 81 (Karte 21).

[12] http://de.wikipedia.org/wiki/H%C3%A4gglingen, nachgeschlagen am 18. März 2011.

Vgl. Johann Adam Riedigers Karte von 1715 (Nr. 11 in: Die Schauenburg-Sammlung, Hauterive (Suisse): Gilles Attinger, 1989, ISBN 2-88256-044-3, Seite 79). Dort heisst die Legende «Einnam des bergs Meyengrün den 21. May 1712».

[13] Vgl. zum Beispiel http://www.fischbach-goeslikon.ch/dokumente/Dokumente/Geschichte/staudenschlacht.pdf, nachgeschlagen am 8. März 2011.

[14] Die Schauenburg-Sammlung, Hauterive (Suisse): Gilles Attinger, 1989, ISBN 2-88256-044-3, Seite 87 (Karten von Emanuel Gross, Nr. 46 und 47 von 1709 und 1712). Gross skizzierte am 20. Juli ein Angriffsprojekt auf Engelberg, nach der Schlacht von Villmergen vom 25. Juli kam es dann tatsächlich zum Angriff, der aber an der Engelberger Aa in Engelberg selber von den Engelberger Verteidigern nicht ohne bernische Verluste gestoppt wurde.

[15] Vgl. zum Beispiel http://www.villmergerkriege.ch/Schilderungen/00SA03%20Rittmeister%20Johann%20Jakob%20Eschmann.htm, nachgeschlagen am 8. März 2011.

[16] http://www.gisikon.ch/web/index.php?id=87&subnav=2, nachgeschlagen am 18. März 2011.

[17] Vgl. zum Beispiel Johann Conrad Vögelin, Geschichte der schweizerischen Eidsgenossenschaft, Band 2, Abteilung 2, 2. Auflage, Zürich: Friedrich Schulthess, 1838, Seiten 58 und fortfolgende, http://books.google.ch/books?id=g0sPAAAAQAAJ&pg=PA58&lpg=PA58&dq=sins+br%C3%BCcke+1712&source=bl&ots=dIxp8nxlL2&sig=BF0x86iU255c1nXYCeGxXfRYfR0&hl=de&ei=f959Te2yM4WEOu3ujf0G&sa=X&oi=book_result&ct=result&resnum=1&ved=0CBgQ6AEwAA#v=onepage&q=sins%20br%C3%BCcke%201712&f=false, nachgeschlagen am 14. März 2011.

[18] Der Name ist amtlich, die Flurgenossenschaft Langelen zum Beispiel beweist es: http://www.villmergen.ch/de/vereine/vereinsliste/?action=showverein&verein_id=1321, nachgeschlagen am 16. März 2011.

Anmerkungen

[19] Formulierung von Johann Adam Riediger auf seiner Karte von 1715, siehe: Die Schauenburg-Sammlung, Hauterive (Suisse): Gilles Attinger, 1989, ISBN 2-88256-044-3, Seite 79.

[20] Die Schauenburg-Sammlung, Hauterive (Suisse): Gilles Attinger, 1989, ISBN 2-88256-044-3, Seite 81 (Karten 19 und 20 von 1712 und 1716).

[21] «Sönderungslinie, ganz grad von dem Kirchthurn zu Ober Lunckhoffen, bis gegen das Hochgericht zu Farwangen, gezogen», Formulierung von Johann Adam Riediger auf seiner Karte von 1722, siehe: Die Schauenburg-Sammlung, Hauterive (Suisse): Gilles Attinger, 1989, ISBN 2-88256-044-3, Seiten 79 und 80.

[22] http://www.gisikon.ch/web/index.php?id=87&subnav=2, nachgeschlagen am 18. März 2011, vergleiche auch http://www.roessli-root.ch/sites/geschichte.htm, nachgeschlagen am nämlichen Tage.

[23] http://www.staatsarchiv.lu.ch/index/publikationen/lhv/lhv29.htm, Vgl. Martin Merki-Vollenwyder, Unruhige Untertanen. Die Rebellion der Luzerner Bauern im Zweiten Villmergerkrieg (1712), an der angegebenen, am 18. März 2011 nachgeschlagenen Fundstelle kurz charakterisiert.

[24] http://query.staatsarchiv.lu.ch/detail.aspx?ID=1206286, nachgeschlagen am 18. März 2011.

[25] http://query.staatsarchiv.lu.ch/detail.aspx?ID=1206286, nachgeschlagen am 18. März 2011.

[26] http://de.wikisource.org/wiki/ADB:Leodegar_B%C3%BCrgisser, nachgeschlagen am 8. März 2011.

[27] http://www.hls-dhs-dss.ch/textes/d/D21740.php, nachgeschlagen am 8. März 2011.

[28] http://www.sg.ch/home/kultur/stiftsarchiv/geschichte/abtei_st_gallen.RightPar.0001.DownloadListPar.0002.File.tmp/St.Gallen_%C3%84bte.pdf, nachgeschlagen am 8. März 2011.

[29] http://de.wikipedia.org/wiki/Kulturg%C3%BCterstreit_zwischen_Z%C3%BCrich_und_St._Gallen, nachgeschlagen am 10. März 2011.

[30] Schott, Clausdieter, Souveränität, Krieg und Beuterecht im der Alten Eidgenossenschaft. Verfassungsrechtliche Aspekte des Kulturgüterstreits zwischen St. Gallen und Zürich, in: Jusletter, 7. Januar 2008.

[31] http://www.toggenburg.org/de/navpage.cfm?catego-ry=RegionTO&id=60525&subcat=DestinationsTO, nachgeschlagen am 10. März 2011.

[32] http://www.hls-dhs-dss.ch/textes/d/D21775.php, nachgeschlagen am 8. März 2011.

[33] http://www.hls-dhs-dss.ch/textes/d/D21772.php, nachgeschlagen am 10. März 2011.

[34] http://de.wikipedia.org/wiki/Karl_von_M%C3%BCller-Friedberg, nachgeschlagen am 10. März 2011.

[35] Die Homepage des Kirchenboten St. Gallen (http://www.kirchenbote-sg.ch/index.asp?topic_id=724&m=724&g=417, nachgeschlagen am 18. März 2011) enthält, unter der Rubrik Toggenburger Kirchenbote 1920 bis 1951, im historischen Rückblick folgende Passage: «Der Landstrich gehörte zu einer alten Grafschaft, um deren Erbe nach dem Tod Friedrich VII. im Jahr 1436 heftige Streitereien ausgebrochen waren (der sogenannte Alte Zürichkrieg). Seit 1468 gehörte die verwaiste Grafschaft Toggenburg zur Fürstabtei des Klosters St.Gallen, was nach der Reformation immer wieder zu Konflikten der kleinen reformierten Minderheit mit der sich nicht immer fair an die vereinbarte Parität haltenden römisch-katholischen Obrigkeit führte; und schlussendlich, nachdem die Toggenburger 1707 in Wattwil eine Landsgemeinde begründet und durch die Besetzung der fürstäbtischen Schlösser Lütisburg, Iberg und Schwarzenbach sowie die Plünderung der Klöster Magdenau und Neu St.Johann militant gegen die Vorherrschaft des Klosters revoltiert hatten, zu einem neuen kriegerischen Höhepunkt (dem sogenannten Toggenburgerkrieg oder Zweiten Villmergerkrieg von 1712).»

[36] http://www.szenefreiamt.ch/files/az_20100519.pdf, nachgeschlagen am 18. März 2011, die Premiere von Paul Steinmanns «Mit Kreuz und Fahnen in den Tod» des Landschaftstheaters Hilfikon ist für den 25. Juli 2012, also genau für den Jahrestag der Schlacht, vorgesehen.

[37] Die evangelisch-reformierte Kirchgemeinde Ammerswil-Dintikon www.dottikon.ch/.../Geschichte_ref._Kirchgemeinde.doc, nachgeschlagen am 18. März 2011.

[38] Christian Schweizer: Das wehrhafte Engelberg im Jahre 1712. In: Titlisgrüsse, 73, Engelberg 1987, S. 39–62, http://www.kapuziner.org/sprov/de/archive_bibliothek/bibliografie_christian_schweizer.php, nachgeschlagen am 18. März 2011.

Einleitung

[39] Quellendokument Nr. 23, «Umständliche Relation der nahmhafften Schlacht und Blutigen Treffens…», Zentralbibliothek Bern, H XLIX 3337:20.

[40] Quellendokument Nr. 45, «Bärenholds lustige Feld-Lieder. Das Siebende…», Zentralbibliothek Bern, Rar fol. 1:32a.

[41] Berner Feldlied über die Erinnerung an den 1. Villmergerkrieg von 1656. Quellendokument Nr. 39, «Kriegs- und Siegs-Posaun / Oder Arctophili …», Zentralbibliothek Bern, Rar fol 1:31b.

[42] Fuhrer, Villmergerkriege 1656/1712, S. 8.

[43] Rapperswil war eine Gemeine Herrschaft der Orte Uri, Schwyz, Unterwalden und Glarus.

[44] Fuhrer, Villmergerkriege, S. 9ff.

[45] Fuhrer, Villmergerkriege, S. 15.

[46] Bächtold, Hans Ulrich, 2. Kappeler Landfrieden, HLS, Band 7, S. 591f.

[47] Quellendokument Nr. 38, «Bitt- und Danck-Gebätt, auf gegenwärtige Kriegs-Noth der Evangelischen zweyen Schweitzerischen Ständen Zürich und Bärn gerichtet.», Zentralbibliothek Bern, H XLIX 337:18.

[48] Die grosse Zahl von Schweizer Söldnern in Fremden Diensten lässt die wirtschaftliche Bedeutung erahnen: Im Spanischen Erbfolgekrieg (1701–1714) standen sich beispielsweise 23000 Schweizer auf bourbonischer und 20000 auf alliierter Seite gegenüber. Imhof, S. 685.

[49] Imhof, S. 685.

[50] Imhof, S. 694.

[51] Quellendokument Nr. 48, «Das entlarfte Tell Gespenst…», Zentralbibliothek Bern, Rar fol 1:37.

[52] Z Graggen, Tyrannenmord im Toggenburg.

[53] Mantel, Über die Veranlassung.

[54] Mantel, Wehranstalten, S. 205.

[55] Lüthi, Die Haltung des Auslandes.

[56] Im Hof, Ancien Régime, S. 694ff.

[57] Quellendokument Nr. 48, «Das entlarfte Tell-Gespenst…», Zentralbibliothek Bern, Rar fol 1:37.

[58] Quellendokument Nr. 1, «Manifest des Landt-Rahts Beyder Religionen Im Toggenburg», Zentralbibliothek Bern H XL III 281.

[59] Quellendokument Nr. 2, «Manifest Beyder Lobl. Ständen / Zürich und Bern / Wegen dess Toggenburger-Geschäffts», Zentralbibliothek Bern H XLIX 337:30.

[60] Löw, Die Schlacht von Villmergen, S. 18.

[61] Quellendokument Nr. 20, «Bericht vom Kriegsgeschehen…», Stasz Archiv 1, Akten 1, 449/14, 563.

[62] Eisenhut, Kopfschutz der Pikeniere.

[63] Diese Inschrift fand sich auf einem Zettel in den Hosen eines Schwyzer Kämpfers bei Hütten. Quellendokument Nr. 16, «Diarium von dem Hergang in dem Krieg A. 1712 …», Privatbesitz.

[64] Kurz, Das Schweizer Heer, S.193.

[65] Sigg, Une promenade militaire, S. 29.

[66] Quellendokument Nr. 16, «Diarium von dem Hergang in dem Krieg A. 1712...», Privatbesitz.

[67] Sigg, Une promenade militaire, S. 34ff.

[68] Sigg, Une promenade militaire, S. 33f.

[69] Quellendokument Nr. 40, «Kriegs- und Siegs-Posaun / ...», Zentralbibliothek Bern, Rar fol 1:31b und Rar fol 1:32c.

[70] Quellendokument Nr. 51, «Anonymi Unumfangene Gedancken Über die heutigen Progressen Dess streitbaren Löuen und Bären...», Zentralbibliothek Bern, H XLIX 337:19.

[71] Quellendokument Nr. 5, «Capitulation der Stadt Wyl», Eidgenössische Abschiede (EA) Bd. 6 A 2.II S. 2508.

[72] Quellendokument Nr. 5, «Capitulation der Stadt Wyl», EA Bd. 6 A 2.II S. 2508.

[73] Quellendokument Nr. 40, «Kriegs- und Siegs-Posaun...», Zentralbibliothek Bern, Rar fol 1:31b und Rar fol 1:32c.

[74] Quellendokument Nr. 11, «Drei Briefe aus dem Zwölferkrieg», Neues Berner Taschenbuch auf das Jahr 1910. Bern 1909. S. 302–315.

[75] Quellendokument Nr. 10, «Relation der underm 26. May 1712...», Zentralbibliothek Bern, H XLIX 337:27.

[76] Hecke.

[77] Quellendokument Nr. 10, «Relation der underm 26. May 1712...», Zentralbibliothek Bern, H XLIX 337:27.

[78] Quellendokument Nr. 11, «Drei Briefe aus dem Zwölferkrieg», Neues Berner Taschenbuch auf das Jahr 1910. Bern 1909. S. 302–315.

[79] Quellendokument Nr. 10, «Relation der underm 26. May 1712...», Zentralbibliothek Bern, H XLIX 337:27.

[80] Quellendokument Nr. 11, «Drei Briefe aus dem Zwölferkrieg», Neues Berner Taschenbuch auf das Jahr 1910. Bern 1909. S. 302–315.

[81] Ebd.

[82] Quellendokument Nr. 10, «Relation der underm 26. May 1712...», Zentralbibliothek Bern, H XLIX 337:27.

[83] Quellendokument Nr. 42, «Bärenholds lustige Feld-Lieder / Das Ander / Badisches Braut-Lied ...», Zentralbibliothek Bern, Rar fol 1:31.

[84] Viehfutter oder Pferdefutter.

[85] Quellendokument Nr. 8, «Berner Kriegsrat an die Truppen in Baden», EA Bd. 6 2.II, S. 2511.

[86] Fuhrer, Villmergerkriege, S. 20.

[87] Quellendokument Nr. 45, «Bärenholds lustige Feld-Lieder. Das Siebende...», Zentralbibliothek Bern, Rar fol 1:32a.

[88] Im Hof, Ancien Regime, S. 698.

[89] Fuhrer, Villmergerkriege, S. 20.

[90] Löw, Die Schlacht bei Villmergen, S. 23.

[91] Quellendokument Nr. 49, «Ein schönes neues Lied Über Gegenwärtiges faul / falsch und schandtliches Kriegs-Wesen...», Zentralbibliothek Bern, Rar fol 1:36.

[92] Nussbaumer, Zuger Militär, S. 99ff.

[93] Merki-Vollenwyder, Unruhige Untertanen, S. 56ff.

[94] Merki-Vollenwyder, Unruhige Untertanen, S. 43ff.

[95] Quellendokument Nr. 12, «Die Deputierten und Kriegsräte in Root an Lucern», EA Bd. 6 2.II, S. 2570.

[96] Quellendokument Nr. 45, «Bärenholds lustige Feld-Lieder. Das Siebende....», Zentralbibliothek Bern, Rar fol 1:32a.

[97] nachsuchen, inständig bitten, um Rechtshilfe bitten.

[98] Quellendokument Nr. 15, «Die zürcherischen Gesandten an ihre Obern», EA Bd. 6 2.II, S. 2578.

[99] Merki-Vollenwyder, Unruhige Untertanen, S. 62f.

Anmerkungen

[100] Quellendokument Nr. 19, «Gesandtschaftsbericht der bernischen Gesandten aus Aarau», EA Bd. 6 2.II, S. 2581.

[101] Fuhrer, Villmerger Kriege, S. 21. Löw, Die Schlacht, S. 27ff. Bei Nussbaumer, Zuger Militär, S.112, findet sich eine detaillierte Abbildung dieses Gefechts aus der Ennerberg-Kapelle in Buochs.

[102] Quellendokument Nr. 36, «Eine wahrhaffte Beschreibung / wie es in der Action auf der Bellen und anderen nechstelegnen Orthen...», Zentralbibliothek Bern Rar fol 1:33.

[103] Ziegler, Wehrwesen.

[104] Sigg, Une promenade militaire, S. 15ff.

[105] Quellendokument Nr. 21, «Bericht vom Kriegsgeschehen an der schwyzerisch-zürcherischen Grenze an den Kriegsrat», Stasz Archiv 1, Akten 1, 449/14, 563.

[106] Nussbaumer, Miliz, S. 115.

[107] Vorbeimarschieren, vorüberziehen.

[108] Besatzung.

[109] Quellendokument Nr. 16, «Diarium von dem Hergang in dem Krieg A. 1712...», Privatbesitz.

[110] Sigg, Une promenade militaire, S. 23f. Guggenbühl, Zürichs Anteil, S. 185.

[111] Ebd.

[112] Sigg, Une promenade militaire, S. 24.

[113] Quellendokument Nr. 16, «Diarium von dem Hergang in dem Krieg A. 1712...», Privatbesitz.

[114] Sigg, Une promenade militaire, S. 25.

[115] Quellendokument Nr. 53, «Ein schön Gebätt / Durch Gottes Gnad auffgesetzt von einer Wittwen in dem Toggenburgischen Schweitzer-Krieg 1712...», Zentralbibliothek Bern, Rar fol 1:38.

[116] Fuhrer, Villmergerkriege, S. 21f.

[117] Quellendokument Nr. 23, «Umständliche Relation der nahmhafften Schlacht...», Zentralbibliothek Bern, H XLIX 337:20.

[118] Löw, Die Schlacht von Villmergen, S. 44.

[119] Löw, Die Schlacht von Villmergen, S. 50.

[120] Quellendokument Nr. 50, «Der von Gott gerechte Lohn falsch-geschworer Schweitzer-Treu.», Zentralbibliothek Bern, Rar fol 1:32d.

[121] Quellendokument Nr. 24, «Aufrichtig und ausführlich Relation...», Oechsli, Wilhelm, Quellenbuch zur Schweizergeschichte, 2. Aufl. Zürich 1918, S. 398–407.

[122] Fuhrer, Villmergerkriege, S.24.

[123] Löw, Die Schlacht von Villmergen, S. 55.

[124] Quellendokument Nr. 50, «Der von Gott gerechte Lohn falsch-geschworer Schweitzer-Treu.», Zentralbibliothek Bern, Rar fol 1:32d.

[125] Quellendokument Nr. 24, «Aufrichtig und ausführlich Relation...», Oechsli, Wilhelm, Quellenbuch zur Schweizergeschichte, 2. Aufl. Zürich 1918, S. 398–407.

[126] vgl. Sauerländer, Villmergen, S. 134.

[127] Fuhrer, Villmergerkriege, S. 24.

[128] Quellendokument Nr. 24, «Aufrichtig und ausführlich Relation...», Oechsli, Wilhelm, Quellenbuch zur Schweizergeschichte, 2. Aufl. Zürich 1918, S. 398–407.

[129] Quellendokument Nr. 53, «Ein schön Gebätt / Durch Gottes Gnad auffgesetzt von einer Wittwen in dem Toggenburgischen Schweitzer-Krieg 1712...», Zentralbibliothek Bern, Rar fol 1:38.

[130] Quellendokument Nr. 24, «Aufrichtig und ausführlich Relation...», Oechsli, Wilhelm, Quellenbuch zur Schweizergeschichte, 2. Aufl. Zürich 1918, S. 398–407.

[131] Quellendokument Nr. 24, «Aufrichtig und ausführlich Relation...», Oechsli, Wilhelm, Quellenbuch zur Schweizergeschichte, 2. Aufl. Zürich 1918, S. 398–407.

Anmerkungen

¹³² Ebd.

¹³³ Fuhrer, Villmergerkriege, S. 25.

¹³⁴ Quellendokument Nr. 46, «Ehren-Triumph und Frölicher Willkomm / Deren Heldenmühtigen Siegeren...», Zentralbibliothek Bern, Rar fol 1:32b.

¹³⁵ Quellendokument Nr. 24, «Aufrichtig und ausführlich Relation...», Oechsli, Wilhelm, Quellenbuch zur Schweizergeschichte, 2. Aufl. Zürich 1918, S. 398–407.

¹³⁶ Ebd.

¹³⁷ Fuhrer, Villmergerkriege, S. 25. Löw, Die Schlacht von Villmergen, S. 74.

¹³⁸ Quellendokument Nr. 24, «Aufrichtig und ausführlich Relation...», Oechsli, Wilhelm, Quellenbuch zur Schweizergeschichte, 2. Aufl. Zürich 1918, S. 398–407.

¹³⁹ Fuhrer, Die Villmergerkriege, S. 25.

¹⁴⁰ Quellendokument Nr. 24, «Aufrichtig und ausführlich Relation...», Oechsli, Wilhelm, Quellenbuch zur Schweizergeschichte, 2. Aufl. Zürich 1918, S. 398–407.

¹⁴¹ Ebd.

¹⁴² Quellendokument Nr. 23, «Umständliche Relation der nahmhafften Schlacht...», Zentralbibliothek Bern, H XLIX 337:20.

¹⁴³ Quellendokument Nr. 24, «Aufrichtig und ausführlich Relation...», Oechsli, Wilhelm, Quellenbuch zur Schweizergeschichte, 2. Aufl. Zürich 1918, S. 398–407.

¹⁴⁴ Ebd.

¹⁴⁵ Löw, Die Schlacht von Villmergen, S. 77ff.

¹⁴⁶ Fuhrer, Die Villmergerkriege, S. 28. Möglicherweise haben in der Schlussphase des Gefechts auch Frauen aus den Gemeinden Seengen, Fahrwangen und Meisterschwanden teilgenommen. Stüssi-Lauterburg, Helvetias Töchter, S. 35ff.

¹⁴⁷ Quellendokument Nr. 53, «Ein schön Gebätt / ...», Zentralbibliothek Bern, Rar fol 1:38.

¹⁴⁸ Quellendokument Nr. 25, «Schutzbrief für Landmann Joseph Frantz Erler und Altlandamman Gilg Christoffel Schorno für die Friedensverhandlungen in Aarau», Stasz Archiv 1, Akten 1, 449/14, 574.

¹⁴⁹ Quellendokument Nr. 27, «Instrumentum Pacis. Das ist der Friedens-Schluss...», EA Bd. 6 2.II, S. 2330–2337.

¹⁵⁰ Ebd.

¹⁵¹ Ebd.

Quellendokumente

¹⁵² Unsichere Lesung.

¹⁵³ Ausführung.

¹⁵⁴ Emolumente (von lateinisch emolere, «herausmahlen») ist ein heute nicht mehr gebräuchlicher Begriff aus dem Rechts- und Wirtschaftsleben für regelmässig ausbezahlte, in ihrer Höhe jedoch schwankende Nebeneinkünfte.

¹⁵⁵ Behandeln; verhandeln.

¹⁵⁶ Gesammelt; zusammengezogen.

¹⁵⁷ Vieh- oder Pferdefutter.

¹⁵⁸ Vorschlagen.

¹⁵⁹ Aushandeln, abmachen.

¹⁶⁰ Drängen, auf etwas bestehen.

¹⁶¹ Absicht.

¹⁶² Bestätigung.

¹⁶³ Unsichere Lesung.

¹⁶⁴ Widersprechen.

¹⁶⁵ Vorrücken, aufsteigen.

¹⁶⁶ In Kentniss setzten.

¹⁶⁷ Vorhut.

¹⁶⁸ Plötzlich.

¹⁶⁹ Hecke.

[170] Über den Haufen werfen (den Feind).

[171] Zurückziehen.

[172] Schonung, Gnade.

[173] Bedingungslos ergeben (vom franz. se rendre à discrétion).

[174] Geflüchteten.

[175] Der Schreiber ist der Feldprediger Joh. Justus Ulrich, Pfarrer zu Laupen, welcher zugleich mit seinem Kollegen Niklaus Schmidt, Pfarrer in Belp, am 17. Mai 1712 vom Kriegsrat zum Feldprediger ernannt worden war.

[176] Retten, in Sicherheit bringen.

[177] Hans Franz v. Wattenwyl von Trevelin, Mitglied des Grossen Rates 1710, kam beim Durchstich der Kander 1714 um. 1712 befehligte er die 6. Kompagnie des oberländischen Regiments.

[178] Zug, Unterabteilung eines Zuges.

[179] Stock, Spazierstock.

[180] Schmidt, der 1695-98 Feldprediger in Holland gewesen war, wurde am 13. Januar 1713 zum Dank für seine Rolle im Krieg zum Burger von Bern.

[181] Gnade.

[182] Schlachtfeld.

[183] Der Briefschreiber, Johann Baumann von Thun, Sohn des Bendicht und der Anna Stern, geb. 1683, war Notar, 1714 wurde er Gerichtsschreiber zu Uetendorf, 1721 Stadtschreiber, 1739 Ratsherr, 1744 Spitalvogt. nachdem er als Ratsherr 1756 demissioniert hatte, starb er am 4. Febr. 1766. Am 12. März 1711 vermählte er sich mit Salome Lanzrein (1688 – 1764), Tochter des Gerbers Heinrich Lanzrein (1657–1713, Febr. 13.), welcher 1694 Ratsherr, 1699 Seckelmeister und 1702 Venner geworden war. seit 1694 war er Hauptmann der 2. Auszügerkompagnie des Oberländer Regiments und machte als solcher den Toggenburger- oder zweiten Villmerger- oder Zwölferkrieg mit. Durch seine Frau Anna Rubin, die Tocher des Venners Jakob Rubin, war Lanzrein nahe verwandt mit dem Venner und spätern Oberst Joh. Fankhauser von Burgdorf, dessen Frau Magdalena Rubin war.

[184] Der Bäcker Albrecht W. lebte von 1680–1731.

[185] Ermüden, erschöpfen.

[186] Der «Schwager jakob» war Hans Jakob Lanzrein, geb. 1679, gest. 1750, Mitglied des Grossen Rates 1710, Ausserzöllner 1736.

[187] Am Samstag, den 21. Mai zog das bernische Heer in einer Kolonne von Othmarsingen nach Mellingen, während eine 2. Kolonne von Hendschiken über das Mayengrün und Mägenwil ebendorthin marschierte. Baumann selbst befand sich bei der ersten Kolonne, das Bataillon des Majors Fankhauser bei der 2.

[188] Nicklaus Tsch. (1650–1737), Generalmajor in Holland, 1698–1702 Landvogt von Lausanne, Mitglied des Kleinen Rates 1708, Zeugherr 1714, Venner 1715. (H. Türler)

[189] Joh. Lohner, Sohn des Johannes und der Magdalena Ritschard, geb. 1672, wurde 1697 Mitglied des Regiments, 1701 Grossweibel, 1709 Waisenrichter, 1733 Seckelmeister und 1734 Venner. Er starb am 6. August 1739. Im Jahre 1712 zog Lohner als Lieutenant aus und wurde am 1. Juni 1713 zum Capitainlieutenant der 1. Kompagnie befördert; 1734 wurde er Hauptmann der 2. Kompagnie.

[190] Beinahe.

[191] Hauptmann Lanzrein.

[192] Ein aus Flachs oder Hanf gefertigtes sehr dichtes Gewebe.

[193] nachsuchen, inständig bitten, um Rechtshilfe bitten.

[194] Ablehnen, zurückgeben.

[195] Leichtes Feldgeschütz.

[196] Verstärkung, Beihilfe.

[197] Ausfallend, vakant.

Anmerkungen

[198] Fordern, dringend bitten, beantragen.
[199] Fässchen.
[200] Meine hochgeachteten Herren.
[201] Befehl.
[202] Vorschlagen.
[203] Ausführen, verwirklichen.
[204] Unruhe, Lärm.
[205] Vernunft, Einsicht.
[206] Geschützmeister.
[207] Verfassung, Statur.
[208] Heilen.
[209] Gepäck.
[210] In Sicherheit bringen, retten.
[211] Anmerken, bemerken.
[212] Wohlbehalten.
[213] Waffenrock.
[214] Wut.
[215] Degen, Klinge.
[216] Drohen.
[217] Vorrücken.
[218] Grenzgebiet, Front.
[219] Schwyzer.
[220] Vereinigen.
[221] Kriegslist, Kniff.
[222] Vorbeimarschieren, vorüberziehen.
[223] Besatzung.
[224] Zurückbeordern.
[225] Entlasten, losfeuern oder entladen.
[226] Eine Zusammenstellung von Geschützen zu einem bestimmten taktischen Zweck.
[227] Pflanzen.
[228] Schafrain (Rain = Abhang).

[229] Verteidigung.
[230] Befehlsgewalt, Macht.
[231] Anteil.
[232] Briefwechsel.
[233] Junker.
[234] Fernglas.
[235] In Sicherheit bringen.
[236] Nachhut.
[237] Erhaltung bei Kraft.
[238] Beistehen, helfen.
[239] Mischen.
[240] Stil.
[241] Erkunden, aufklären.
[242] Absicht.
[243] Verstärkung.
[244] Beobachten.
[245] Losschiessen, feuern.
[246] Drängen, stossen.
[247] Zurückziehen.
[248] Gefecht.
[249] Verlassen, Preis gegeben.
[250] Kugelbüchse mit Luntenschloss.
[251] Niedermetzeln.
[252] Klumpfuss.
[253] Geschützdeckung, Erdgefülltes Korbgeflecht.
[254] Vermuten.
[255] Inzwischen.
[256] Opfer.
[257] Wachtposten.
[258] Hilfstruppen.
[259] Einsargen.

260 Gänzlich.

261 Empfehlung.

262 Treffen, Begegnung, Kampf.

263 Gunst.

264 Sich um etwas verdient machen.

265 Halbstiefel, Schnürstiefel.

266 Uniform.

267 Empfehlung.

268 Eisenhut, Kopfschutz der Pikeniere.

269 Corps, Truppenverband.

270 Entlassen.

271 In Ordnung stellen.

272 wunderbaren.

273 Ein zu irgendeinem Zweck von einer grösseren selbständigen Abteilung abgeschickter Haufen Soldaten.

274 Mitteilen.

275 gethreüwe liebe alte Eyd und Pundgenossen.

276 In Gefahr kommen.

277 Klugheit.

278 Angreifer.

279 Vermittlung, Vergleich.

280 Zwicki Johann Heinrich, ref., Landammann von Glarus, * 09. 03. 1651, † 08. 02. 1733.

281 Unsichere Lesung.

282 Grenzgebiet, Front.

283 Abwägen.

284 Verteidigungs.

285 Verlassen.

286 Trost.

287 Fortführen.

288 Verhehlen, verschweigen.

289 Johann Melchior von Lauffen. Er riss das Fahnentuch von der Stange, steckte dieses in die Tasche, zerbrach die Fahnenstange und warf einen Teil derselben mit dem Überzug weg.

290 Jakob Leopold Keller, Sohn des Kleinrates Leodegar Keller, an den dieser Brief gerichtet ist. Er wurde, laut Brief des in Lenzburg gefangenen Majors Feer vom 29. Juli, mit 900 andern Soldaten aus der Bünz gezogen.

291 Vogtschreiber Franz Ludwig Bur fiel zu Villmergen.

292 Unterzeugherr Lorenz Christoph v. Fleckenstein, Grossrat, fiel wirklich, ebenso Unterschreiber Carl Andreas Balthasar, Grossrat.

293 Anton Leodegar, 1693 Landschreiber von Locarno, der spätere Stadtschreiber.

294 Kanonen.

295 Gepäck.

296 Die Versammlung der Abgeordneten der verschiedenen Schweizer Kantone (Stände) zur Erledigung der allgemeinen Eidgenössischen Angelegenheiten.

297 Bequemlichkeit.

298 Gerichts- und Versammlungstätte.

299 Juli.

300 Gleichseitiges Dreieck.

301 Weil, zumal.

302 Ordnen.

303 Vorrücken.

304 Berittene Infanterie.

305 Retten.

306 Schlachtfeld.

307 Verletzte.

308 Leichtes Feldgeschütz.

309 Aufmuntern.

310 Verwirrung.

Anmerkungen

³¹¹ Niederlage der Berner in der Ersten Schlacht von Villmergen 1656.

³¹² Sins.

³¹³ Nachhut.

³¹⁴ Solcher.

³¹⁵ Nachzügler, Umweg.

³¹⁶ Kosten für die Beköstigung von Gefangenen.

³¹⁷ Lösegeld für freigekaufte Kriegsgefangene.

³¹⁸ Pergament-Originalurkunde. Es hangen in hölzernen Kapseln verwahrt unversehrt die Siegel der XIII alten Orte und diejenigen der Städte St. Gallen und Biel. (Abschiede)

³¹⁹ Das Siegel hängt an der Pergamenturkunde. (Abschiede)

³²⁰ G.L.A.E. = getrüwe lieb alt Eidgenossen.

³²¹ Pergament-Urkunde mit anhangendem Siegel. (Abschiede)

³²² Arctophilus kann mit Bärenhold gleichgesetzt werden.

³²³ Andernorts auch als drittes Feldlied publiziert.

³²⁴ Abführen.

³²⁵ Schau die Land-Charten. (Autor d. Liedes)

³²⁶ Andernorts auch als viertes Feldlied publiziert.

³²⁷ 1.Reg.20.42. (Autor d. Gedichts)

³²⁸ 2.Reg.13.19. (Autor d. Gedichts)

³²⁹ Joh.cap.10. (Autor d. Gedichts)

³³⁰ Ps.115.v.4. (Autor d. Gedichts)

³³¹ Ps.115.v.11 (Autor d. Gedichts)

³³² Also lehren sie mit ihrem Concilio zu Costnitz, und hats erfahren Huss der treue Zeug des Heil. Evangelij. (Autor d. Liedes)

³³³ Es ist Welt bekant, dass als A. 1444. Ladislaus König in Ungeren, auss Zumuthung dess Päbstlichen Legats Juliani, gegen dem Türcken Eyd- und Friedbrüchig worden, er hierüber bey Varna umb Cron und Leben, auch sein Land in äussertes Verderben kommen, der Legat aber von den ergrimmeten Bauren erschlagen worden. Hist. Ung. A. cit. (Autor d. Liedes)

³³⁴ zu Arau. (Autor d. Liedes)

³³⁵ 19. Jul zu Lucern. (Autor d. Liedes)

³³⁶ 20. Jul. (Autor d. Liedes)

³³⁷ 1400. (Autor d. Liedes)

³³⁸ Gen.14. (Autor d. Liedes)

³³⁹ Im Toggenburg. (Autor d. Liedes)

³⁴⁰ Triumphs-Brauch. (Autor d. Liedes)

³⁴¹ Jos.8.v.20. (Autor d. Liedes)

³⁴² Ihr Gnaden beyde Hrn. Schuldheissen. (Autor d. Liedes)

³⁴³ 2.Mos.17.v.16. (Autor d. Liedes)

³⁴⁴ 1.Sam.18. (Autor d. Liedes)

³⁴⁵ Hr. Seckelmeister, jetzt Venner. (Autor d. Liedes)

³⁴⁶ Hr. Seckelmeister. (Autor d. Liedes)

³⁴⁷ Hr. Hauptmann. (Autor d. Liedes)

³⁴⁸ Hr. Major. (Autor d. Liedes)

³⁴⁹ Hr.Gen.Lieutenant. (Autor d. Liedes)

³⁵⁰ Hr.Gen.Major. (Autor d. Liedes)

³⁵¹ Anno 1298. 1339. 1340. (Autor d. Liedes)

³⁵² 1536. (Autor d. Liedes)

³⁵³ Richt.6.v.34. (Autor d. Liedes)

³⁵⁴ General Quartier-Meister. (Autor d. Liedes)

³⁵⁵ Ein naher Berg. (Autor d. Liedes)

³⁵⁶ Bedrohen.

³⁵⁷ Weil ihnen bey rechtmässigem Glück nicht wohl ist. (Autor d. Liedes)

[358] Darum haben sie den Angriff auf selbigen Feyrtag angestellt. (Autor d. Liedes)

[359] Daher ein türckischer Käyser, den Feind seines Meineyds zu überzeugen, Gott um Raach anruffend, hielte den Brieff dess geschlossenen und unrechtmässiger Weiss gebrochenen Bundes gen Himmel, dass Gott hierin Richter seyn wolle. (Autor d. Liedes)

[360] Seines Triumphs. (Autor d. Liedes)

[361] Das Gerücht wird's bald ansagen. (Autor d. Liedes)

[362] Nemlich dieses edle Blut. (Autor d. Liedes)

[363] Unsichere Lesung.

[364] Ketzer.

Nachwort

[365] Zitiert in: Lau, «Stiefbrüder», S. 421.

[366] Quellendokument Nr. 11.

[367] Quellendokument Nr. 22.

[368] Quellendokument Nr. 38.

[369] Merki-Vollenwyder, Unruhige Untertanen, S. 105ff.

[370] Im Hof, Die Helvetische Gesellschaft, S. 15f.

[371] Graber, Bürgerliche Öffentlichkeit, S. 54ff.

[372] Zitiert in: Wicki, Staat, Kirche, Religiösität, S. 56.

[373] Bucher, Die Geschichte des Sonderbundskrieges, S. 20ff.

[374] Lang, «Vernünftig und katholische zugleich». S. 259–270.

[375] Lang, Der Bundesrevolutionär, S. 146–161.